Claus Canisius
Goethe und die Musik

Claus Canisius

Goethe und die Musik

Piper
München Zürich

Mit 16 Abbildungen
im Text und auf Tafeln

ISBN 3-492-04031-4
© Piper Verlag GmbH, München 1998
Satz: Gerber Satz, München
Druck und Bindung: Pustet, Regensburg
Printed in Germany

Inhalt

Vorwort

Goethe kam spät zur Musik, und noch später zu den Wissenschaften. Erst mit vierzehn Jahren erhielt er seinen ersten Klavierunterricht. Die Unterweisung scheint gefruchtet zu haben. »Goethe spielt Klavier und gar nicht schlecht«, berichtete ein zeitgenössischer Zuhörer über den musizierenden Staatsminister. Im mittleren Lebensalter hat sich Goethes Musikalität gewandelt. Das Ausüben geriet zunehmend in den Hintergrund zugunsten des Nachdenkens über Musik. »Ich höre sie mit Vergnügen, Anteil und Nachdenken, liebe mir das Geschichtliche«, bekannte er nach einem Klaviervortrag Felix Mendelssohns im Musikzimmer seines Hauses in Weimar. Der Höhepunkt dieser Entwicklung ist die *Tonlehre* (1810).

Erst in seinen besten Jahren fand Goethe durch eigene Studien Zugang zu den Wissenschaften. Er empfand sein Schicksal, als Zweiundvierzigjähriger in diese Welt vorgedrungen zu sein, als »toll und nicht ganz wünschenswert«. Gespannt, was ihm auf diesem Feld wohl noch alles gelingen würde, wußte er aber auch um das Defizit solcher späten Karriere, die verlorengegangenen Jahre eines frühen Anfangs. Er war überzeugt, die richtige Beschäftigung mit den Wissenschaften erfordere sogar »mehr als ein Menschenleben«. Das Bewußtsein dieser Dimensionen hat denn auch seine Einstellung zu den Wissenschaften bestimmt. Offenbar in Variierung des mosaischen Ausspruchs: »Gast bin ich geworden in einem fremden Land« (Exodus 2,22), fragt er sich am Ende des ersten Bandes der *Farbenlehre*, was er denn in seiner persönlichen Situation »als Gast in einer fremden Wohnung zum Vorteile der Besitzer ausrichten« könne. In seiner Antwort zitiert Goethe eine Zeile aus dem Buch des Propheten Daniel über den Zuwachs menschlicher Erkenntnis »durch eifriges Forschen« (Daniel 12,4).

Um diesen Erkenntnisgewinn ging es Goethe bei seinem vielfältigen Forschen von Anfang an. Seine weitläufige Entwicklung als Wissenschaftler beginnt bei der Kunst, führt über die Zoologie zur Botanik und bezieht bei der *Metamorphose der Pflanzen* durch eine methodisch »glückliche Vergleichung« auch Musiktheorie mit ein. Im Anschluß an die *Farbenlehre* entstand die *Tonlehre*. Sie ist ein historischer Beitrag zur Erforschung des Klangs und des musikalischen Kunstschaffens.

Dieses Buch befaßt sich mit den Wegen, die Goethe zur Musik und zur Wissenschaft geführt haben. Es zeigt seine Entwicklung als vielseitiger Liebhaber und Kenner der abendländischen Musik und als denkender Forscher der bildenden Kunst, Naturwissenschaft und Musik.

Als Mitglied einer vierköpfigen singenden und musizierenden Familie der bürgerlichen Oberschicht erhielt er eine gründliche musikalische Erziehung (Klavier, Violoncello, Gesang). Er konnte Klavierstücke vortragen, sich in ein Kammermusikensemble einfügen und als Violoncellist mit einem Partner am gleichen Instrument oder am Klavier Duo spielen.

Im Zusammenhang mit seiner Begeisterung für die alten Griechen, insbesondere für Pindar, stellt Goethe in einem Brief an Herder in einem Zweizeiler sein Violoncellospiel neben seine Dichtkunst. Wenngleich ihm das Technische dieser Kunsttätigkeiten noch fehle, so sei aber seine »Begabung durch Geburt«, und nicht die eines »Gelernten«, dessen Gesang eher dem Gekrächze der Raben gleiche. Goethes Musikalität erhält im Kontext solcher Anverwandlung griechischen Denkens eine poetische Dimension. Musik, Musizieren und das Nachdenken über das Technische und Symbolische dieser Kunst verstärken seine poetische Vorstellungskraft.

In romantisch historischer Rückbesinnung sammelte er als erster deutscher Forscher Volkslieder. Einige hat er für sein eigenes Schaffen poetisch verarbeitet. In Italien studierte und analysierte er römische Vokalpolyphonie. Optische und akustische Sinneseindrücke verbinden sich bei ihm zu einem einheitlichen Erleben von Architektur und Musik in der Peterskirche. Anläßlich eines Besuches in der Sixtinischen Kapelle macht er Anmerkungen zur angemessenen Darbietung von Vokalwerken der römischen Schule. Hierbei nahm er bereits Maximen historisierender Aufführungspraktiken des zwanzigsten Jahrhunderts vorweg.

In seinem eigentlichen Metier hatte das Nachdenken eine andere Ausrichtung. Seine inneren Vorstellungen übersetzte er – zumeist bildhaft – in eine entsprechende literarische Form. Doch seine Reflexionen konzentrierten sich auf die strukturbildenden Elemente seiner Poesie. Da ihm seine Kunst leicht von der Hand ging, die frühen Erfolge ihn aber skeptisch stimmten, suchte er seine hervorbringende Tätigkeit theoretisch zu untermauern. Er suchte nach den Gesetzen des tätigen Künstlers, der »Ausübung der Kunst nach Wissenschaft«. Nur, er fand niemanden, der ihm diese Prinzipien hätte vermitteln können. Jetzt versuchte er auf eigene Faust, eine Theorie des Kunstschaffens aus der bildenden Kunst herzuleiten. Nach sporadischen Studien in Dresden, Leipzig und Düsseldorf diente insbesondere sein Aufenthalt in Italien und Sizilien dem erklärten Ziel, im Land der bildenden Kunst und Musik die Elemente der Kunst an Ort und Stelle zu studieren, und vor allem das »Verfahren der Künstler« kennenzulernen.

Nach Deutschland zurückgekehrt, suchte Goethe seinen schmerzlichen Abschied von Rom durch vermehrte schriftstellerische Produktion zu verwinden. Er schrieb gleichzeitig an drei Aufsätzen über die Themen Kunst, Gesellschaft und Botanik. Mit letzterem, dem Versuch, »Die Metamorphose der Pflanzen zu erklären«, begann er seine wissenschaftliche Beschäftigung. Diese wurde ihm zunehmend zum Selbstzweck. In der für ihn selbst überaus wichtigen Arbeit über die Pflanzen geht es schließlich auch um die Theorie von der Entstehung des Lebens. Die Wahrheit liege zwischen zwei Thesen, der Präformationstheorie, daß alles schon vor der Zeugung existiere, und der Postformationstheorie, daß alles erst mit dem Augenblick der Zeugung entstehe. Wissenschaftstheorie, davon ist Goethe überzeugt, könne am besten innerhalb eines didaktischen Systems dargestellt werden. Doch jene Gleichzeitigkeit, daß sowohl etwas vorgeformt sei als auch nicht, konnte auf diesem Wege nicht erfaßt werden. Goethe benutzt jetzt ein Hilfsmittel besonderer Art. In einem symbolischen Vergleich nimmt er Zuflucht zur Musik. Anhand der theoretischen Voraussetzungen zur Entstehung der abendländischen Kunstmusik, der durch mathematisches Kalkül veränderten Naturtonreihe in der sogenannten »Temperierten Stimmung«, erklärt er vergleichend, daß die Wahrheit in der Mitte zwischen zwei Hypothesen zu suchen sei. In der Botanik handele es sich ähnlich wie bei der Temperierten Stimmung sowohl um Vorgeformtes als auch nachträglich Entstandenes.

Dieser symbolische Vergleich fußt auf Kenntnissen mathematischer Verhältnisse in der Kunstmusik und Erfahrungen im Hören entsprechender Kompositionen. Goethe hat sich durch das Studium zeitgenössischer Theoretiker mit den systematischen Grundlagen der Musikwissenschaft vertraut gemacht. Insbesondere wenn ihn lästige ministerielle Pflichten deprimierten, ließ er sich durch einen befreundeten Organisten täglich mehrere Stunden Fugen und Präludien aus Bachs *Wohltemperiertem Klavier*, den schöpferisch genutzten Möglichkeiten der »Temperierten Stimmung«, vorspielen.

Andere musikalische Voraussetzungen waren Goethe bereits in Italien zugewachsen. Mit der pädagogischen Hilfe von Fachleuten, aber auch autodidaktisch hatte er sich zu einem Kenner ausgebildet. Bei der Produktion seiner Singspiele orientierte er sich an den rhythmisierten italienischen Opernlibretti. Es entstanden die Texte einer ganzen Reihe von Singspielen. Doch war es offenbar schwer, den geistig ebenbürtigen Komponisten zu finden. Vielleicht stand Goethes eigene vollendete Sprachmusikalität im Wege. Seine musikalischen Partner hat er manchmal überschätzt.

Seine musikalische Neigung trieb ihn später zu einer regen Intendantentätigkeit am Theater. Eine bedeutende Arbeit wurde sein Versuch einer Fortsetzung der *Zauberflöte* von Mozart-Schikaneder.

Noch wichtiger wurden ihm die Erörterungen der Elemente der Musik. Dazu brauchte er die Hilfe von Experten. Erst in Zelter fand er den Ansprechpartner seiner Vorstellung. Im Anschluß an die *Farbenlehre* wollte Goethe nach der dort durchgeführten dreifachen Gliederung eine *Tonlehre* schreiben. Eine nicht unwichtige Vorarbeit leistete er zusammen mit Schiller in den Fragment gebliebenen Tabellen über den »Dilettantismus« in verschiedenen ausgewählten Kunsttätigkeiten (Poesie, Musik, Tanz, Theater, Architektur). Diesen waren schon andere, zum Teil mit Schiller gemeinsam erstellte Tabellen vorausgegangen. Schillers »philosophischer Ordnungsgeist« bildete dabei nicht selten das Regulativ für Goethes »Erfahrungen«, die Schiller »Ideen« nannte.

Die Theorie der Musik suchte Goethe im Anschluß an ein Gespräch mit Zelter in einer Tabelle von drei Kolumnen zu behandeln: »Organisch«, »Mechanisch« »Mathematisch« – eigentlich eine Neufassung der mittelalterlichen Gliederung *musica mundana, musica humana, musica instrumentalis.* Der gesamte wissenschaftliche Stoff wird in Tabellenform übersichtlich geordnet und dem Betrachter als Ausschnitt aus Goethes Weltbild von der Musik zugänglich gemacht. Zwei Themen sind ausführlicher behandelt: Die gewissermaßen einen fruchtbaren Kreislauf beschreibende, durch die Stimme aus dem Menschen hervorgehende und durch das Ohr wieder in ihn zurückkehrende Musik und der durch Maß- und Zahlenverhältnisse nicht erfaßbare Molldreiklang. Der erste Aspekt spiegelt, bewußt oder nicht, kabbalistisches Gedankengut. Der zweite behandelt das – übrigens die heutigen Physiker zunehmend beschäftigende – Phänomen einer »Gegenwelt«, den »Mollton«, dessen Zahlenverhältnisse (1-3-5, Grundton, kleine Terz, reine Quinte) aus der Obertonreihe nicht erklärbar sind, sondern nur als Spiegelbildlichkeit zum meßbaren Dur-Dreiklang gedacht werden können.

Wie bei den Arbeiten über den »Dilettantismus« ist die Tabelle der Tonlehre Fragment geblieben. Goethe wollte sie noch vollständig ausführen. Doch ist es bei den zahlreichen, zum Teil brieflich erhaltenen Diskussionen geblieben, in deren Verlauf er – geradezu beiläufig – auch einen Gottesbeweis führte. Aber der Nachwelt hat er damit im Grunde einen geschichtlichen Auftrag erteilt: Das »zwar nackte, aber wohlgegliederte Skelett« möge »der echte Künstler mit Fleisch und Haut überkleiden, ihm Eingeweide geben und in's Leben denkend einführen«.

Welchen Stellenwert hat Goethes *Tonlehre* heute? Goethe errichtete seine Denkgebäude als Basis seiner poetischen Produktion und seines Weltbildes von den Künsten und den Wissenschaften. Gern werden inzwischen aufgezeigte Irrtümer und Fehler in Goethes wissenschaftlichen Arbeiten zum Anlaß genommen, etwa dem Lyriker gegenüber dem Wissenschaftler Goethe den Vorzug zu geben. Das Schaffen Goethes läßt sich jedoch kaum auseinanderdividieren. (Ein Beispiel: Der Vierzeiler in der Einleitung zur Farbenlehre über die Natur- und Gottähnlichkeit des Menschen, »Wär' nicht das Auge sonnenhaft«.)

Über den Nutzen seiner Wissenschaft hat sich Goethe in der *Farbenlehre* selbst geäußert. Jeder Forschende, auch der Amateur, trüge durch seine – wie auch immer zu veranschlagende – persönliche Leistung einen Beitrag zum stetig wachsenden Erkenntnisvorrat bei. Und »Selbst der Irrthum ist brauchbar.«

I.

Ein singender Sprachlehrer
und reisende Instrumentalvirtuosen
Musik in Goethes Geburtshaus
am Großen Hirschgraben in Frankfurt

In Goethes Elternhaus am Großen Hirschgraben in Frankfurt am Main hatte Musik einen hohen Stellenwert. Klavier- und Gesangunterricht, häusliches Musizieren und Konzertbesuche zählten wie Fremdsprachen und Zeichnen gewissermaßen zu den Pflichtfächern eines geheimen väterlichen Erziehungsplanes.

Goethes Mutter, Catharina Elisabeth, geborene Textor, stammte aus einer Juristenfamilie. In den ersten Jahren ihrer Ehe erhielt sie Unterricht im Schreiben und eine Ausbildung in Klavier und Gesang. Als ihre beiden Kinder heranwuchsen und selber Klavier spielen lernten, nahm sie ihre Studien wieder auf. Um mithalten zu können, ließ sie sich jetzt von einem städtischen Kapellmeister fortbilden.

Goethes Vater, Johann Caspar, spielte Laute. Um seine Italienischkenntnisse zu verbessern, verpflichtete er einen gebürtigen Italiener namens Domenico Giovinazzi als Sprachlehrer. Mit ihm kam auch Musik ins Haus. Giovinazzi gab neben dem Unterricht redaktionelle Hilfen bei der Veröffentlichung von Vater Goethes italienischem Reisebericht *Viaggio per Italia* (Reise durch Italien). Aber dann, sozusagen nach Dienstschluß, intonierte er Arien aus seiner Heimat. Wie sich Goethe erinnert, hatte seine Mutter solche mit Begeisterung vorgetragenen Zugaben täglich am Klavier zu begleiten. Die Arie »Solitario bosco ombroso« (Einsamer schattiger Wald), mit dem Text von Pietro Metastasio, dem kaiserlichen Hofdichter Wiens, kannte Goethe schon auswendig, bevor er den Sinn der Worte begriff. Es war wohl der opernhaft dramatische Vortrag, der ihn beeindruckte. Bis ins hohe Alter behielt er diese Arie im Gedächtnis.'

Goethe beschreibt seinen Vater in *Dichtung und Wahrheit* als eine »lehrhafte Natur«. Johann Caspar Goethe (1710–1782) wollte sein Wissen und Können offenbar systematisch weitergeben. Er war nach dem Studium der Rechtswissenschaften in Gießen und Leipzig zum Doktor beider Rechte promoviert worden. Zu seiner Fortbildung bereiste er Süddeutschland, Österreich und Italien. Schließlich kehrte er in seine Geburtsstadt Frankfurt zurück und beschäftigte sich dort als Privatgelehrter. Er konnte über seine Zeit frei verfügen. Den größten Teil des Tages arbeitete er an der Herausgabe seines Reiseberichts. (Eine deutsche Ausgabe ist 1988 erschienen.) Gelegentlich war er auch als Rechtsanwalt tätig. Aber seine eigentliche Lebensaufgabe sah er im Entwerfen, Umsetzen und ständigen Weiterentwickeln eines Bildungsprogramms für seine einundzwanzig Jahre jüngere Ehefrau und die beiden heranwachsenden Kinder Johann Wolfgang und Cornelia – fünf weitere Nachkommen waren schon früh verstorben. Er schien sich, wie Goethe in der Erinnerung vermutet, einen »gewissen Erziehungs- und Unterrichtskalender gemacht zu haben«. (*Dichtung und Wahrheit.* Erstes Buch) Und auf diesem pädagogischen Plan rangierte die Musik, wie schon gesagt, an der Spitze.

In Goethes Elternhaus gaben gelegentlich professionelle Instrumentalisten und Sänger Hauskonzerte. Neben bildenden Künstlern bevorzugte der Vater die Gesellschaft von musikalischen Virtuosen. Ein häufiger Musikgast war Carl Friedrich Abel (1723–1787), Komponist und reisender Gambist. Er wurde von seinem Vater, Christian Ferdinand Abel, ausgebildet, einem Hofmusiker in Köthen, für den Johann Sebastian Bach wohl die sechs Sonaten für Gambe (Bach-Werke-Verzeichnis 1007–1012) geschrieben hat. Goethe erinnerte sich deutlich der im Elternhaus erlebten Vorträge Abels. Sie stellten aufführungspraktisch bereits eine historische Rarität dar. Denn an die Stelle der Gambe sollte zunehmend das auch von Goethe als Student in Straßburg und als junger Rechtsanwalt in Frankfurt gespielte Violoncello treten: »Abel, der letzte Musiker, welcher die Gambe mit Glück und Beifall behandelte«. (*Dichtung und Wahrheit*. Achtes Buch)

Gelegentlich besuchte die Familie Goethe ähnliche Konzerte bei Freunden. Laut dem Haushaltsbuch des Vaters, dem in Latein und Deutsch geführten »Liber domesticus«, unterhielt sie auch ein Abonnement für Subskriptionskonzerte. In Berichten über solche Konzertbesuche erwähnt Goethe Johann Friedrich Armand von Uffenbach (1687–1769), einen angesehenen Schöffen, Musikreisenden und Dichter aus namhafter Frankfurter Künstler- und Handwerkerfamilie (»Der Name von Uffenbach ist bekannt«, *Dichtung und Wahrheit*. Zweites Buch). Uffenbach hatte in Halle und Straßburg Jura studiert und sich in Paris im Lautenspiel ausbilden lassen. Schon früh machte er Bildungsreisen nach Norddeutschland, England und Italien, um an Ort und Stelle das Konzert- und Opernleben kennenzulernen. Von seinen Reisen brachte er Noten mit nach Frankfurt, ausgewählte »Concerte und Oratorien«, um sie gelegentlich in eigenen Hauskonzerten aufzuführen. In Frankfurt betreute er eine wöchentliche, von seinem Freunde Georg Philipp Telemann geleitete Konzertreihe. Er selbst hatte offenbar eine schöne Stimme und reihte sich gern als Tenor in das mit professionellen Musikern besetzte Ensemble ein. Die Besucher solcher Serenaden mokierten sich jedoch über Uffenbachs doppelte Rolle als Gastgeber und Mitwirkender und machten entsprechende Bemerkungen (*Dichtung und Wahrheit*. Zweites Buch)

Uffenbach hat auch Texte für weltliche, naturschildernde Kantaten geschrieben. Anlaß waren feudalistische Musiktage auf den Schlössern des Grafen Friedrich Carl zu Erbach-Erbach (1680–1731), eines Offiziers und regierenden Aristokraten im hessischen Odenwald, der auch selbst musizierte und komponierte. Zu solchen Schloßmusiken in der gräflichen »Hirschgalerie« in Erbach oder auf dem nahegelegenen Jagdschloß Eulbach kam gelegentlich Georg Philipp Telemann aus Hamburg, der Freund und satztechnische Mentor des Grafen.

Bevor Telemann als Kantor und Kirchenmusikdirektor in Hamburg wirkte, war er von 1712–1721 in Frankfurt als Städtischer Musikdirektor und gleichzeitig als Kapellmeister der Barfüßer- und Katharinenkirche tätig. Dort heiratete Telemann in zweiter Ehe die einheimische Bürgerstochter Maria Katharina Textor, eine Namensvetterin, wenn nicht gar eine Verwandte von Goethes Mutter.

Die im Hause Uffenbach aufgeführten »Concerte und Oratorien« haben Goethe offensichtlich beeindruckt. Abgesehen von Abels Solo-Recital auf der Gambe erwähnt er aus seiner Frankfurter Jugendzeit nur eben diese Hauskonzerte. Doch wessen Kompositionen wurden bei solchen Gelegenheiten gespielt?

Im Briefwechsel zwischen Uffenbach und Telemann ist wiederholt von Werken des Grafen Friedrich Carl zu Erbach-Erbach die Rede, insbesondere von »Concerten und Oratorien«, somit wörtlich von denselben Gattungen, welche auch Goethe erwähnt. Solche Werke, die Telemann vor den Aufführungen durchlas und, wenn nötig, verbesserte, gehörten neben Telemanns eigenen Kompositionen offenbar zu Uffenbachs Repertoire.

Die Musik zu Oratorien oder Kantaten mit Uffenbachs lyrischen Texten sind inzwischen in Vergessenheit geraten. Aber von den Instrumentalwerken des Grafen aus dem Odenwald werden einige kleine Sinfonien gelegentlich noch gern gespielt. Die Kompositionen sind der »langsam-schnell« gestalteten sogenannten italienischen Kirchensonate ähnlich. Der Komponist widmete sie unter dem Titel *Divertissements melodieux* dem in Darmstadt residierenden Landgrafen Ernst Ludwig von Hessen. Ursprünglich sollten diese vierundzwanzig Kompositionen veröffentlicht werden. Gedruckt wurde aber lediglich das Titelblatt. Die Divertimenti waren wahrscheinlich auch in der von Goethe erwähnten »schönen Sammlung von Musikalien« des Herrn von Uffenbach enthalten. Der musikreisende Frankfurter Schöffe war jedenfalls an der geplanten Herausgabe selbst beteiligt. Denn den unteren Rand des erwähnten gestochenen Titelblatts ziert ein Spruchband mit einem italienischen Huldigungsgedicht, »*fece da* [gemacht von] *Uffenbach*«.

Goethe hat in Uffenbachs Hauskonzerten wahrscheinlich auch die *Divertissements melodieux* des hessischen Grafen gehört. Mit ihrem schlichten, monothematischen Satz und in ihrer melodischen Gefälligkeit veranschaulichen diese französisch etikettierten Kompositionen einen Ausschnitt aus der von der späten Aristokratie und dem gehobenen Bürgertum gepflegten Musik. Doch wie verhielt es sich mit der praktischen musikalischen Ausbildung Goethes?

2.
Erfolge haben viele Väter:
»Goethe spielt Klavier –
und gar nicht schlecht«

Das Erziehungsprogramm des Vaters nahm sich wie eine Unterweisung junger Aristokraten in den praktischen Künsten aus. Die Geschwister wurden im Fechten, Reiten, Zeichnen, Musizieren und in Fremdsprachen unterrichtet. Bei den zwei ersten Disziplinen folgte der Vater offenbar weniger einem pädagogischen Grundsatz als einer Gepflogenheit seines gesellschaftlichen Standes. Goethe hat dies mit einem Wort aus der kaufmännischen Umgangssprache pointiert: »Wir waren nun herangewachsen, und dem Schlendriane nach sollten wir neben anderen Dingen fechten und reiten lernen.« (*Dichtung und Wahrheit.* Viertes Buch) Während das Fechten Freude machte, war ihm der Reitunterricht ausgesprochen zuwider. Der Lehrer hatte es offenbar auf ihn abgesehen. Er schikanierte ihn bei jeder möglichen Gelegenheit.

Ganz anders verhielt es sich mit dem Zeichnen und der Musik. Hier stand der Vater mit Überzeugung dahinter. Johann Caspar Goethe bemühte sich, seinen Kindern Vorbild zu sein. Er glaubte, daß die Jugend am besten durch einen Erwachsenen angeregt werde, welcher nicht nur Anweisung gebe, sondern sich selbst noch einmal zum Schüler mache. Nach dieser Maxime lernte Goethes Vater, der in seiner Jugend nie gezeichnet hatte, parallel zum Unterricht seiner Kinder, mit Bleistift in Kupfer gestochene Portraits von Giovanni Battista Piazetta (1682–1754), einem Meister venezianischer Koloristik, zu kopieren. Mit Ausdauer und Fleiß ahmte Johann Caspar Goethe sogar die Schraffierungen der Stiche nach. Er nahm sich systematisch Nummer für Nummer vor. Doch die Kinder sprangen natürlich unbekümmert, nach Lust und Laune, von Portrait zu Portrait.

Zur gleichen Zeit ließ sich der Vater über die Möglichkeiten des Musikunterrichts für seine Kinder beraten. Das Instrument stand bereits fest: »Daß wir das Clavier lernen sollten, war ausgemacht; allein über die Wahl des Meisters war man immer streitig gewesen.« (*Dichtung und Wahrheit.* Viertes Buch) Der junge Goethe fand in Johann Andreas Bismann, einem aus Thüringen stammenden Kantor, schließlich den Lehrer seiner Wahl. Bismann hatte sich in seinen jungen Jahren ziemlich mühsam als Schreib- und Musiklehrer durchs Leben schlagen müssen. Danach war er als Tenorist im Städtischen Chor verpflichtet worden. Als er später zum Kantor am Gymnasium in Frankfurt bestellt wurde, hatte er bereits einen Namen als Klavierlehrer. Goethe besuchte zufällig eine Klavierstunde, die Bismann einem Mitschüler gab. Der Lehrer gefiel ihm auf Anhieb, weil er den Unterrichtsstoff offensichtlich sehr anschaulich zu vermitteln verstand. Zu Hause bat er die Eltern eindringlich, ihm augenblicklich diesen »allerliebsten, unvergleichlichen Mann zum Claviermeister zu geben«. Sie zögerten zunächst, holten sicherheitshalber Erkundigungen ein, die kein schlechtes, aber auch kein besonders gutes Resultat ergaben. Goethe ließ jedoch nicht locker. Er erzählte seiner Schwester von der Kostprobe des Bismannschen lustigen Unterrichts. Da nun auch Cornelia neugierig geworden war, konnte Goethe schließlich durchsetzen, daß Bismann als Klavierlehrer für beide Geschwister verpflichtet wurde. Das war im Jahre 1763, für den bereits dreizehn oder vierzehn Jahre alten Schüler aus musikpädagogischer Sicht übrigens ein recht später Beginn. Doch worauf gründete sich eigentlich die Beliebtheit des Thüringer »Claviermeisters«?

Goethe war vom Reitunterricht enttäuscht, weil ihm die Grundbegriffe kaum kindgerecht beigebracht wurden. Reiten galt seinerzeit als eine vollendete, abgeschlossene Kunst. Die Lehrer verfielen in dem stolzen Bewußtsein der Perfektion ihrer Disziplin offenbar nicht selten auf übertriebene Strenge und Pedanterie. Hierdurch wurde der Unterricht den Kindern natürlich verleidet: »Es kommt übrigens der Fall oft genug vor, daß wenn die Anfänge einer abgeschlossenen Kunst überliefert werden, dieses auf eine peinliche und abschreckende Art geschieht.« (*Dichtung und Wahrheit*. Viertes Buch)

Der pädagogisch geschickte Kantor Bismann ging indessen ganz anders vor. Er verstand es, die Anfangsgründe spielerisch durchzugehen. Allgemeine Musiklehre, Tastatur und Fingersatz behandelte er mit einer originellen Methode. Er vermied zunächst die eigentlich unerläßlichen Zahlen und Begriffe, indem er fantasievolle Wörter erfand. So erhielt jeder Finger der rechten und der linken Hand einen Spitznamen, etwa »Däumerling«, »Deuterling«, »Goldfinger«, »Krabbler« und »Zabler«. Der Klavierlehrer benannte auch die Stammtöne und ihre Erhöhungen mit drolligen, der kindlichen »Hell-Dunkel-Tonwahrnehmung« entsprechenden Klangwörtern wie »Fakchen« und »Gakchen« oder »Fiekchen« und »Giekchen« für die Töne f und g, beziehungsweise fis und gis.

Allerdings entpuppte sich die auf den ersten Blick lustig und kindgerecht anmutende Unterrichtsmethode im Nachhinein als eine lediglich aufs Schüleranwerben gerichtete Freundlichkeit. Denn mit dem Beginn seiner Lehrtätigkeit im Elternhaus Goethes schien der ursprünglich so lustige »Claviermeister« seinen Humor verloren zu haben. Zum Verdruß der Geschwister gab er mittlerweile einen sehr trockenen Unterricht. Cornelia argwöhnte bereits, daß ihr Bruder sie getäuscht und alle Späße Bismanns nur erfunden habe. Goethe war ziemlich verwundert. Zufällig kam er dem Lehrer auf die Schliche. Ein neugieriger Spielkamerad kam unbekümmert in eine der langweiligen Unterrichtsstunden. Bismann fand in Anwesenheit dieses potentiellen neuen Interessenten umgehend wieder zu seiner Liebenswürdigkeit zurück, so daß sich auf einmal »die sämtlichen Röhren seines humoristischen Springbrunnens« öffneten. Auf diese Weise wurde denn auch Goethes junger Freund als neuer Klavierschüler des Kantors gewonnen.

Goethe lernte, seinen Erinnerungen zufolge, bei Kantor Bismann nur wenig. Die eigentlichen pädagogischen Qualitäten des Klavierlehrers konnte er als Kind natürlich kaum erkennen. Ihm wurde lediglich bewußt, daß er zu wenig Anregung bekam. Aber ohne sie konnte er wohl kaum erfolgreich lernen. Noch als Siebenundsechzigjähriger reflektierte er in einem Brief an Zelter über diese Verlegenheit: »Freylich erfahren wir erst im Alter was uns in der Jugend begegnete. Wir lernen und begreifen ein für allemal nichts! Alles was auf uns wirkt ist nur Anregung und, Gott sey Dank! wenn sich nur etwas regt und klingt.« (An Zelter. Weimar, 7. 11. 1816)

Entgegen seinen eigenen autobiographischen Schilderungen hat Goethe im Klavierunterricht offenbar doch etwas gelernt. Große manuelle Fertigkeit, wie sie etwa in *Dichtung und Wahrheit* dem Doktor Hermann, einem musikalischen Tischgenossen in Leipzig, bestätigt, hat er wohl nicht erworben. Aber es gibt einen lakonisch eindrucksvollen Bericht aus dem Jahre 1795 von einem Ohrenzeugen, namens David Veit, seinerzeit Student in Jena, wohl einem entfernten Verwandten Mendelssohns. Er schrieb über den sechsundvierzig Jahre alten Dichter (und Staatsminister) an Rahel Levin-Varnhagen, seine Jugendfreundin in Berlin: »Goethe spielt Klavier, und gar nicht schlecht.« Wenn wir dieser Quelle folgen, hatte der eigenwillige Erziehungsplan des Vaters letztlich dann doch Früchte getragen.

Goethe empfing die beim Kantor Bismann vermißten Anregungen später von einem anderen Lehrer. Der Vater hatte sich einen jungen Sekretär, namens Pfeil, zu seinem persönlichen Assistenten herangebildet. Ihm wurde die Leitung einer kleinen privaten Pension für ausländische Sprachstudierende übertragen. Pfeil war in seiner Eigenschaft als Hausherr gleichzeitig auch der »Musikmeister« der ihm anvertrauten Schüler. Nach der Maxime Johann Caspar Goethes, wonach junge Leute durch nichts mehr angeregt werden könnten als durch das lebendige Vorbild, lernte Pfeil zuerst selbst das Klavierspiel. Als Kind hatte er allerdings noch keine einzige Taste gedrückt. In seinem Eifer war der Pensionsleiter und autodidaktische Instrumentalist aber in kurzer Zeit erstaunlich erfolgreich. Offenbar spielte er schließlich recht gut Klavier. Pfeil interessierte sich jetzt auch für Instrumente renommierter Klavierbauer. Er nahm Kontakt zu Christian Ernst Friederici in Gera, einem Silbermann-Schüler, auf. Goethe erinnert sich: »Auch in unser Haus brachte die Lebendigkeit dieses Mannes einen größeren Musikbetrieb«. (*Dichtung und Wahrheit.* Viertes Buch) Goethes Vater schaffte laut dem Haushaltsausgabenbuch des Jahres 1769 für sechzig Gulden (umgerechnet nach heutiger Kaufkraft etwa DM 5000) ein von Friederici gebautes sogenanntes Giraffenklavier an. (Vgl. Tafel 1) Dieser mit dem Resonanzkörper senkrecht nach oben konstruierte Pyramidenflügel war aber in erster Linie für Cornelias Gebrauch bestimmt. Wolfgang benutzte weiterhin das alte Klavier. Nachdem nun die kostbare »Giraffe« – auch Leopold Mozart und Carl Philipp Emanuel Bach besaßen dieses Modell – für Cornelia gekauft worden war, wurde sie dazu angehalten, weitaus mehr Zeit für das Klavierspiel als ihr Bruder aufzuwenden. Die Aufsicht übernahmen abwechselnd ihr Vater und sein Assistent Pfeil, »das Musterbild und antreibender Hausfreund«, wie ihn Goethe nennt. Nach dem Wunsch des Vaters sollte natürlich auch Wolfgang üben, doch mehr sich der bildenden Kunst widmen. Es waren somit zwei Gleise vorgesehen, weniger mit dem Ziel einer professionellen Ausbildung als aufs Geratewohl: »Und so war mir, nach den Grundsätzen einer neuern Erziehungslehre, der Weg zu zwei Künsten früh genug eröffnet, bloß auf gut Glück, ohne Überzeugung, daß ein angebornes Talent mich darin weiter fördern könne.« (*Dichtung und Wahrheit.* Viertes Buch)

3.
Ein »ansehnlicher Quartant«
mit Choraltexten
Frühe Produktionen für die Kirchenmusik

Goethes Talent in den musischen Fächern offenbarte sich im Grunde weniger im praktischen Ausüben einer Kunst als in der Empfänglichkeit für ihre – oft verborgenen – Wirkungen. Das galt auch für andere geistige Tätigkeiten, das Studium einer fremden Sprache zum Beispiel. Als Goethe aus eigenem Antrieb Hebräisch lernte, erwarb er sich die Grundlage zum Verständnis der Bibel, der er nach eigenem Bekenntnis fast ausschließlich seine sittliche Bildung verdankt. (*Dichtung und Wahrheit*. Siebentes Buch) Aus seinen Bibelkenntnissen schöpfte er Anregungen als Dichter wie als Wissenschaftler. Seiner Schrift *Die Metamorphose der Pflanzen* ist eine Stelle aus dem *Buch Hiob*, Kapitel 9, Vers 11, in der Übersetzung Martin Luthers, als Motto vorangestellt:

> Siehe er geht vor mir über
> ehe ich's gewahr werde,
> und verwandelt sich
> ehe ich's merke.

Und im *Faust* (Der Tragödie Erster Teil. Studierzimmer) befaßte sich Goethe kritisch mit der Wortklauberei in den Bibelübersetzungen (»Geschrieben steht: Im Anfang war das Wort ... der Sinn ... die Tat«). Doch den eigentlichen Gewinn seiner hebräischen Sprachstudien sah Goethe im Zuwachs seiner Einbildungskraft. Dies führte er auf sein Naturell zurück:

»Der Mensch mag sich wenden wohin er will, er mag unternehmen was es auch sei, stets wird er auf jenen Weg wieder zurückkehren, den ihm die Natur einmal vorgezeichnet hat.« Beim Hebräischlernen bedeutete dies, daß er weniger vom Inhalt der Sprache als von ihrer geschichtlichen Aura profitierte: »Die Bemühungen um die Sprache und den Inhalt der heiligen Schrift selbst, endigten zuletzt damit, daß von jenem schönen und viel gepriesenen Lande, seiner Umgebung und Nachbarschaft, so wie von den Völkern und Ereignissen, welche jenen Fleck der Erde durch Jahrtausende hindurch verherrlichten, eine lebhaftere Vorstellung in meiner Einbildungskraft hervorging.« (*Dichtung und Wahrheit*. Viertes Buch)

Auch in der Musik, beim Hören wie beim Ausüben, war Goethe der Zugang offenbar in ähnlicher Weise von der Natur vorgezeichnet. Durch Musik wurde seine lebhafte Vorstellung, insbesondere was die Symbolik betrifft, angeregt. Hiervon zeugt seine bildhafte Beschreibung der Musik Johann Sebastian Bachs: »Ich sprach mir's aus: als wenn die ewige Harmonie sich mit sich selbst unterhielte, wie sich's etwa in Gottes Busen, kurz vor der Weltschöpfung, möchte zugetragen haben.« Diese Äußerung gilt einer Musik aus Goethes eigenem Jahrhundert, sogar aus seiner eigenen Zeit, wenn wir so wollen. Denn Goethe war genau elf Monate alt, als Bach starb, und somit rein rechnerisch noch ein Zeitgenosse des Thomaskantors.

Auch ältere Musik hatte auf Goethes Imagination eine ähnlich hintergründige Wirkung wie die Johann Sebastian Bachs. So entzündete der Auftritt der Pfeifer beim jährlichen öffentlichen Gerichtstag im großen Kaisersaal in Frankfurt seine Fantasie. Drei aus Nürnberg angereiste »alterthümliche Virtuosen« begleiteten auf Schalmei, Baß und Pommer oder Hoboe, den Aufzug der Gesandten. Goethe beschreibt die von ihm empfundene geschichtsträchtige Wirkung dieses Trios: »Auf einmal meldet eine wunderliche Musik gleichsam die Ankunft voriger Jahrhunderte.« (*Dichtung und Wahrheit*. Erstes Buch)

Im autobiographischen Bericht aus Goethes Kindheitstagen überwiegen die Kontakte mit der bildenden Kunst und mit Malern entsprechende Äußerungen zur Musik. Dies hatte vielerlei Gründe. Der Vater unterhielt in seinem inzwischen umgebauten Haus am Großen Hirschgraben eine private Galerie. Sie umfaßte etwa einhundertzwanzig Bilder. Als während des Siebenjährigen Krieges französische Truppen Frankfurt besetzten, wurde in Goethes Elternhaus Graf Thoranc, ein »Königsleutenant«, einquartiert. Er gab Frankfurter Künstlern Aufträge, vierhundert Bilder – und noch einige mehr – für sein Schloß in Frankreich zu malen. Auf diese Weise existierte in Goethes Elternhaus zeitweise eine Produktionsstätte zeitgenössischer bildender Kunst. Abgesehen von solchen Zufällen hat der Vater die Malerei auch bewußt bevorzugt. »Zeichnen müsse jedermann lernen, behauptete mein Vater. Auch hielt er mich ernstlicher dazu an, als zur Musik.« (*Dichtung und Wahrheit.* Viertes Buch)

Der Vater setzte ihn gelegentlich als Boten bei säumigen Malern ein, um die Fertigstellung in Auftrag gegebener Bilder – zumeist auf Holz gemalter Stilleben – anzumahnen. Auf diese Weise verkehrte Goethe schon früh in den Frankfurter Ateliers und bekam Einblicke in das Schaffen zeitgenössischer Künstler. Hier wurde schon seine spätere, in der *Italiänischen Reise* beschriebene wissenschaftliche Neugier geweckt, »das Verfahren der Künstler« zu erforschen. Gelegentlich besuchte er auch Auktionen. Als sehr junger begabter Kunstexperte schrieb er einen längeren Aufsatz als Vorlage für zwölf biblische Bilder, welche die Geschichte Josephs darstellen sollten. Einige dieser beschriebenen Entwürfe sind seinerzeit von befreundeten Malern wohl tatsächlich in Bilder umgesetzt worden.

Frühe schriftstellerische Versuche wurden aber auch durch musikalische Erfahrungen angeregt. Und hier waren die Ergebnisse am Ende viel umfangreicher als im Zusammenhang mit der bildenden Kunst. Die Familie Goethe war evangelisch-lutherischer Konfession. Sie besuchte regelmäßig die Gottesdienste in der Barfüßer- und Katharinenkirche in Frankfurt. Die gedruckten Texte der sonntäglichen Kirchenmusiken nahm Goethe mit nach Hause, wo er sie in Ruhe studierte. Weil er sie für schwach befand, entschloß er sich, eigene zu schreiben. Dabei achtete er auf die im liturgischen Rahmen vorgegebene zweifache Aufgabe. Es galt nämlich, Texte zu produzieren, welche sich sowohl zur Erbauung der Gemeinde als auch zur vokalen Vertonung eigneten. Über ein Jahr verfaßte Goethe gereimte Texte für sonntägliche Kirchenmusiken. Danach fertigte er eine Reinschrift an. Hierdurch verschaffte er sich doppelten Vorteil: Auf Grund der Fassung in Schönschrift wurde er von entsprechenden Aufgaben freigestellt, welche ihm innerhalb des väterlichen Erziehungsplanes der angesehene »Schreibmeister« Frankfurts, Johann Heinrich Thym, stellte. Zum anderen konnte Goethe die Arbeiten jetzt auch vorzeigen. Nachdem die Texte redigiert und zu einem Buchbinder gebracht worden waren, überreichte er seinem Vater voller Stolz einen ansehnlichen »Quartanten« mit Kirchenmusik-Texten. Johann Caspar Goethe war über diese Fleißarbeit besonders erfreut. Er ermunterte ihn, jedes Jahr einen neuen Band vorzulegen.

Die ordentlich gehefteten Texte des jungen Goethe sind nicht erhalten. Daß dies ein Verlust ist, läßt uns eine erhaltene Kostprobe erahnen, eine Strophe, die Goethe ins Stammbuch seiner Mutter geschrieben hat. Der ungefähr fünfzehnjährige Sohn variiert in diesen 1765 entstandenen Versen das Gebet seiner Kirche zum Abendmahl:

> Das ist mein Leib, nehmt hin und esset.
> Das ist mein Blut, nehmt hin und trinkt.
> Auf daß ihr meiner nicht vergesset.
> Auf daß nicht euer Glaube sinkt.
> Bei diesem Wein, bei diesem Brot,
> Erinnert euch an meinen Tod.

Eine späte Fortsetzung dieser durch geistliche Musik angeregten ersten schriftstellerischen Beschäftigung findet sich im Briefwechsel mit Carl Friedrich Zelter aus dem Jahre 1816. Zelter, mittlerweile der Duzfreund und ständige musikalische Berater Goethes, berichtete aus Berlin über seine Pläne für eine Komposition zum Reformationsfest zu ausgewählten Sprüchen (»dictis«) Martin Luthers. Goethe ging gleich in seinem nächsten Brief auf dieses Projekt ein und skizzierte Texte zu einer Kantate für das ein Jahr später auszurichtende zweihundertjährige Reformationsjubiläum zum Gedenken an Luthers Vorgehen gegen den Ablaßhandel (in Wittenberg am 31. 10. 1617). Er würdigte den von Luther zwischen der hebräischen und der griechischen Bibel beobachteten Gegensatz von »Gesetz« und »Evangelium« oder »Notwendigkeit« und »Freiheit«, wie Goethe jetzt selbst formuliert. Solcher Gegensatz eines »sich immer wiederholenden Weltwesens« eigne sich zu dichterischer und musikalischer Bearbeitung, letzteres »am besten im Sinne des Händel'schen Messias«. Anknüpfend an seine frühen Erfahrungen in Frankfurt durch Bibelstudien und das Schreiben kirchenmusikalischer Texte, entwarf Goethe jetzt ein »singbares Gedicht«, das Zelter vertonen sollte. Das Gedicht beginnt mit der Gesetzgebung auf Sinai und schließt mit der Auferstehung Christi. Diesen Rahmen umschrieb er bei der Erläuterung des Planes in seinem Brief vom 14. November 1816 mit den Imperativen: »Du sollst!« und »Du wirst«. (Vgl. Anhang, S. 225)

In diesen Kommentaren zu den Plänen jenes »singbaren Gedichts« werden wir an Goethes Bekenntnis hinsichtlich seiner künstlerischen Bestimmung erinnert. Die Bestätigung seiner Vorstellungskraft als einen »von der Natur vorgezeichneten Weg« hat er noch präzisiert, als er sich die Entstehung seiner ersten »Gedichte in Liederform« wieder wachrief: »Und so begann diejenige Richtung, von der ich mein ganzes Leben über nicht abweichen konnte, nämlich dasjenige was mich erfreute oder quälte, oder sonst beschäftigte, in ein Bild, ein Gedicht zu verwandeln und darüber mit mir selbst abzuschließen, um sowohl meine Begriffe von den äußeren Dingen zu berichtigen, als mich im Innern deßhalb zu beruhigen.« (*Dichtung und Wahrheit*. Siebentes Buch)

Dieses Bekenntnis erhellt womöglich Goethes Antrieb zur Poesie wie auch zur Wissenschaft. Was ihn innerlich »beschäftigte«, suchte er anschaulich zu machen (»in ein Bild zu verwandeln«). Auf diese Weise wuchsen ihm Erkenntnisse über die äußere, begreifbare und die innerlich erfahrbare Welt zu. In der Poesie standen ihm für das Übersetzen seiner inneren Impulse die Lyrik, das Drama und die Epik zu Gebote. In der Wissenschaft sah er im »Lehrgebäude«, im didaktischen System, die Möglichkeit, seine Ideen zu veranschaulichen.

4.
Erlebnisse eines
musizierenden Geschwisterpaars
»Zeitvertreib« am Giraffenklavier –
das Violoncello und die Oden Pindars

Während seiner Studienzeit in Leipzig hat Goethe weiterhin musiziert und Konzerte besucht. Im Hause Breitkopf wirkte er wohl gemeinsam mit den Geschwistern in einem Kammermusikensemble am Klavier mit. In der Öffentlichkeit waren seinerzeit Johann Adam Hillers in einem Gasthaus gegebene sogenannte Große Konzerte beeindruckend. Sie wurden nach dem Muster der in Paris an opernfreien Tagen stattfindenden geistlichen Konzerte (den *concerts spirituels*) veranstaltet. Hiller war einer der prägenden Leute, welche den geistesgeschichtlichen Ruhm der Messestadt nach ihrer Zerstörung durch den Siebenjährigen Krieg neu gründeten. Goethe nennt ihn in der Reihe »Großer Männer« neben den Dichtern Gotthold Ephraim Lessing, Christian Felix Weiße und Justus Friedrich Zachariae (*Dichtung und Wahrheit*. Siebentes Buch. Schema). Die Studenten suchten in Leipzig den persönlichen Kontakt zu Hiller, wie etwa zu Adam Friedrich Oeser, dem Lehrer und Ideenspender Winckelmanns und Goethes. Hiller hatte den jungen Gottlob Christian Neefe gefördert, einen Jurastudenten, der – wie Goethe – auf väterlichen Wunsch pflichtgemäß zunächst Jura studierte, sich dann aber ganz seiner Neigung, der Musik, widmete. Neefe, der auch den Kontakt zu Oeser pflegte, wurde später in Bonn der erste bedeutende Lehrer Beethovens.

Zu Hiller, dem Verwalter und Erneuerer musikalischer Tradition – er war später zum Thomaskantor und historischen Nachfolger im Amt Johann Sebastian Bachs aufgerückt –, nahm auch der sechzehnjährige Goethe Kontakt auf. Goethe suchte überall die »Anziehungskraft des Großen in der Kunst«. (*Dichtung und Wahrheit.* Siebentes Buch. Schema) Jetzt wollte er von diesem Musiker in Leipzig lernen. Hiller hatte auch als Schriftsteller einen Namen. 1766 gründete er in Leipzig die älteste deutsche Musikzeitschrift *Wöchentliche Nachrichten, die Musik betreffend.* Goethe las sie aufmerksam und schrieb sich aus der letzten Ausgabe von 1770 in sein Tagebuch einen Auszug über die musikalische Deklamation. In Leipzig wurde Goethe von Hiller freundlich aufgenommen. Aber der vielbeschäftigte Musiker und Publizist konnte dem motivierten, allerdings wohl auch aufdringlichen Studenten kaum etwas vermitteln.

Goethe erinnerte sich noch im Alter an diese Begegnung, als er die musikhistorische Schrift *Für Freunde der Tonkunst* (1824) von Friedrich Rochlitz las und rezensierte: »Auch ich habe den guten Hiller besucht und bin freundlich von ihm aufgenommen worden; doch wußte er mit meiner wohlwollenden Zudringlichkeit, mit meiner heftigen, durch keine Lehre zu beschwichtigenden Lernbegierde sich so wenig als andere zu befreunden.« (*Über Kunst und Alterthum.* 1823–1832)

Goethe verfolgte damals aus Leipzig aufmerksam die geistige Entwicklung seiner nach wie vor bei den Eltern wohnenden Schwester. Cornelia erhielt weiterhin Klavierunterricht beim Kantor Bismann. (Vgl. Tafel 1) Der Vater zahlte auch nach dem Weggang seines Sohnes großzügig das ursprünglich für beide Kinder vereinbarte Honorar von monatlich drei Gulden (etwa DM 100 bis 150). Goethe ließ Bismann in einem seiner ersten Briefe aus Leipzig durch Cornelia Grüße ausrichten (Leipzig den 6. Dec. 1765). Später kommt er auch auf den Klavierunterricht zu sprechen. Im Rahmen einer ganzen Reihe erzieherischer Ratschläge bittet er die Schwester, auch das Klavierspiel gut zu pflegen, letzteres allerdings nur so zum »Zeitvertreib«: »Meine Schwester, wollte ich dich bitten, das Jahr über das wir noch von einander seyn werden, so wenig als möglich zu lesen, viel zu schreiben; allein nichts als Briefe, und das wenn es seyn könnte, wahre Briefe an mich, die Sprachen immerfort zu treiben, und die Haushaltung, wie nicht weniger die Kochkunst zu studiren, auch dich zum Zeitvertreibe auf dem Clavire wohl zu üben, denn dieses sind alles Dinge, die eine Mädgen, die meine Schülerinn werden soll nothwendig besitzen muß.« (Leipzig, 12. Oktober 1767)

Vielleicht persiflierte Goethe hier die Pädagogik des Vaters. 1768 nach Frankfurt zurückgekehrt, distanzierte sich der Sohn jedenfalls von der Lebensart des Familienoberhauptes. Die Entfremdung zu Johann Caspar Goethe hatte bereits in Leipzig begonnen und mit der schweren langwierigen Erkrankung des Sohnes den Höhepunkt erreicht. Das Vaterbild aus seinen Kindertagen hat Goethe in der Erinnerung freundlich gezeichnet. Er sei liebevoll und wohlgesinnt gewesen. Nur wegen seines innerlich sehr zarten Gemütes habe der Vater mit unwahrscheinlicher Konsequenz Strenge bei der Erziehung seiner Kinder walten lassen.

Aber das zwischen den »Brandmauern« seines Hauses am Großen Hirschgraben sich abspielende einsame Leben des Johann Caspar Goethe lastete schwer auf der Seele des Sohnes. Goethe konnte sich nicht erinnern, daß der Vater ein einziges Mal mit ihm spazieren gegangen oder irgendwo zu einer Mahlzeit eingekehrt wäre. In der Rückbesinnung traten die guten Eigenschaften des Vaters angesichts der inzwischen geübten, geradezu verbissenen Strenge immer stärker in den Hintergrund. Johann Caspar Goethe hatte »seine ganze didaktische Liebhaberei«, wie Goethe sich erinnert, »der Schwester zugewendet. Das Französische, Italiänische, Englische mußte sie abwechselnd treiben und bearbeiten, wobei er sie einen großen Theil des Tages sich an dem Claviere zu üben nöthigte.« (*Dichtung und Wahrheit.* Achtes Buch)

Während Cornelia auf die väterlichen Forderungen mit kaltem Gehorsam reagierte, rückte Goethe den Vater in seinen autobiographischen Erinnerungen gewissermaßen in den Windschatten

33

der Behaglichkeit. Er erwähnt zwar die offenbar viel zu kopf-
lastigen technischen Vorbereitungen des Vaters beim Musizieren, aber seine Bemerkungen enthalten gleichwohl ein verbor-
genes Kompliment: »Persönlich war mein Vater in ziemlicher
Behaglichkeit. Er befand sich wohl, brachte einen großen Theil
des Tags mit dem Unterrichte meiner Schwester zu, schrieb an
seiner Reisebeschreibung, und stimmte die Laute länger als er
darauf spielte.« (*Dichtung und Wahrheit*. Achtes Buch)

Nach der Genesung von einer Lungenerkankung und einer
nervösen Erschöpfung setzte Goethe im April 1770 das Studium
der Rechte an der Universität Straßburg fort. Dort hatte sich
übrigens dreißig Jahre zuvor bereits Goethes Vater für einen
zweiten Studiengang immatrikuliert. Über den befreundeten
Dr. Johann Daniel Salzmann, Aktuar am Vogteigericht in Straßburg und Vorsitzenden des von Goethe besuchten Mittags-
tisches, ergaben sich spontan Kontakte zu musikalischen Kennern und Liebhabern wie zum Beispiel zu Meyer von Lindau,
einem originellen Tischgenossen, der den Gesang liebte und
eine komische Oper geschrieben haben soll. Ein Violoncellist
namens Busch gab Hauskonzerte. Bei ihm nahm Goethe jetzt
Unterricht. Offenbar kam er mit diesem Instrument gut voran, so
daß Lehrer und Schüler zusammen Duos intonieren konnten.
Nachdem Goethe nach Frankfurt zurückgekehrt war, bat er den
Musikfreund Salzmann, seinen ehemaligen Violoncello-Lehrer
nach seinerzeit gemeinsam gespielten bestimmten »Sonaten für
zwei Bässe« zu fragen, ihm die Noten abzuhandeln und nach
Frankfurt zu schicken. »Ich treib die Kunst etwas stärker als
sonst«, schrieb er dem Freund in Straßburg (3. Februar 1772).

Goethe, inzwischen als Rechtsanwalt tätig, setzte in seiner
Freizeit das Spiel wohl für einige Zeit noch kontinuierlich fort.
1774 spielte er zusammen mit Maximiliane La Roche-Brentano,
einer durch die Heirat mit Peter Anton Brentano in Frankfurt
angesiedelten Tochter der Schriftstellerin Sophie La Roche,
Stücke für Violoncello und Klavier.

Goethe bezog sich in einem Brief an Johann Gottfried Herder (1744–1803) beiläufig auf sein Violoncellospiel. In einer Fußnote zieht er zur Erläuterung der Begriffe »Meisterschaft« und »Virtuosität« auch sein Violoncellospiel heran. Diese Briefstelle ist in der Goethe-Literatur häufig verkürzt zitiert und dadurch als vermeintliches Eingeständnis eines musikalisch technischen Unvermögens mißverstanden worden. Goethe habe zugegeben, so wird interpretiert, er könne das Violoncello spielen, aber nicht stimmen. Hieraus wurde geschlossen, daß er es nach eigener Einschätzung auf diesem Instrument nicht sehr weit gebracht habe. Wir werden weiter unten näher auf die betreffende Briefstelle eingehen.

Am Ende seines Aufenthaltes im Elsaß wurde für Goethe das Studium der Griechen zunehmend wichtig. Bereits im Juni 1771 schrieb er aus Sesenheim an Salzmann, daß er seine Kenntnisse vermehrt habe und Homer jetzt fast ohne Zuhilfenahme einer Übersetzung lese. Ungefähr ein Jahr später bekannte er in einem Brief an Herder, daß er sich inzwischen eingehend mit Pindar befasse. »Ich wohn jetzt in Pindar, und wenn die Herrlichkeit des Pallasts glücklich machte, müßt' ichs sein.«

Wenn wir die zahlreichen, teils wörtlichen, zum Teil variierten Zitate dieses Briefes überblicken, hat Pindar offensichtlich Vorrang vor den erwähnten anderen Klassikern wie Homer, Plato, Horaz und Quintilian. Goethe verarbeitet in diesem aus Wetzlar geschriebenen Brief Stellen aus etwa sieben Pindar-Liedern zu verschiedenen nationalen griechischen Festspielen (*Olympia* II und XI, *Phythia* II, IV und VII; *Nemea* III, und VIII). Ein Zitat stammt aus Homers *Ilias* (I, 567). Ein längerer Abschnitt des Briefes ist eine Adaptation aus Platons *Phaidros* (254 A). Wie ein Komponist fügt Goethe die Zitate sozusagen in motivischer Arbeit in seinen Brieftext. Doch was reizte Goethe eigentlich an den Gesängen des Pindar aus Theben so besonders?

Pindar, der Dorier, lebte in der ausgehenden Epoche des archaischen Hellas, nämlich von 522 bis nach 446 v. Chr. Er stammte aus einer Adelsfamilie Thebens. Seine Ausbildung als Dichter und Musiker erhielt er in Athen. Er schrieb Lyrik, welche nicht wie das Epos von einem einzelnen Sänger, sondern von einem Chor vorgetragen wurde. Als Aristokrat schrieb er für seinesgleichen: reiche Reeder aus Aigina und insbesondere für vermögende Sieger bei Wettspielen in Thessalien, Athen und Theben. Im Jahr 476 v. Chr. reiste Pindar nach Sizilien, um namentlich in Syrakus zu Ehren des Alleinherrschers und Mäzens Hieron Preislieder zu schreiben. Der Aufenthalt an Hierons Hof in Syrakus ist wohl der Höhepunkt im Wirken Pindars. Seine Siegeslieder, die Epinikien, feiern den jeweiligen Sieger auf feinsinnige Weise in der Beschreibung seiner Heimat, seiner Herkunft, seines Sieges und seiner Individualität. Pindar gliedert die Siegeslieder nicht selten durch eingestreute Sentenzen, zum Beispiel in dem zweiten olympischen Epinikion zur Feier des olympischen Wagensieges des sizilianischen Herrschers Theron von Agrigent. Pindar teilt in einer solchen Sentenz einen Seitenhieb auf das »Angelernte« in der Kunst aus: »Kundig ist, wer vieles weiß durch natürliche Begabung« (σοφὸς ὁ πολλὰ εἰδὼς φυᾷ. *Olympia* ii, 86). Pindar vergleicht den Gesang jener »Gelernten«, denen es einer in die Wiege gelegten Begabung ermangele, mit dem Gekrächze von Raben, die den göttlichen Vogel des Zeus übertönen möchten.

Goethe interessiert sich, wie aus dem Brief an Herder hervorgeht, für solche Seitenhiebe des griechischen Lyrikers auf die Schar beflissener Unbegabter. Er spürt diese Gedanken auch in anderen Siegesliedern Pindars auf, setzt die ausgewählten Zitate zusammen und macht sie sich auf diese Weise zu eigen.

Hier ein Beispiel: Pindar besingt in seinem dritten Lied zu den nemeischen Festspielen im Tal von Argolis, südwestlich von Korinth, den Triumph des Aristokleides aus Aigina, des Sohnes eines Aristophanes. Pindar will hier am Beispiel des Achilleus erneut zeigen – der Held wird auch in dem Lied *Olympia* ii besungen –, daß es mehr auf die angeborene Begabung als auf

36

alles Gelernte ankomme. »Durch angeborenen Vorrang gilt man viel«. (συγγενεῖ δέ τις εὐδοξίᾳ μέγα βρίθει – Nemea III, 40) »Doch wer bloß Gelerntes besitzt, ist ein dunkler Mann, bald von dem, bald von jenem begeistert und tritt niemals mit sicherem Fuß, von tausend Künsten kostet er mit ziellosem Sinn.« (ὃς δὲ διδάκτ᾽ ἔχει, ψεφεννὸς ἀνήρ ἄλλοτ᾽ ἄλλα πνέων οὔ ποτ᾽ ἀτρεκεῖ κατέβα ποδί, μυριᾶν δ᾽ ἀρετᾶν ἀτελεῖ νόῳ γεύται. Nemea III, 41 und 42)

Goethe fügt die beiden im wesentlichen gleichlautenden Sentenzen aus *Olympia* II und *Nemea* III in seinem Brief an Herder zu einer eigenen Formel zusammen. Er verkürzt die Stelle aus *Olympia* II auf den Gegensatz »Weise durch Begabung« und »die Gelernten« (εἰδὼς φυᾷ und μαϑόντες). Dazwischen fügt er als weiterer Kontrast die (verkürzte) oben zitierte Beschreibung der beflissenen, im Grunde aber »ziellosen Lernwilligen« (*Nemea* III, 1, 42, 43) ein.

In seiner Begeisterung für die Sentenzen des griechischen Dichter-Aristokraten fühlt sich Goethe im Hinblick auf seine eigene Begabung selbst geadelt. Er paraphrasiert eine Stelle aus Pindars *Olympia* II, 83–85 (»Viele schnelle Geschosse habe ich unter der Armbeuge, drin im Köcher, die tönen für die Verständigen, doch für die Menge bedürfen sie der Deuter.«), indem er an Herder ganz im Stil dieses Vorbildes schreibt: »Wenn er die Pfeile ein übern andern nach dem Wolkenziel schießt, steh᾽ ich freilich noch da und gaffe, doch fühl᾽ ich indeß, was Horaz aussprechen konnte, was Quintilian rühmt, und was Thätiges an mir ist, lebt auf, da ich Adel fühle und Zweck kenne. εἰδὼς φυᾷ, ἀνὴρ ψεφεννὸς μυριᾶν δ᾽ ἀρετᾶν ἀτελεῖ νόῳ γεύεται, οὔ ποτ᾽ ἀτρεκεῖ κατέβα ποδί, μαϑόντες ec. Diese Worte sind mir wie Schwerter durch die Seele gangen.« (An Herder, Wetzlar, Mitte Juli 1772)

Anhand eines Vergleichs mit den Originalstellen bei Pindar wird erkennbar – hier hat mir Professor Hans Armin Gärtner, Heidelberg, Übersetzungshilfen geleistet und den Weg gezeigt –,

daß Goethe bei dieser Briefstelle aus dem Gedächtnis zitierte
und dabei mehrere Umstellungen vornahm. Es wird aber auch
ersichtlich, daß er sein Vorbild genau studiert hat und zu Recht
behaupten konnte, er »wohne« sozusagen in Pindars Palast.

Dies zeigt sich auch im weiteren Verlauf des Briefes. Eine
Erkenntnis kam ihm bei den Worten ἐπικρατεῖν δύνασϑαι
(deutsch etwa: meistern zu können). Sie stammen aus Pindars
Nemea VIII, in welcher die Göttin Hora, die Jahreszeit, angeru-
fen wird. Es ist dort von dem rechten Zeitpunkt ('kairos') die
Rede, der bei jedem Werk nicht verfehlt werden dürfe, um die
edleren Wünsche meistern zu können. (ἀγαπατὰ δὲ καιροῦ μὴ
πλαναϑέντα πρὸς ἔργον ἕκαστον τῶν ἀρειόνων ἐρώτων
ἐπικρατεῖν δύνασϑαι. *Nemea* VIII, 4,5) Goethe übersetzt das
Zitat frei mit »Meisterschaft« und »Virtuosität«. Er erläutert
diese Begriffe mit dem Bild eines mutigen Wagenlenkers, der
vier junge Pferde zügeln muß – eine Variierung eines Gesprächs
aus Platons *Phaidros* (254 A) und gleichzeitig die Vorwegnahme
einer Stelle in Goethes Trauerspiel *Egmont* (»mit unsers Schick-
sals leichtem Wagen durchgehenden Sonnenpferde der Zeit«).
Die betreffende Briefstelle lautet: »Über den Worten Pindars
ἐπικρατεῖν δύνασϑαι ist mir's aufgegangen. Wenn Du kühn im
Wagen stehst, und vier neue Pferde wild unordentlich sich an
deinen Zügeln bäumen, du ihre Kraft lenkst, den austretenden
herbei, den aufbäumenden hinabpeitschst, hältst, und wieder
ausjagst, bis alle sechzehn Füße in einem Takt ans Ziel tragen –
das ist Meisterschaft, ἐπικρατεῖν, Virtuosität.« (An Herder.
Wetzlar, Mitte Juli 1772).

Im weiteren Verlauf des Briefes reflektiert Goethe über seinen
eigenen künstlerischen Standort. Er erkennt, daß er von solcher
Virtuosität noch ziemlich entfernt sei, überall nur herumspaziert
sei, überall lediglich hereingeschaut, aber noch nirgends zuge-
griffen habe. Dies ist wieder eine Variierung der bereits genannten Zitate aus Pindars Chorlyrik. Goethe fügt jetzt an dieser
Stelle seines Briefes jenes erwähnte Begriffspaar über sein Vio-

loncellospiel als Fußnote ein. Die beiden Zeilen besagen, daß er in der Kunst den handwerklich technischen Bereich noch nicht beherrsche, etwa das Herstellen des Schreibwerkzeuges (»Federn schneiden«) oder das Stimmen seines Streichinstrumentes, Beispiele, denen sich noch weitere hinzufügen ließen.

Anknüpfend an die zupackende Meisterschaft des Wagenlenkers (»Drein greifen, packen ist das Wesen jeder Meisterschaft«), kommt Goethe vergleichend auf die bildende Kunst zu sprechen. Herder habe die Maxime künstlerischen Zupackens auf die Bildhauerei beschränkt. Er selbst findet indes, »daß jeder Künstler, so lange seine Hände nicht plastisch arbeiten, nichts ist.« (Wetzlar, Mitte Juli 1772)

Goethe stellt in der besagten Fußnote sein Violoncellospiel vergleichend neben seine Tätigkeit als Autor:

»Ich kann schreiben, aber keine Feder schneiden drum krieg' ich keine Hand, das Violoncello spielen, aber nicht stimmen etc.«

Er hatte damals bereits die *Geschichte Gottfriedens von Berlichingen* dramatisiert. Außerdem war neue Prosa (*Von deutscher Baukunst*) und Lyrik (*Wandrers Sturmlied*) im Entstehen begriffen. Angesichts des literarischen Stellenwertes dieser Produktionen könnte sein Instrumentalspiel sogar hoch eingeschätzt werden. Nicht ganz auszuschließen ist aber, daß Goethe hier seine von Distanz und Respekt bestimmten Erinnerungen an den musizierenden Vater (»und stimmte die Laute länger als er darauf spielte«) ironisch variierte.

Aber lesen wir den Brief weiter. Der musikalische Bezug wird noch vertieft und in ein allgemeines Bild übersetzt. Goethe bricht hier mit geradezu Pindarischer Beredsamkeit eine Lanze für die innere Musikalität. Mit genialem Schwung bildet er eine griechische Formel der (deutschen) Innerlichkeit, welcher er das ›Gelernte‹, mit der Gefahr der Ziellosigkeit, gegenüberstellt. Goethes Formel lautet: χεῖρες ἄαπτοι, ἦτωρ ἄλκιμον [Unbesiegbare Hände, starkes Herz] Er zitiert hier aber nicht nur

Pindar, sondern auch Homer, *Ilias* I, 567 (χεῖρες ἄαπτοι); beides bringt er dann mit zwei Stellen aus Pindar, *Nemea* VII, 24 und *Nemea* III 41 und 42, in Verbindung.

Die Briefstelle lautet: »Es muß gehen oder brechen. Seht, was ist das für ein Musicus, der auf sein Instrument sieht! χεῖρες ἄαπτοι, ἦτωρ ἄλκιμον [deutsch: Unbesiegbare Hände, starkes Herz] das ist alles, und doch muß das alles eins sein, nicht μυριᾶν ἀρετᾶν ἀτελεῖ νόῳ γεύειν [deutsch: von tausend Künsten kostet er mit ziellosem Sinn]. Ich möchte beten, wie Moses im Koran: ›Herr mache mir Raum in meiner engen Brust!‹« (An Herder. a. a. O.)

Als ihm in diesem Dialog mit Herder, dessen Nähe er herbeiwünscht (»Laßt uns, ich bitte Euch, versuchen, ob wir nicht öfter zu einander treten können.«), das Herz überquillt, mischt er wie in seinem jugendlichen autodidaktischen Briefroman oder wie in seinen übermütigen Briefen an die Schwester mit Meisterschaft die antike Sprache mit seiner Muttersprache. Doch was meint er mit dem Bild jenes Musikers, der auf sein Instrument sieht?

Goethes Formel: »Unbesiegbare Hände, starkes Herz« ist offenbar physiognomisch gemeint. Denn sie schließt vom äußeren Eindruck der Hände des Künstlers auf dessen innere Eigenschaften. Dieser Rückschluß vom Erscheinungsbild eines Individuums auf seinen Charakter erscheint ihm wichtig. Solche Betrachtungsweise dringt zum Wesen des Künstlers vor. Im selben Atemzug befürwortet Goethe aber auch das Ganzheitliche in der Kunst. Die Fertigkeit der Hände – die Technik – und das Herz des Künstlers müssen eine Einheit bilden (»und doch muß das alles eins sein«) und dürfen nicht von tausend Künsten nur mit ziellosem Sinn kosten. Letzteres macht ihn geradezu beklommen. Womöglich in Erinnerung an die in seiner Jugend in der Barfüßer- und Katharinenkirche gehörten sonntäglichen Bibellektionen – Goethe gebraucht hier die aus dem Arabischen stammende Vokabel »Koran« in ihrem eigentlichen Sinne von

»Lesung« – möchte er jetzt wie der bekümmerte Retter der Kinder Israels ein befreiendes Stoßgebet zum Himmel schicken (»beten wie Moses im Koran: ›Herr mache mir Raum in meiner engen Brust!‹«).

Goethes Bezüge zum Violoncellospiel sind in dem genannten, in der Goethe-Literatur bislang kaum erörterten Brief an Herder offensichtlich symbolisch. Er folgte dort seinem erklärten Naturell und übersetzte, was ihn innerlich beschäftigte, in ein Bild. Solche Übertragung weist aber über den persönlichen Bezug hinaus. Goethes Musikalität erhält in diesem Zusammenhang eine poetische Dimension.

5.
»Aus Elsaß zwölf Lieder mitgebracht«
Eine musikhistorische Pionierarbeit

In den Jahren 1771 und 1772 schrieb Goethe aus Frankfurt, Wetzlar und Darmstadt des öfteren an Herder. Die aus den Briefen sprechende Verbundenheit hatte sich wohl schon zuvor in Straßburg angebahnt, als Goethe im Gasthaus »Zum Geist« mit dem damals sechsundzwanzig Jahre alten Theologen zum ersten Mal zusammentraf. Herder, ehemaliger Schüler Immanuel Kants in Königsberg, hatte in Riga gerade seine Verpflichtungen als Gymnasiallehrer und Prediger aufgegeben und war auf Reisen gegangen. In Straßburg machte er Station, um ein chronisches Augenleiden operativ behandeln zu lassen.

Herder, vielseitig begabt und zu frühem Ruhm gelangt, war in Riga auf Vermittlung seines älteren Freundes Johann Georg Hamann (1730–1788) zunächst Lehrer an der Domschule geworden. Rasch erworbenes Ansehen hatte ihm den Zugang zu den dortigen tonangebenden Kreisen geöffnet. Nach seinem theologischen Examen im Juli 1767 wurde er auch zum beliebtesten Prediger Rigas. In seiner Abschiedspredigt bekannte er: »Menschlichkeit also in ihrem ganzen Umfange, das war jederzeit das große Thema meiner Predigten.« Zu solcher Humanitas im erklärten umfassenden Sinn zählen für Herder wohl auch die Selbstdarstellungen der Menschen, wie sie sich zum Beispiel in ihren Liedern und Tänzen äußern.

In Lettland hatte er begeistert die Folklore des Landes gehört. Der Sinn für diese Volkskunst war ihm bereits durch die Balladensammlung des englischen Bischofs Percy *Relics of Ancient*

English Poetry (deutsch etwa »Überbleibsel alter englischer Poesie«) geweckt worden. In seinem Aufsatz *Briefwechsel über Ossian und die Lieder der alten Völker* (1773) prägte Herder in Anlehnung an den englischen »popular song« zunächst den Begriff »Populärlied«. Später änderte er diesen in »Volkslied«, eine Wortschöpfung, die sich rasch verbreiten sollte. »In vielen deutschen Landschaften«, so bekräftigt Herder, »gibt es Volkslieder, Provinziallieder, Bauernlieder, die an Lebhaftigkeit und Rhythmus der Melodie, Naivität und Stärke der Sprache den alten Volksliedern anderer Nationen nichts nachgehen. Solche Lieder können nicht nur fürs Papier gemacht und tote Lettern sein; vom Lebendigen des Gesanges, vom Gang der Melodie hängt ihre ganze wundertätige Kraft ab.« Anschließend fragt Herder: »Wer ist, der sie sammle, sich um sie bekümmere, auf Straßen, Gassen, Fischmärkten? Im ungelehrten Rundgesang des Landvolkes? Um Lieder, die oft nicht skandiert und oft schlecht gereimt sind?«

Solche Themen sind womöglich auch bei jenen Unterhaltungen diskutiert worden, die Herder mit Goethe täglich führte, als er nach mehreren mißlungenen Augenoperationen in der Saltzmann-Gasse wohnte. Dort mußte er als Rekonvaleszent noch lange das Bett hüten. Herder sah gelegentlich etwas auf den sechs Jahre jüngeren Jura-Dichter-Studenten mit der Überlegenheit des älteren Schriftstellers und zudem bereits berufserfahrenen Theologen herab. Doch Goethe ließ sich dadurch von seiner Begeisterung für den Gelehrten und Gottesmann nicht abbringen.

Aus Sympathie sah er Herder sogar die Wortwitzelei über seinen Eigennamen nach (»Der von Göttern du stammst, von Gothen oder vom Kothe«) und verzieh ihm den Spott, der auf eine gewisse Heuchelei des Studenten Goethe abzielte: Goethe hatte sich aus der väterlichen Sammlung einige Klassiker mitgebracht und auf einem Bücherbord aufgestellt, ohne sie je zu lesen. (*Dichtung und Wahrheit.* Zehntes Buch)

Goethes Verhältnis zu Herder war seinerzeit wie das eines Sohnes zu seinem Vater. Noch etwa sechzehn Jahre später – er war gerade nach Italien aufgebrochen – akzeptierte er im nachhinein, daß Herder ihn im Grunde seines Wesens als ein großes Kind betrachtet hatte: »Herder hat wohl recht zu sagen: daß ich ein großes Kind bin und bleibe, und jetzt ist mir es so wohl, daß ich ohngestraft meinem kindischen Wesen folgen kann.« (*Tagebuch der Italiänischen Reise für Frau von Stein*. Regensburg d. 5. Sept. 1786)

Natürlich fühlte sich Goethe durch Herders bissigen Humor gelegentlich auch verletzt. Aber er wollte die Anregungen des Weitgereisten keineswegs missen. Herders globale Ansichten über die Dichtung begeisterten ihn. Dichtkunst sei eine »Welt= und Völkergabe, nicht ein Privat=Erbtheil weniger Gebildeter«. Herder beließ es nicht bei solcher Theorie. Er rief gleichzeitig dazu auf, die Überlieferungen der Volkspoesie im Elsaß aufzusuchen. Goethe hat diese Anregung beherzigt. In Begleitung der Tischgenossen Egelbach und Weyland reiste er zu Pferde landauf, landab und notierte, was er für würdig hielt, festgehalten zu werden. In seiner Autobiographie beschreibt er zwei seiner Überlandritte. Einer führte ihn Ende 1770 ins Unterelsaß und ins Lothringische, ins Saargebiet, in die Pfalz und über Hanau schließlich nach Straßburg zurück. Der zweite Ritt ging ins Oberelsaß, von Molsheim nach Schlettstadt, Colmar, Ensisheim und zurück zum Odilienberg.

Der Tischgenosse Weyland stammte selbst aus dem Elsaß und kannte daher natürlich Land und Leute. Er war Goethe behilflich, die Exkursionen auszurichten, und gab ihm Empfehlungen für gesellschaftliche Kontakte.

Goethes Bericht über die Ausritte enthalten auch poetische Betrachtungen. Sie sind, ähnlich wie die Erinnerungen an Sizilien, in synästhetische Bilder gefaßt. So verbindet er den Duft der Natur mit dem Klang von Musikinstrumenten. In der Einsamkeit eines Jagdschlosses wird er von einigen Waldhörnern überrascht: »Hier, mitten im Gebirg, über einer waldbewachsenen finsteren Erde, die gegen den heitern Horizont einer Sommernacht nur noch finsterer erschien, das brennende Sterngewölbe über mir, saß ich an der verlassenen Stätte lange mit mir selbst und glaubte niemals eine solche Einsamkeit empfunden zu haben. Wie lieblich überraschte mich daher aus der Ferne der Ton von einem Paar Waldhörnern, der auf einmal wie ein Balsamduft die ruhige Atmosphäre belebte«. (*Dichtung und Wahrheit.* Zehntes Buch)

Nach seiner Promotion zum Lizentiaten der Rechte kehrte Goethe im Oktober 1771 aus Straßburg nach Frankfurt zurück. Nur wenig später schickte er an Herder die Abschriften seiner im Elsaß selbst aufgezeichneten zwölf Lieder. Herder hatte Straßburg bereits ein halbes Jahr zuvor verlassen, um das ihm angebotene Amt als Konsistorialrat und Oberprediger in den Diensten des Grafen Wilhelm zu Schaumburg Lippe in der westfälischen Residenz Bückeburg anzutreten. Goethes handschriftliche Sammlung wirkte als historische Pionierleistung jetzt auch anregend auf Herder selbst, ihren Initiator. Ebenso inspirierte sie andere Volksliedforscher der aufkommenden Epoche der Romantik. So veröffentlichten Achim v. Arnim und Clemens Brentano *Des Knaben Wunderhorn* (1806–1808). Herder plante zunächst eine Ausgabe »Alte Volkslieder« (1773–1775). Es erschien statt dessen seine Sammlung *Volkslieder* (1778, 1779). Wie aber hatte Goethe die Sammlung hinsichtlich der Texte und ihrer Melodien eigentlich angelegt? (Vgl. Abbildung 1, nächste Seite)

Überliefert sind nur die Texte. Von Goethe als »Lieder« bezeichnet, handelt es sich im engeren Sinne aber um Balladen. Sie erzählen von Grafen, die ausreiten, um eine Braut zu holen oder auch um eine schöne Maid nur zu verführen; von Burschen, die verführt wurden oder in weinseliger Stimmung ihre Liebeserlebnisse ausplauderten, oder von Raubrittern, die ein schlimmes Ende nahmen. Die im Herbst 1771 an Herder verschickte

45

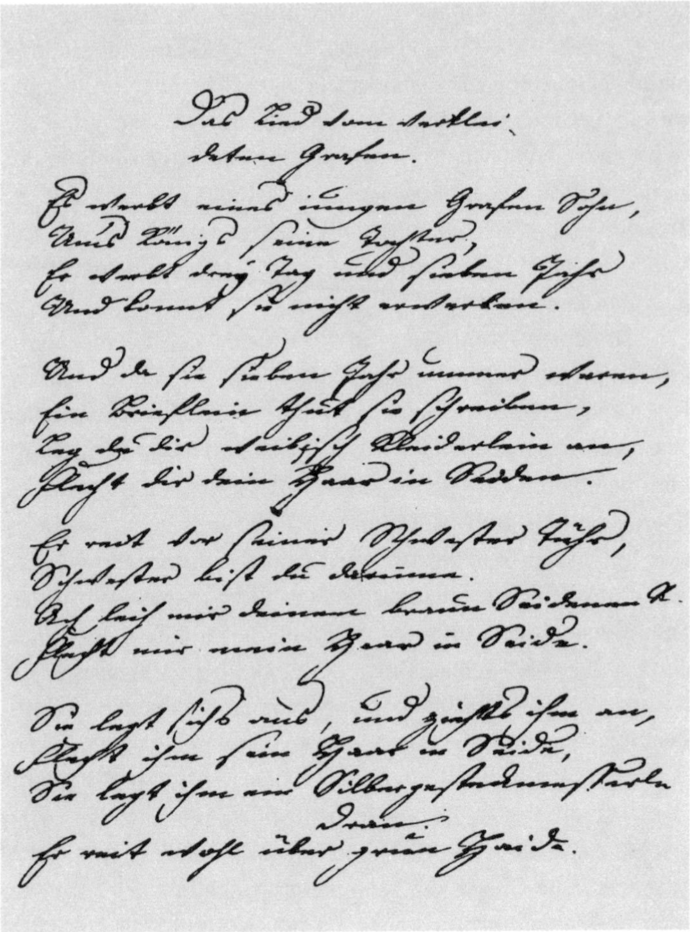

Abb. 1 »Das Lied vom verkleideten Grafen« aus dem Elsaß in der handschriftlichen Aufzeichnung Goethes.

Sammlung war Goethe kostbar: »Ich habe sie bisher als einen Schatz an meinem Herzen getragen.« Er bestimmte die Lieder exklusiv für Herder als den eigentlichen Auftraggeber. Goethe hat die Sammlung daher zu keiner Zeit aus der Hand gegeben. In den umständlichen Worten seines Briefes an Herder ist auch der verdeckte Wunsch Goethes zu vernehmen, mit diesem Geschenk den etwas ungünstigen Eindruck zu verbessern, den Herder damals in Straßburg offenbar von ihm bekommen hatte: »Daß ich Ihnen geben kann, was Sie wünschen, und mehr als Sie vielleicht hoffen, macht mir eine Freude, deren Sie mich so wenig als eines wahren Enthusiasmus fähig glauben können, nach dem Bilde, das Sie sich einmal von mir haben machen müssen. Genug, ich habe noch aus Elsaß zwölf Lieder mitgebracht, die ich auf meinen Streifereien aus denen Kehlen der ältesten Mütterchens aufgehascht habe. Ein Glück! denn ihre Enkel singen alle: ›Ich liebte nur Ismenen.‹ Sie waren Ihnen bestimmt, Ihnen ganz allein bestimmt, so daß ich meinen besten Gesellen keine Abschrift auf dringendste Bitten erlaubt habe. Ich will mich nicht aufhalten, etwas von ihrer Fürtrefflichkeit, noch von dem Unterschiede ihres Werthes zu sagen.« (Frankfurt, Herbst 1771)

Der Brief gibt auch Auskunft über die Melodien. Danach besaß die Schwester die Aufzeichnung der Volksweisen. Es hat den Anschein, daß Goethe die zwölf elsässischen Lieder seiner Schwester vorgesungen hat und Cornelia nach diesem vokalen Vortrag ihres Bruders die Melodien aufschrieb. Es finden sich in Goethes Bemerkungen zu den elsässischen Liedern Redewendungen, die Goethe gegenüber seiner Schwester bereits in den übermütig belehrenden Briefen aus Leipzig gebrauchte. Danach betrachtete er seine Schwester als seine Schülerin, welche singen und musizieren können müsse. Goethe wollte Cornelia jedenfalls beauftragen, eine Abschrift der wohl in einer Art Urfassung aufgezeichneten elsässischen Weisen für Herder zu machen: »Meine Schwester soll Ihnen die Melodien, die wir haben (sind NB. die alten Melodien, wie sie Gott erschaffen hat), sie soll sie Ihnen abschreiben.« (Frankfurt, Herbst 1771)

Daß Goethe gut singen konnte, auch nach Noten, ist übrigens durch eine Stelle aus der *Italiänischen Reise* bezeugt. Während seines zweiten römischen Aufenthaltes (1787/1788) lernte er die Kirchenmusik von Christóbal de Morales, Benedetto Marcello, Gregori Allegri und Giovanni Perluigi da Palestrina kennen. Vor dem Besuch der Aufführungen in der Sixtinischen Kapelle sang er zum Beispiel oft mit der Unterstützung seines sechs Jahre jüngeren Freundes Philipp Christoph Kayser am Klavier eine Stimme aus einer Motette durch. Auf diese Weise wollte er sich einen »vorläufigen Begriff« von der alten Musik machen.

Noch einmal zurück zu Goethes erster deutscher Volksliedsammlung. Nachdem sich Goethe im Elsaß die Texte aufgeschrieben und die Melodien gemerkt hatte, sind in Frankfurt die Weisen offenbar in geschwisterlicher Gemeinschaftsarbeit aufnotiert worden. Diese Leistung bezeugt das Niveau geradezu professioneller musikalischer Fähigkeiten der beiden Kinder von Johann Caspar und Catharina Elisabeth Goethe. Das eigenwillige musische Erziehungskonzept des Vaters wie auch das musikalische Vorbild der geduldigen Mutter hatten sich am Ende als nicht ganz nutzlos erwiesen.

Handschriften haben ihr Schicksal. Wir wissen nicht, ob die brieflich angekündigten Abschriften der zwölf Melodien nun auch wirklich angefertigt wurden und ob sie Herder in Bückeburg tatsächlich erhalten hat. Anders als die Texte sind sie jedenfalls bislang verschollen. Möglicherweise leben sie aber verdeckt in späteren gedruckten Ausgaben weiter, etwa in der des zeitweiligen Kapellmeisters Preußischer Könige, Johann Friedrich Reichardt (1752–1814), und der des elsässischen Pfarrers und Volksliedforschers, Louis Pinck (*Volkslieder von Goethe*, mit Melodien und Varianten aus Lothringen, 1935).

Goethe hat auf die Zusammengehörigkeit von Text und Melodie beim Volkslied ausdrücklich hingewiesen. »Erst durch die

Beigabe der Melodien widerfahre den Volksliedern ganz ihr Recht«, stellt er 1806 in der Schriftenreihe *Kunst und Altertum* zum Erscheinen der Sammlung *Des Knaben Wunderhorn* fest. Andererseits praktizierte Goethe auch die sogenannte Kontrafaktur, das bereits von den alten Meistern der Vokalpolyphonie wie auch Johann Sebastian Bach geübte Verfahren, bekannten Melodien neue Texte zu unterlegen (und umgekehrt, alte Texte mit neuen Weisen zu versehen).

Als Goethe sich in der Einsamkeit eines Jagdschlosses am Klang der Waldhörner erfreute, drängte es ihn gleichzeitig, wieder nach Sesenheim und zu Friederike Brion zurückzukehren. Er brach denn auch sogleich dorthin auf, um an der Seite der Geliebten den Zauber der hochrheinischen Landschaft zu erleben. Jetzt dichtete er wieder und legte nach alter Manier seinen neuen Liedern überlieferte Melodien unter: »Unter diesen Umgebungen trat unversehens die Lust zu dichten, die ich lange nicht gefühlt hatte, wieder hervor. Ich legte für Friederiken manche Lieder bekannten Melodien unter. Sie hätten ein artiges Bändchen gegeben; wenige davon sind übrig geblieben, man wird sie leicht aus meinen übrigen herausfinden.« (*Dichtung und Wahrheit.* Elftes Buch)

6.
»Was man so treibt,
Heut dies und morgen das«
Notizen über Musik –
Versuche in Wissenschaft und Singspiel

Wenn Goethe in seinen Erinnerungen an die Zeit in Frankfurt, Leipzig und Straßburg von Musik redet, schildert er eher die Menschen, die sie ausübten, die Instrumentalisten, Lehrer, Virtuosen, Sängerinnen. Der Auftritt der Geschwister Mozart in Frankfurt ist allerdings in *Dichtung und Wahrheit* nicht erwähnt. Goethe war bei ihrem musikalischen Vortrag am 30. August 1763, zwei Tage nach seinem vierzehnten Geburtstag, im Scharff-Saal, auf dem Liebfrauenberg, anwesend. Er hatte von Mozart zeitlebens eigentlich eine hohe Meinung. Doch die im Rahmen einer Europa-Rundreise gegebene Vorstellung der beiden Geschwister beeindruckte ihn offenbar nur wenig. Erst in den Gesprächen mit Eckermann ist sie ziemlich wortkarg dokumentiert: »Ich erinnere mich des kleinen Mannes in seiner Frisur und Degen noch ganz deutlich.«

Manchmal geht Goethe auf die Musik selbst ein. In *Dichtung und Wahrheit* und in gelegentlichen Briefen beschreibt er ihre Wirkung auf seine Vorstellungskraft zumeist in einem Bild. Die Form der Musik läßt er dabei weitgehend außer acht. Über Cherubinis Oper *Der Wasserträger* macht er nur eine knappe, auf das Libretto bezogene Bemerkung: »Der Wasserträger vielleicht das glücklichste Sujet behandelt, das wir je auf dem Theater gesehen haben.« (*Dichtung und Wahrheit.* Siebentes Buch)

In der autobiographischen Schrift *Italiänische Reise* schreibt Goethe ganz andere musikalische Berichte. So erklärt er während seines zweiten römischen Aufenthaltes (vom Juni 1787 bis

April 1788) mit geradezu wissenschaftlicher Genauigkeit eine ihm in der Partitur vorliegende Psalmvertonung (*Estro poetico-armonico*) von Benedetto Marcello (1686–1739). Er erörtert einzelne stilistische Elemente: aus deutscher und spanischer Diaspora stammende jüdische Intonationen und alte griechische Melodien. Er erwähnt auch die von Marcello bestimmten Besetzungen – Solo, Duett, Chor – dieser »unglaublich original« gesetzten Vokalmusik. (*Italiänische Reise* Correspondenz. Rom, den 1. März 1788) In Goethes Analyse ist der Einfluß von Philipp Christoph Kayser (1755–1823), seinem aus Frankfurt stammenden befreundeten Komponisten und Berater, erkennbar. Kayser schulte in Rom auch Goethes Stilempfinden. Er machte darauf aufmerksam, daß die alte römische Kirchenmusik eigentlich am besten in der Sixtinischen Capelle aufzuführen sei, nicht allein des Raumes wegen, in welchem die Orgel ausgespart ist, sondern auch auf Grund des vorhandenen antiken Inventars und nicht zuletzt wegen der malerischen Ausgestaltung durch Michelangelo.

Goethe besuchte damals ein Hauskonzert in der Wohnung des Senators von Rom, des Grafen Rezzonico. Es war ein Klavierabend mit Gesangseinlagen, bei dem auch Kayser mitwirkte. Zum Vortrag kamen einzelne Sätze und ein Variationszyklus. Aus Goethes Bericht über diesen Kammermusikabend erfahren wir auch etwas über seine Vorliebe für schnelle Sätze. Anders als sein römischer Gastgeber, welchen ausdrucksvolle Adagios erfreuten, bevorzugte er Sätze in geschwindem Zeitmaß. Goethe fand solche Musik zunehmend aufregend. Die mit Adagio und Largo überschriebenen Stücke hingegen weckten bei ihm bestimmte Emotionen, die er eigentlich meiden wollte. Diese Einstellung bestimmte denn auch Goethes Hörgewohnheiten: »Nun will ich gerade nicht behaupten, daß mir jene sehnsüchtigen Töne, die man im Adagio und Largo hinzuziehen pflegt, jemals seien zuwider gewesen, doch aber lieb' ich in der Musik immer mehr das Aufregende, da unsere eigenen Ge-

51

fühle, unser Nachdenken über Verlust und Mißlingen uns nur allzuoft herabzuziehen und zu überwältigen drohen.« (*Italiänische Reise.* Zweiter Römischer Aufenthalt. Bericht. Februar 1788)

In derselben Zeit wurde sich Goethe seiner beruflichen Bestimmung bewußt: »Täglich wird mir's deutlicher, daß ich eigentlich zur Dichtkunst geboren bin.« (Rom, den 22. Februar 1788) Dieses Besinnen erforderte Konzentration auf neue Werke und das Zurückstellen anderer Beschäftigungen. So entwarf er die Pläne zu *Faust* und *Tasso* und verzichtete auf das praktische Ausüben der bildenden Kunst. Gleichwohl begann er damals über die Farben zu spekulieren. Schon bald stellte er sich vor, »mit einiger Übung und anhaltendem Nachdenken, sich diesen schönen Genuß der Weltoberfläche zueignen zu können«. (Rom, 1. März 1788)

Rund zwanzig Jahre später hatte Goethe diesen Plan in der *Farbenlehre* verwirklicht. Einige Abschnitte dieses »Lehrgebäudes« behandeln bestimmte nachbarschaftliche Beziehungen zur *Tonlehre* (*Zur Farbenlehre.* Erster, didaktischer Theil, Fünfte Abtheilung, Verhältnis zur Tonlehre, § 747–750). Goethe erörtert an dieser Stelle der *Farbenlehre* auch bereits die Möglichkeit, daß eine *Tonlehre* im Anschluß an die allgemeine Physik erstellt werden könne. Außerdem überträgt er einiges Vokabular der Musik auf die Malerei (»Gemählde im Durton/Mollton«) und eröffnet eine ästhetische Diskussion über »Dur« und »Moll«, die er im Umfeld der *Tonlehre* noch viele Jahre mit Freunden fortführen sollte. (Sechste Abtheilung. Sinnlich = sittliche Wirkung der Farbe. Echter Ton. § 899 und 890)

Doch die Theorie der Musik hatte Goethe schon viel früher beschäftigt. Als zwanzigjähriger Student machte er sich, wie bereits erwähnt, einen Auszug aus Hillers *Wöchentlichen Nachrichten, die Musik betreffend.* Er führte damals Tagebuch, das er in antiker Tradition *Ephemerides* (Tageblätter) betitelte und mit dem Motto überschrieb: »Was man treibt, Heut dies und morgen das«. 1770 notierte er sich aus der besagten Zeitschrift eine kurze Abhandlung über die Deklamation aus der Sicht eines Komponisten. Hillers Hinweis auf das Beachten bestimmter sprachlicher Strukturen und auf die Eigengesetzlichkeiten der Musik hatte Goethe aufmerken lassen. Hier fand er die von ihm schon oft überdachte Gemeinsamkeit der Künste systematisch behandelt:

»Ein Componist, dem ein Text zu bearbeiten vorgelegt wird, hat besonders auf folgende 4 Stücke zu sehen. 1. Auf den grammatikalischen Accent, oder auf die Länge und Kürze der Sylben, um prosodisch sprachmelodisch richtig zu declamiren; 2. Auf die logikalischen Abtheilungen der Rede, um mit Verstande zu deklamieren; 3. auf den oratorischen Accent um der vorhabenden Empfindung gemäss zu deklamiren; 4. Auf das eigenthümliche seiner Kunst, um nicht blos Deklamateur sondern Musickus zu gleich zu seyn. Musickal. Nachrichten und Anmerck. Leip. 1770. 4. St.«

Als Vierzigjähriger suchte Goethe sein Musikverständnis auf wissenschaftlichem Wege zu vertiefen. Er plante, zunächst einzelne Teilgebiete zu erforschen, als erstes die Akustik. Danach wollte er sich anhand mehrerer untersuchter Parameter gewissermaßen mosaikartig ein umfassendes Weltbild von der Musik machen.

Goethe hatte sich schon seit längerem mit der Naturwissenschaft beschäftigt. Diese Aktivität hängt wohl auch mit seinem Eintritt in den Weimarer Staatsdienst zusammen. Zu seinem Aufgabengebiet gehörte zeitweise die Betreuung des Bergbaus in Ilmenau. 1780 betrieb Goethe mineralogische Studien. Ein Jahr später hielt er Vorträge über Anatomie im Weimarer Freien Zeicheninstitut. 1784 entdeckte er den Zwischenkieferknochen des Menschen. Jetzt folgten botanische Studien. Entsprechende Beobachtungen machte er in Italien, besonders auf Sizilien und bei seinen Spaziergängen in den öffentlichen Gärten von Palermo und Taormina.

Nach Weimar zurückgekehrt, entstand seine Schrift *Der Versuch die Metamorphose der Pflanzen zu erklären*, welche er 1790 veröffentlichte. Ein Jahr später schrieb er einen Brief an Johann Friedrich Reichardt (1752–1814), den befreundeten Komponisten, Schriftsteller und Hofkapellmeister der italienischen Oper in Berlin. Mit Nachdruck suchte Goethe ihn zur Mitarbeit an einer systematischen Erforschung der Musik zu gewinnen. Der Brief zeugt von Goethes großer wissenschaftlicher Neugier. Er berichtet über seine Beschäftigung mit der Optik, der Akustik und der Chemie. Indem sich Goethe einen wissenschaftlichen ›Team-Geist‹ herbeiwünscht, klingen in variierter Form auch Worte Herders an: »Eine Wissenschaft kann nie das Besitzthum eines einzelnen werden.« Goethe skizziert in dieser Briefstelle zudem ein am Fortschrittsglauben orientiertes kumulatives Wissenschaftsbild: »Mein Optisches Wesen und Treiben empfehle ich Ihrer fortdauernden Aufmerksamkeit es freut mich wenn Sie die Art der Behandlung mehr als die Sache ergötzt hat.

Lassen Sie uns die Akustik gemeinsam angreifen! Diese großen Gegenstände müssen von mehreren aber zu gleicher Zeit bearbeitet werden wenn die Wissenschaft fortrücken soll. Ich kann mich nicht genug auf die Chymie und auf den chymischen Theil der Naturlehre berufen. Eine Wissenschaft kann nie das Besitzthum eines einzigen werden und wenn sie es eine Zeitlang wird, so schadet auch ein solcher außerordentlicher Mensch indem er nutzt, oft beydes in gleichem Maße. Ich muß nur langsam gehn aber ich freue mich schon sehr über die Theilnahme, die thätige nämlich, die ich von allen Seiten bemerke. Besonders hat das Alter unter vielen Nachtheilen den Vortheil daß es nun Jugend hinter sich sieht, die zum neuen Lust hat.

Lassen Sie uns conferiren und jeden von seiner Seite arbeiten, ich habe mich schon mit einem Mahler und Mathematiker innig associirt und hoffe bald für die übrigen Fächer auch nahe und reine Verbindungen. Leben Sie wohl und grüßen die Ihrigen. Schreiben Sie mir wenn Sie kommen. W. d. 17. Nov. 1791. G.«

Doch warum wandte sich Goethe eigentlich an Reichardt und nicht an Kayser, dessen Hilfe er während seiner Schweizer Reisen und seines zweiten römischen Aufenthaltes bereits in Anspruch genommen hatte? Der in der Schweiz, in Italien und zuletzt in Weimar gepflegte Kontakt endete mit Kaysers Ablehnung, in die Dienste des Weimarer Hofes zu treten. Er fühlte sich den vielfältigen Aufgaben nach Goethes Vorstellungen – so die eines Hauskomponisten und musikalischen Reisebegleiters der Herzogin Amalia – offenbar nicht gewachsen. Jedenfalls kehrte er als Musiklehrer an seine frühere Wirkungsstätte in Zürich zurück.

Goethe hat seinen musikalischen Berater und Hauskomponisten anfänglich wohl überschätzt. Kayser lobte Goethes Singspieltext, als er 1786 die Musik zu dem Singspiel *Scherz, List und Rache* komponierte. Angeregt durch solchen Zuspruch, entwickelte Goethe in einem Brief an Kayser Gedanken über die Rollenverteilung zwischen Dichter und Komponist. Seine Vorstellungen faßte er in einem Bild aus der Malerei zusammen: »Ganz recht sagen Sie von meinem Stücke daß es gewissermaßen komponiert sey, man kann in eben dem Sinne sagen daß es auch gespielt sey. Wenn Sie bey dem Gleichnisse bleiben wollen: Die Zeichnung ist bestimmt, aber das ganze helldunckel, in so fern es nicht auch schon in der Zeichnung liegt, die Farbengebung bleibt dem Componisten. Es ist wahr er kan in die Breite nicht ausweichen aber die Höhe bleibt ihm bis in den dritten Himmel.« (An Kayser. Weimar d. 23. Jan. 86)

In demselben Brief zollte Goethe dem Freunde großes Lob: »Ich habe das Stück in Absicht auf Sie gemacht, Sie verstehen mich und übertreffen meine Erwartungen, mein nächstes ist wieder für Sie, wenn Sie's wollen, wir werden uns schon besser verstehen, und sonst habe ich mit niemand für's erste zu schaffen.« (An Kayser. Weimar d. 23. Jan. 86)

Aber das Singspiel *Scherz, List und Rache* von Goethe-Kayser weist trotz des seinerzeit zwischen den beiden Autoren herrschenden guten Einvernehmens ziemliche Mängel auf. Es wurde offenbar nicht ganz zu Unrecht von keiner Bühne angenommen. (Ähnlich erging es dem Werk auch im neunzehnten Jahrhundert in der Erstlingsvertonung des zwanzigjährigen Max Bruch, op. 1, 1858. Erst im November 1993 erlebte das Singspiel in Rudolfstadt seine mittlerweile gut zweihundert Jahre verspätete Uraufführung.)

Goethe hat in der *Italiänischen Reise* die Gründe des Scheiterns erörtert. Sein Versuch, das klassische Zwei-Personen-Intermezzo, wie es etwa Pergolesis *Serva Padrona* (Die Magd als Herrin) verkörpert, durch Hinzufügen einer dritten Partie zu erweitern, sollte aus einer ganzen Reihe von Gründen mißlingen. Goethe bestätigte Kayser, bei der Vertonung stellenweise nicht »ohne Anmuth des Ganzen« vorgegangen zu sein. Insgesamt habe er jedoch das Werk »zu redlich und zu ausführlich« gehandhabt. Goethe führt dies auf den ernsten, gewissenhaften Charakter des Freundes zurück. Mithin wollte Goethe das dem Komponisten seiner Wahl ursprünglich gespendete Lob aus größerer zeitlicher Distanz nicht mehr uneingeschränkt gelten lassen. Überdies war Kayser kein sehr erfahrener Komponist. Er hat insgesamt nur sieben Jahre seines Lebens zum Schreiben verwendet. Wenn er komponierte, orientierte er sich vornehmlich am zeitgenössischen Trend, etwa dem Stil der Mannheimer Schule.

Als weitere Ursache des Mißerfolges nennt Goethe die historisch vorgegebene Beschränkung in der Besetzung. Sie konnte hier in einem Drei-Personen-Stück natürlich nicht ohne weiteres über das Terzett hinausgehen. Doch hätte Goethe stellenweise gern auch einen Chor eingesetzt. Diese gewisse »Stimmenmagerkeit« war offenbar der Darstellung des Sujets abträglich. Das durch Goethes erweiternde Bearbeitung in viele Einzelnummern unterteilte Libretto hätte zudem durch lediglich drei Personen kaum dargestellt werden können. Schwierigkeiten gab es auch bei den Theaterleuten. In Weimar wurden Singspiele kaum mit Sängern, sondern hauptsächlich mit »singenden Schauspielern«

besetzt. Dies galt auch für Berlin, wo Goethes Singspiel *Claudine von Villa Bella* herauskam. Die meisten deutschen Schauspieler sahen sich jedoch nicht in der Lage, die in Versrhythmen abgefaßten Rezitative zu deklamieren. Sie hatten in der Regel nur Prosa sprechen gelernt. Um eine Aufführung überhaupt zustande bringen zu können, mußten die Dramaturgen notgedrungen die Rezitative umarbeiten. Im Goethe-Schiller-Archiv in Weimar findet sich noch eine solche Bearbeitung von Goethes Singspiel *Scherz, List und Rache*.

Doch das Scheitern von Goethes musikalischem Bühnenwerk hatte auch einen musikgeschichtlichen Grund. Neben Mozarts Singspiel *Die Entführung aus dem Serail*, komponiert in den Jahren 1781 und 1782, hatte die Konzeption von Goethe-Kayser wohl kaum eine Chance. Goethe faßt dies mit einem Unterton der Enttäuschung zusammen: »Alles unser Bemühen daher, uns im Einfachen und Beschränkten abzuschließen, ging verloren als Mozart auftrat. Die Entführung aus dem Serail schlug alles nieder, und es ist auf dem Theater von unsern so sorgsam gearbeiteten Stück niemals die Rede gewesen.« (*Italiänische Reise.* Zweiter Römischer Aufenthalt. Bericht. November 1787)

Es gab später noch einmal – in mittelbarem Zusammenhang mit Mozart – Schwierigkeiten bei Goethes Libretto-Plänen. Goethe hatte in Weimar das Singspiel *Die Zauberflöte* von Mozart-Schikaneder aufführen lassen und dabei selbst Regie geführt. Er entwarf und zeichnete ein detailliertes klassizistisches Bühnenbild (vgl. Tafel II), verfolgte aufmerksam die Proben und machte sich häufig Notizen. Gleichwohl bereitete ihm das Reproduzieren von Bühnenwerken offenbar nur sehr wenig Freude. Von daher inspirierte ihn das natürlich auf ein Repertoire angewiesene Theaterwesen kaum. Ihn interessierte ein durch die Hervorbringung neuer Werke bestimmtes »lebendiges« Kunstleben. Von Zelter erbittet er sich die gelegentliche Übersendung neuer Kompositionen. Dabei bekennt er desillusioniert: »Übrigens lebe ich in keiner musikalischen Sphäre, wir reproduzieren das ganze Jahr bald diese bald jene Musik, aber wo keine Produktion ist kann eine Kunst nicht lebendig empfunden werden.« (An Zelter. Weimar am 20. Mai 1801) In demselben Brief informiert er Zelter über das bevorstehende Erscheinen seines Opernfragmentes *Der Zauberflöte Zweiter Theil* (bei Friedrich Wilmans, Bremen 1802). Diese Szenen entstanden wahrscheinlich aus dem negativen Antrieb jener von Goethe als unbefriedigend empfundenen Tätigkeit als Theaterintendant. Die erwähnten Aufzeichnungen aus den Proben zu Mozarts *Zauberflöte* markieren wohl den Beginn des Librettos. Goethe hat in den ursprünglich als *Entwurf zu einem dramatischen Märchen* betitelten Texten die Handlung Schikaneders weitergedacht. Dies betrifft zunächst die Zauberkraft der verschiedenen Musikinstrumente. Tamino vermacht seine »kostbare Flöte« als Hochzeitsgeschenk dem Papageno, der jetzt mit seinem Spiel die Magie dieses Instrumentes ausprobiert und alle Tiere anlockt, darunter bereits gespickte Hasen. Auch Papageno hat sein ursprüngliches Instrument als Hochzeitsgeschenk an Papagena weitergegeben. Indem sie das »herrliche Glockenspiel« schlägt, fallen alle Vögel ins Netz, und Tauben fliegen dem musizierenden Ehepaar gebraten in den Mund. An einigen Stellen gibt Goethe dem Komponisten Anregungen in puncto Besetzung, ob etwa ein Refrain durch verschiedene Ensembles oder einen Chor zu wiederholen sei. Goethe hat besonders den Gedanken der dem Menschen auferlegten Prüfungen weitergesponnen. Sarastro wird einer Prüfung unterzogen. Er verläßt im Pilgerkleid die »heiligen Hallen«. Das Ehepaar Tamino und Pamina muß um das Leben ihres von der Königin der Nacht geraubten und in einem verschlossenen Kasten untergebrachten Kindes bangen. Dies erinnert natürlich an das Schicksal des im Säuglingsalter in einen Papyruskasten eingeschlossenen Moses in Ägypten. Tamino und Paminas Nachkomme lebt, solange dieser Kasten bewegt wird. (Auch dies ist wohl eine Parallele zum biblischen Vorbild. Solange der kleine Papyruskahn im Schilf des Nils treibt, kann sein ausgesetzter Passagier gerettet werden.) Als schließlich das Kind beim allerersten Wortwechsel mit seinen Eltern aus dem Verließ verschwindet und als Genius, ähnlich dem Euphorion in Goethes *Faust Teil II,* zum Himmel strebt, ist in diesem Libretto der Höhepunkt für ein im Grunde romantisches Opernfinale erreicht. Die zahlreichen theatralischen Effekte dieses *Zweiten Theils der Zauberflöte* hätten von einem ebenbürtigen Opernkomponisten eigentlich unschwer in Musik umgesetzt werden können. Aber Goethe ahnte, daß er dieses wie auch ein anderes damals entstandenes fragmentarisches Bühnenwerk (*Die Danaiden*) wohl nicht vollenden würde. Hierfür fehlte ihm die anregende künstlerische Symbiose mit einem kongenialen Tonsetzer und eine entsprechende Bühne: »Keins von den beyden Stücken werde ich wohl jemals ausführen. Man müßte mit dem Componisten zusammenleben, und für ein bestimmtes Theater arbeiten, sonst kann nicht leicht aus einer solchen Unternehmung etwas werden.« (An Zelter. Weimar am 20. Mai 1801)

Es gab aber womöglich neben dem fehlenden künstlerischen Zusammengehen auch innere Gründe, die eine Vertonung eines Opernlibrettos von Goethe verhinderten. Hans-Georg Gadamer legt in seinen Schriften zur *Ästhetik und Poetik* dar, daß Goethe die Fortsetzung der *Zauberflöte* als Dichter und nicht als Librettist erfunden hatte. An dem Beispiel des Textes der Geharnischten Männer, die jetzt als Wächter für die gefangene Pamina agieren, werde ersichtlich, daß Goethe hier Verse »voller Klang und Sinn« geschrieben habe, die als sich selbst genügender poetischer Text und gewissermaßen als Sprachmusik einer Vertonung eigentlich nicht mehr bedürften. Vielleicht vermochte Goethe im Bewußtsein dieser Qualität seiner Texte die relativ zahlreichen Opernversuche (so neben der *Zauberflöte, Circe, Der Löwenstuhl, Ferraddin und Kolaila*) nicht fertigzustellen.

Nach dem Mißerfolg von *Scherz, List und Rache* versuchte Goethe, mit Reichardt zusammenzuarbeiten. Reichardt, drei

Jahre jünger als Goethe, hatte in Königsberg als fünfzehnjähriger Student der Rechtswissenschaft – wie seinerzeit auch Herder – Vorlesungen bei Kant gehört. In Leipzig setzte er das Studium fort, machte aber nebenher viel Musik, betätigte sich als Klavierbegleiter, schrieb Gelegenheitswerke, wurde Schüler des Thomaskantors Hiller. Im April 1789 war Reichardt ungefähr zwei Wochen zu Gast bei Goethe in Weimar, wo er ihm die Musik zu *Claudine von Villa Bella, einem Schauspiel mit Gesang* selbst am Klavier vortrug. Goethe hatte dieses Werk in Rom nach dem Vorbild der Textbehandlung in italienischen Opern »metrisch bearbeitet«. Nachdem er sich schon als Student über kompositorische Faustregeln für die Handhabe sprachlicher Strukturen informiert hatte – wir erinnern uns an den betreffenden Tagebucheintrag –, wollte er jetzt als Dichter selbst die Voraussetzungen für eine angemessene Vertonung seiner Werke schaffen. Auch *Erwin und Elmire*, ebenfalls ein »Schauspiel mit Gesang«, unterzog er wie *Claudine von Villa Bella* einer metrischen Umformung, um »sie dem Componisten zu freudiger Behandlung entgegen zu führen.« (*Tag= und Jahreshefte,* 1787 bis 1788)

Reichardt schrieb noch eine ganze Reihe weiterer Schauspielmusiken für Goethe. 1789 entstand die Musik zu dem Singspiel *Jerry und Bätely*, einer als »Gedicht« bezeichneten Operette, in welcher nach Goethes Worten »Gebirgsluft weht«. Goethe hatte bereits seinem für die Vertonung ursprünglich vorgesehenen Freund Kayser künstlerische Anweisungen für die kompositorische Handhabe von Liedern, Arien und insbesondere des rhythmischen Dialogs geschrieben: »Der Dialog muss wie ein glatter goldner Ring sein, auf dem Arien und Lieder wie Edelsteine aufsizen.« (Frankfurt am Main den 29. Dez. 1779)

1789 vollendete Goethe das *Symbolisch=satyrische Theaterstück Der Groß=Cophta.* Es ging aus dem Opernprojekt *Die Mystifizierten* hervor. Der Stoff hatte ihn lange beschäftigt und zunehmend fasziniert. Die näheren Freunde wußten davon, natürlich auch Reichardt, mit dem er seit 1781 korrespondierte: »Capellmeister Reichardt griff sogleich ein, komponierte mehreres Einzelne, als: die Baß=Arie: Lasset Gelehrte sich zanken und streiten sc. Geh, gehorche meinen Winken.« (*Tag= und Jahreshefte.* 1789) Die Baßarie ist unter dem Titel *Kophtisches Lied* in die Gesamtausgabe aufgenommen. 1790 datiert Reichardts Musik zu *Götz von Berlichingen* und zu *Faust*, Teil I. 1791 entstanden die Kompositionen zu *Tasso, Egmont, Clavigo* und *Lila* (»mehr ein Schauspiel mit Einlagen als ein Singspiel«).

Goethes emphatisch ausgesprochene Einladung zu wissenschaftlicher Kooperation wurde von Reichardt nicht angenommen. Der in Frankreich wie im Deutschen Reich renommierte Komponist klassischer Singspiele und Lieder wollte eher neue Werke schreiben. Reichardt liebte zwar das Theoretisieren. Er könne kein Musikstück hören, bekannte er 1776, ohne »Bemerkungen darüber zu machen, und diese kann ich wieder nicht für mich allein behalten«. Er schrieb Essays über Musik, kritische Berichte über das Musikleben seiner Zeit, gab französische und deutsche musikalische Reiseberichte heraus, verfaßte Kurzbiographien und einen autobiographischen Roman. Doch die Musik in Teilgebieten zu erforschen, wie es Goethe vorschwebte, war Reichardt, dem frühen Romantiker aus Ostpreußen, offenbar nicht gegeben.

7.
»Es ist jetzt kein Sang
und Klang um mich her«
Das Scheitern eines
»wahnsinnigen« Opernprojekts

Reichardt suchte als preußischer Hofkapellmeister Friedrichs II. und seines Nachfolgers Friedrich Wilhelm II. Goethe als Librettisten für die Oper zu gewinnen. In seiner nur locker wahrgenommenen Position wollte Reichardt in Berlin neben der Pflege des Repertoires, der Opern von Johann Adolf Hasse und Carl Heinrich Graun, natürlich auch eigene Kompositionen herausbringen. Doch Goethe beschäftigte sich in Weimar zunehmend mit wissenschaftlichen Plänen. Die künstlerische Zusammenarbeit der beiden Freunde geriet hierüber ins Stocken. Dies zeigt sich insbesondere bei ihrem gemeinsamen Opernvorhaben *Die Mystifizierten*. Goethe hat den Stoff insgesamt viermal bearbeitet, als Opera buffa, als Theaterstück, als Vortrag für die Freitagsgesellschaft in Weimar am 23. März 1792 und als autobiographisch abenteuerliche Episode in der *Italiänischen Reise*, eingefügt in die bereits Korrektur gelesenen Manuskripte des zweiten Bandes (6. Juli 1817). Auch Schiller verwendet übrigens die Hauptfigur des Sujets in dem Fragment gebliebenen Roman *Der Geisterseher* (1798). Doch was hatte Goethe zu der mehrfachen Gestaltung dieses Themas bewogen?

Beide Bühnentitel, *Die Mystifizierten* und *Der Groß=Cophta*, deuten auf das berüchtigte Treiben jenes Grafen Alessandro Cagliostro, welcher seinerzeit in mehreren Metropolen und Großstädten Europas als Hellseher, Wunderheiler, Logengründer, weiterhin als Goldmacher, Zauberer und Urkundenfälscher von sich reden machte. Indes war der vermeintliche Adelige in Wahrheit ein bürgerlicher Sizilianer namens Giuseppe Balsamo, geboren 1743 in Palermo, als Sohn des Textilienkleinhändlers Pietro Balsamo und dessen Ehefrau Felice.

Der falsche Graf zog zusammen mit seiner Frau Lorenza Feliciana, alias Gräfin Serafina di Cagliostro, in alle Windrichtungen durch Europa. Das Paar reiste nach Malta, Neapel, Paris, London, Barcelona, Madrid, Lissabon, Aix-en-Provence, Straßburg, Rom, St. Petersburg und wahrscheinlich auch Konstantinopel. Lorenza Feliciana betätigte sich als seine Komplizin. Als Kurtisane sorgte sie für den Lebensunterhalt. Sobald die Betrügereien bekannt wurden, zog das Paar unter neuem Namen in eine andere Stadt weiter. Mal nannte sie sich nach der Großtante und Taufpatin Vincenza Cagliostro, mal wurde aus Giuseppe Balsamo ein Marchese Pelegrino.

Goethe mißtraute schon früh den »Künsten Cagliostros«. Er beschwor Johann Caspar Lavater, den befreundeten Schriftsteller und Theologen, dem gerichtsnotorischen Scharlatan keine übernatürlichen Kräfte zuzuschreiben. Goethe war am Hof zu Weimar über das Treiben des falschen Grafen offensichtlich besser als der in Zürich lebende Physiognom informiert: »Ich habe Spuren, um nicht zu sagen Nachrichten, von einer großen Masse Lügen, die im Finstern schleicht von der du doch keine Ahndung zu haben scheinst.« Nachdrücklich erläutert Goethe das scheinbar Übernatürliche bei Balsamo alias Cagliostro: »Glaube mir, das Unterirdische geht so natürlich zu als das Überirdische, und wer bei Tage unter freyem Himmel nicht Geister bannt, ruft sie um Mitternacht in keinem Gewölbe«. (An Lavater. Weimar den 22. Juny 1781)

Goethe bemerkte einmal im Hinblick auf Cagliostros erstaunlichen Zuspruch, daß ein »gewisser Aberglaube an dämonische Menschen niemals aufhören werde«. Doch geriet er für einige Zeit selbst in den Bann des Sizilianers, als er sich wie ein Abenteurer Zugang zu Balsamos Familie verschaffte. Während seines gut zwei Wochen dauernden Aufenthaltes in Palermo im April

1787 wollte er die bislang verschleierte Herkunft Cagliostros vor Ort selbst erforschen. Er wohnte in einem von Honoratioren der Stadt zur Verfügung gestellten Palazzo, mit Blick auf das Tyrrhenische Meer, und speiste - ähnlich wie seinerzeit als Student in Leipzig und Straßburg – an einem öffentlichen Mittagstisch. Die Nachrichten über den zwielichtigen Einheimischen wurden damals in Palermo eifrig diskutiert. Man wußte um den schlechten Ruf des inzwischen verbannten Palermers. Man hatte auch von der berüchtigten »Halsbandgeschichte« aus Paris gehört. Es war aber bislang nicht auszumachen, ob der in diese Affäre verwickelte Graf und der besagte Sohn ihrer Stadt ein und dieselbe Person sei. An Goethes Mittagstisch gab es hierüber Streit. Es war auch zu vernehmen, daß Baron Bivona, ein palermischer Rechtsgelehrter, auf Ersuchen des französischen Ministeriums einen Stammbaum des Giuseppe Balsamo erstellt habe. Jetzt wurde Goethe neugierig. Er bat seine Tischfreunde, ein Treffen mit dem Juristen zu vermitteln. Bald bekam Goethe Einsicht in den Stammbaum, die Abschriften der glaubhaftmachenden Dokumente und eine im März 1787 von Bivona verfaßte Denkschrift. Die Nachforschungen hatten ergeben, daß Cagliostro und Balsamo identisch waren. Aus den beigefügten Familiendokumenten ging auch hervor, daß Balsamos Schwester, Giovanna Giuseppe Maria, die verwitwete Capitummino, und seine betagte Mutter Felice noch lebten. Jetzt wollte Goethe die engsten Verwandten dieses »sonderbaren Menschen« unbedingt kennenlernen. Doch der Baron wies auf die Schwierigkeiten einer solchen Begegnung hin. Die Leute lebten sehr zurückgezogen, seien ehrbar, arm und nicht gewöhnt, Fremde zu sehen. Entsprechend dem argwöhnischen Charakter ihrer Nation würden sie einen ausländischen Besucher zweifellos mißtrauisch empfangen.

Um eventuelle Schwierigkeiten bei der geplanten Begegnung mit Balsamos Verwandten zu vermeiden, sollte sich Goethe auf Anraten des Juristen mit dessen Sekretär zusammentun. Dieser hatte sich den Zugang zu den Familiendokumenten der Balsamos allerdings mit einer Finte verschafft. Er stellte den beiden Frauen in Aussicht, daß Giuseppe Capitummino, der jüngste Sproß des Hauses, in den Genuß eines bestimmten Stipendiums käme, wenn zuvor der Familienstammbaum erstellt worden wäre. Auf diese Weise erhielt der Sekretär ohne weiteres die erforderlichen Urkunden zur Einsicht. Der Stammbaum wurde daraufhin von Baron Bivona erstellt. Aber die Sache mit dem Stipendium war nur ein leeres Versprechen gewesen. Die Familie hatte inzwischen nachgefragt und natürlich nur ausweichende Antworten bekommen.

Goethe wollte von seinem Vorhaben nicht abgehen. Jetzt geriet er aber unwillkürlich selbst auf betrügerischen Kurs. Denn er mußte sich etwas ausdenken, um der schon einmal hintergangenen Familie unverdächtig zu erscheinen. Er kam mit dem Schreiber überein, sich als ein gewisser Mr. Wilton aus England auszugeben. Dieser britische Reisende habe den europaweit bekannten Sohn der Balsamos in London getroffen und werde jetzt darüber berichten. Das Abenteuer nahm seinen Lauf.

Am 13. April 1787, gegen drei Uhr nachmittags, betrat Goethe als »Gentleman« das kleine Haus der Balsamos, in einem Gäßchen in der Nähe der Hauptstraße »Il Cassaro«, dem heutigen »Corso Vittorio Emanuele«. Er traf dort drei Generationen der Familie Balsamo an, die alte Mutter, deren Tochter und zwei ihrer Kinder. Goethe musterte sie alle eingehend. Am meisten interessierte er sich für die Schwester Giuseppe Balsamos. »Ihre mehr stumpfe als scharfe Gesichtsbildung« erinnerte ihn an das Portrait ihres Bruders, welches er von einem damals in Palermo herumgereichten Kupferstich kannte. In dem offenen Blick der Giovanna Giuseppe Maria Capitummino fand Goethe keinerlei Argwohn.

Das war also die Schwester jenes berüchtigten Alchemisten und Dunkelmanns, bei dem Goethe womöglich auch faustische Züge vermutet haben mochte. Aus Baron Bivonas »Memoire«

kannte er biographische Einzelheiten. Balsamo begann als Mönch des Ordens *des frères de la charité*. Er zeigte Talent für Medizin, wurde aber wegen schlechter Führung aus der religiösen Bruderschaft entlassen. Jetzt versuchte er sich als Spiritist und Schatzgräber. Durch handwerklich perfekt gefälschte Urkunden brachte er die Eigentumsverhältnisse wohlhabender Palermer durcheinander. Nur durch Flucht konnte er sich vor dem Galgen retten. Er reiste durch Calabrien nach Rom, wo er Donna Lorenza, die Tochter eines Bodatore (Gürtlers) heiratete. Die Karriere des betrügerischen Ehepaars Cagliostro kulminierte in Paris, wo der prätentiöse Graf in den als »Halsbandaffaire« bekannt gewordenen Skandalprozeß um Kardinal Prinz Rohan und der Gräfin Lamothe als eine der Hauptpersonen verwickelt war.

Goethes Wunsch, die nächsten Verwandten des Sizilianers kennenzulernen und auf diesem Wege die Identität eines der sonderbarsten »Ungeheuer unseres Jahrhunderts« festzustellen, hatte sich erfüllt. Doch sollte er aus seinem Versteckspiel nicht ohne Schwierigkeiten wieder herauskommen. Es war vor allem die Mutter, eine fromme Frau, angesprochen worden. Sie bat Goethe, dem Sohn, um den sie schon viele Tränen vergossen hatte, von ihrer Mutterliebe, ihren täglichen Fürbitten zu Gott und der heiligen Jungfrau und ihrem Segen für ihn und seine Frau zu berichten.

Balsamos Schwester klagte über ihre wirtschaftlichen Nöte. Sie hatte nicht nur ihre drei hungrigen Kinder und ihre alte Mutter, sondern auch noch eine aus Nächstenliebe zur Pflege aufgenommene, im Lehnstuhl dahindämmernde Schlafkranke zu versorgen. Die Witwe brauchte dringend Unterstützung, denn das Geld reichte kaum für das Notwendigste. Der flüchtige Bruder schuldete ihr noch vierzehn sizilianische Unzen, die sie anläßlich seiner überstürzten Abreise aus Palermo bei einem Pfandleiher für den Rückkauf seiner versetzten Wertsachen ausgegeben habe. Der inzwischen dem Hörensagen nach wohl vermögend gewordene Bruder hatte jedoch nichts mehr von sich hören lassen. Ihre eindringliche Bitte an Goethe alias Mr. Wilton lautete, sich doch bei ihrem Bruder Giuseppe für sie zu verwenden oder ihm wenigstens einen Brief zu überbringen, damit der Familie geholfen werde.

Goethe versprach, am nächsten Tag selbst wieder vorbeizukommen. Er wollte vermeiden, daß der Brief von irgendeinem Mitglied der Familie Balsamo in seiner Palazzo-Residenz abgegeben würde und man seinen Schwindel schließlich entdeckte. Goethe hat jenen an Cagliostro adressierten Brief anderntags im Hause der Balsamos tatsächlich in Empfang genommen. Doch war ihm angesichts seiner Verstellung nicht ganz wohl. Er wollte aber seine Täuschung noch an Ort und Stelle wiedergutmachen und beschloß, der Familie die vierzehn Unzen aus eigener Tasche zukommen zu lassen. Bei einem Kassensturz seines Bargeldes und einer Bestandsaufnahme der mitgeführten Wertpapiere mußte er jedoch feststellen, daß er diese Summe im Augenblick nicht entbehren konnte. Die Familie Balsamo war also nicht nur von ihrem Sohn Giuseppe und dem Schreibgehilfen des Stammbaumforschers hintergangen worden, sondern auch von dem Mr. Wilton, welcher jetzt im »Vorgefühl des Orients«, in das Landesinnere nach Monreale, Alcamo, Segesta, Girgenti, Catania, schließlich Taormina und Messina weiterzog. (*Italiänische Reise*. II. Schema. Sizilien. April 1787)

Goethe hatte wegen des sizilianischen Abenteuers auch später noch ein schlechtes Gewissen. Nachdem er nach Weimar zurückgekehrt und auch sein Reisekoffer mit Papieren bei ihm zu Hause angelangt war, fand er das Original des Briefes an den verlorenen Sohn wieder. Goethe übersetzte das Schreiben und zeigte es Freunden. Sie halfen ihm, der Familie den beabsichtigten Geldbetrag zukommen zu lassen. Das Versteckspiel ging also weiter.

Goethe beschloß, der Familie noch eine weitere »kleine« Geldsumme zu übergeben. Außerdem wollte er das Spiel nun beenden, und die Balsamos über die Identität des Mr. Wilton und die vermeintliche Hilfsbereitschaft ihres Sohnes und Bruders aufklären. Giuseppe Balsamo, inzwischen zum Tode verurteilt, doch von Papst Pius VI. begnadigt, verbüßte mittlerweile in der Festung San Leo bei Rimini eine lebenslängliche Gefängnisstrafe. (Er starb dort am 26. August 1796.) Goethes erneute finanzielle Zuwendung steht offenbar in einem Zusammenhang mit dem Lustspiel *Der Groß=Cophta*, das im September 1791 fertiggestellt und drei Monate später uraufgeführt wurde. Das wohl eher bescheiden ausgefallene Verlagshonorar für das Bühnenwerk ließ Goethe Familie Balsamo in Palermo zukommen. Die mit einer kühnen Maskerade begonnenen Täuschungen waren durch solche Zuwendungen schließlich wiedergutgemacht worden.

Der Skandal um Cagliostro hatte Goethe wie kaum ein anderes Thema beschäftigt, er war wohl geradezu bei ihm zu einer Obsession geworden. Seine Freunde gestanden ihm noch Jahre später, daß er ihnen damals »wie wahnsinnig vorgekommen sei«. (*Tag= und Jahreshefte*, 1789)

Doch wie kam es, daß aus diesem für eine Oper womöglich prädestinierten Stoff am Ende doch kein musikalisches Bühnendrama geworden ist? (1875 hat übrigens Johann Strauß über dieses Sujet eine Operette geschrieben.) An Reichardt kann es kaum gelegen haben. Sein Interesse ist in den kompositorischen Kostproben wie in der häufigen Korrespondenz dokumentiert. Nach der Uraufführung des Singspiels *Claudine von Villa Bella* am preußischen Hof nebst darauffolgenden Wiederholungen (29. Juli und 3. August 1789) und insbesondere nach dem Erfolg seiner Opera buffa *Brenno* im Oktober desselben Jahres schrieb Reichardt an Goethe. Er erkundigte sich nach dem Stand des *Faust* und des *Conte* und ermunterte ihn, das Textbuch zu einer großen Oper zu schreiben. Goethe schien nicht abgeneigt. Er benötigte aber zunächst einige Hintergrundinformationen. Außerdem bedingte er sich mindestens ein Jahr Zeit für die

Fertigstellung aus. Die Erfahrungen an dem kleinen Weimarer Theater mit einer unterbesetzten Truppe genügten ihm für ein solches Projekt nicht. Er war sich auch bewußt, in Weimar mancher »Vortheile der großen Stadt zu entbehren« (1816 an Zelter). So bat er Reichardt, ihn über die künstlerisch technischen Gegebenheiten am Berliner Hoftheater zu unterrichten: »Zu einem deutschen Texte zu einer ernsthaft genannten Oper kann Rath werden, nur müßte ich vor allen Dingen näher von dem Bedürfniß Ihres Theaters, vom herrschenden Geschmack, vom Möglichen auf Ihrer Bühne pp. unterrichtet seyn. Man kann, wie Sie wohl wissen, ein solches Werck auf mehr als eine Weise anlegen und ausführen. Also erwarte ich darüber mehr. Auch kann ich unter einem Jahr solch ein Opus nicht liefern. Der Conte wird nun bald an die Reihe kommen; hinter Fausten ist ein Strich gemacht. Für dießmal mag er so hingehen.« (An Reichardt. W. d. 2. Nov. 89)

Auch einen Monat später befaßte sich Goethe noch mit dem Plan zu einer Oper über den Sizilianer. Von Reichardt erbat er sich jetzt die Textbücher sämtlicher seit dem Regierungsantritt Friedrich Wilhelms II. in Berlin aufgeführten Opern. Reichardt sollte darin kurz anmerken, was Eindruck gemacht habe. »Ich muß wissen was schon da gewesen ist, damit ich suchen kann etwas Neues zu geben.« Goethe erwähnt in einem Brief an Reichardt die Vorbereitung seiner wissenschaftlichen Erstschrift *(Metamorphose der Pflanzen)*. Nach ihrer Fertigstellung, so versichert er, stünde dem Ausarbeiten des musikalischen Bühnenwerks dann nichts mehr im Wege. (An Reichardt. W. d. 10. Dez. 89)

Doch sollte es bei dieser Ankündigung bleiben. Denn die geplante Goethe-Reichardt-Oper mit dem Titel *Il Conte* oder *Die Mystifizierten* wurde nie vollendet.

In der autobiographischen Schrift *Campagne in Frankreich 1792* (ursprünglich unter dem Titel *Aus meinem Leben. Zweite Abteilung Fünfter Teil* veröffentlicht) nennt Goethe die Gründe für seine Entscheidung, statt der ursprünglich geplanten »komischen Oper« schließlich »ein prosaisches« Stück zu schreiben. Die sogenannte Halsbandgeschichte hatte ihn zutiefst erschreckt. Hier sah er die Würde des »schönsten Thrones der Welt« und gleichzeitig die überkommene gesellschaftliche Ordnung bedroht. Seine »furchtbaren Ahnungen« ließen ihn nicht mehr los. »Ich trug sie mit mir nach Italien und brachte sie noch geschärfter wieder zurück.« In den Erinnerungen an seine Teilnahme an dem Feldzug in Frankreich findet sich auch das Bekenntnis, es liege in seiner Natur, lieber eine Ungerechtigkeit zu begehen als Unordnung zu ertragen. Dies ist womöglich der Schlüssel auch zu seinem sizilianischen Abenteuer. Er wollte um jeden Preis durch eigene Nachforschungen den die Ordnung zerstörenden Betrüger entlarven. Doch war er dem Stoff offenbar nicht ganz gewachsen. Nach seiner Teilnahme an der geschichtlich folgenschweren Campagne in Frankreich überdachte er im Hinblick auf seine Rückkehr nach Weimar und die künftigen Aufgaben am dortigen Theater seine ersten dramatischen Arbeiten. Den Plan zu der Oper *Die Mystifizierten* sah er jetzt als eine Fehlentscheidung: »Ich vergriff mich im Stoff, oder vielmehr ein Stoff überwältigte meine innere sittliche Natur, der allerwiderspenstigste um dramatisch behandelt zu werden.« *(Campagne in Frankreich 1792)*

Bis auf die zwei bekannt gewordenen Arien mißlang das Vorhaben. Selbständige Stücke ohne unmittelbaren Zusammenhang zum Text, etwa Zwischenaktmusiken, wurden nicht ausgeführt. Nicht einmal die Kernszene, »das Geistersehen in der Krystallkugel vor dem schlafend weissagenden Cophta«, von Goethe als »glänzendes« Finale vorgesehen, kam zustande. Goethe erklärt dies rückschauend: »Aber da waltete kein froher Geist über dem Ganzen, es gerieth ins Stocken.« Damit nicht alle Mühen umsonst waren, entschloß er sich, das Opernfragment zu einem Lustspiel umzuarbeiten. Doch auch der *Groß=Cophta* wurde kein Erfolg. Goethe wollte das satirische Bühnenwerk zwar

»wenigstens alle Jahre einmal als ein Wahrzeichen aufführen lassen«, wie er am 29. Juli 1972 an Reichardt schrieb, aber es gab in Weimar und Lauchstädt nur ein paar wenige Wiederholungen. Goethe sah auch hier in dem »fruchtbaren und zugleich abgeschmackten Stoff« die Ursache des Mißerfolges.

Dennoch fühlte er sich durch diese Fehlschläge innerlich nicht verletzt. Er war gewöhnt, mit Enttäuschungen umzugehen. Äußere Irritationen verstärkten stets seine Introversion. Die Bearbeitung des Cagliostro-Stoffs als Bühnenstück erschien ihm als ein trostbringender Beitrag über ein aktuelles Thema: »Wie ich aber niemals irgend ein Äußeres mir selbst entfremden konnte, mich vielmehr nur strenger in's Innere zurückwies, so blieben jene Nachbildungen des Zeitsinns für mich eine Art von gemüthlich tröstlichem Geschäft.« *(Campagne in Frankreich 1792)*

Doch in den Briefen an Reichardt aus den Jahren 1790 bis 1792 klingen auch noch andere Gründe für das Scheitern des Opernprojektes an. Reichardt versuchte Goethe zur Fertigstellung des Textbuches zu bewegen. Aber Goethe befand sich in einer Klemme. Er widmete sich mit Engagement wissenschaftlichen Studien. Dies brachte ihn in das Dilemma, sich infolge zunehmender Begeisterung mehr und mehr der Poesie zu entfremden. Natürlich war er darüber kaum glücklich. Er reagierte geradezu unwirsch: »Ihr Brief, mein lieber Reichardt, trifft mich in einer sehr unpoetischen Lage. Ich arbeite an einem anatomischen Werkchen und möchte es gern noch auf Ostern zustande bringen. Eine große Oper zu unternehmen, würde mich jetzt viel Resignation kosten; ich habe kein Gemüt zu all diesem Wesen. An den ›Conte‹ habe ich nicht wieder gedacht. Es können die Geschöpfe sich nur in ihren Elementen gehörig organisieren! Es ist jetzt kein Sang und Klang um mich her.« (Weimar, 25. Oktober 1790)

Goethes wissenschaftliche Aktivitäten nahmen seinerzeit noch weiter zu. Ein Jahr nach dem Brief an Reichardt skizzierte er mehrere naturwissenschaftliche Arbeiten, theoretisierte über die bildenden Künste und suchte die Nähe intellektueller Künstler. Angesichts seines täglichen Engagements glaubte er, womöglich ganz zu den Wissenschaften hinüberzuwechseln:»Ich habe fast in allen Theilen der Naturlehre und Naturbeschreibung kleine und große Abhandlungen entworfen und es kommt nur darauf an, daß ich sie in der Folge hintereinander wegarbeite. In der Theorie der bildenden Künste habe ich auch vieles vorgearbeitet und habe gute Gelegenheit meine Gedanken zu prüfen indem ich mit mehreren denkenden Künstlern in Verbindung stehe denen ich mich mittheile und durch die ich die Anwendbarkeit und Fruchtbarkeit gewisser Grundsätze am besten entdecken kann. Indeß attachire ich mich täglich mehr an diese Wissenschaften und ich merke wohl daß sie in der Folge mich vielleicht ausschließlich beschäftigen.« (An Friedrich Heinrich Jacobi. Weimar d. 1. Juni 1791)

Gleichwohl war Goethe von dem Thema des Großkophta nicht losgekommen. In demselben Brief informierte er Jacobi über eine beabsichtigte Veröffentlichung:»Cagliostros Stammbaum und Nachrichten von seiner Familie, die ich in Palermo kennen gelernt, werde ich wohl jetzt herausgeben, damit über diesen Nichtswürdigen gar kein Zweifel übrig bleibe.« (1. Juni 1791) Tatsächlich wurde aber nur der Stammbaum veröffentlicht:»Des Joseph Balsamo, genannt Cagliostro, Stammbaum«. (*Neue Schriften.* Bd. 1, 1792)

Goethe nennt in dem bereits erwähnten Brief vom 29. Juli 1792 an Reichardt noch weitere Gründe für das geringe öffentliche Interesse an dem *Groß=Cophta.* Es seien nämlich die politischen Verhältnisse und die Vorurteile gegen ihn selbst als Autor, welche den Aufführungen des Lustpiels entgegenstünden. Gleiche Gründe würden wohl auch für eine Oper gelten. Er selbst wollte in Weimar mit dem satirischen Theaterstück über die Betrügereien Cagliostros und die Gaunereien am französischen Hof bei der »Halsbandaffaire« gewissermaßen ein politisches Signal setzen. Doch drei Jahre nach dem Sturm auf die Bastille scheuten sich andere deutsche Theater allemal, Stücke mit politischen Tendenzen auf die Bühne zu bringen: »Die übrigen deutschen Theater werden sich aus mehr als einer Ursache davor hüten.«

Goethe hatte aber auch den Gedanken an eine Cagliostro-Oper noch nicht ganz aufgegeben. Nachdem das Lustspiel *Der Groß=Cophta* aufgeführt worden war, spielte er kurz mit dem Gedanken, dieses prosaische Theaterstück wieder in einen Operntext zurückzubilden. Er resignierte abermals. »Wie leicht würde es nun seyn, eine Oper daraus zu machen, da man nur auslassen und reimen dürfte, man brauchte, weil die Geschichte bekannt ist, wenig Exposition, und weil das Lustspiel schon Commentar genug ist, wenig Ausführlichkeit. Allein da man das deutsche Theater und Publikum von innen und von außen kennt, wo soll man den Muth hernehmen auch nur zu einer solchen Arbeit; die politischen und die Autor=Verhältnisse, welche der Aufführung des Großcophta entgegenstehen, würden eben so gut gegen die Oper gelten und wir würden einmal wieder einen Stein in den Brunnen geworfen haben.« (An Reichardt. Weimar den 29. July 1792)

Am Schluß dieses Briefes wird erneut das Dilemma erkennbar, in welchem sich Goethe, jetzt zweiundvierzigjährig, auf Grund seines wissenschaftlichen Engagements wähnte. Er klagt über den zunehmenden Schwund der Musikalität seiner Gedichte (»Es scheint nach und nach diese Ader bey mir ganz aufzutrocknen.«) und schwärmt gleichzeitig über »ein tolles, und nicht ganz wünschenswerthes Schicksal, so spät in ein Fach zu gerathen, welches recht zu bearbeiten mehr als ein Menschenleben nötig wäre.«

8.
»Die Künste in Verbindung miteinander zu betrachten«
Auf der Suche nach Grundsätzen über Theorie und Ästhetik der Poesie

Als Goethe die Freunde über seine wissenschaftlichen Aktivitäten informierte, war er selbst neugierig zu erfahren, was er im Lauf einer ziemlich spät begonnenen Karriere wohl noch zu leisten imstande sei. »Wir wollen sehen was wir darinnen thun können«, schrieb er anläßlich seiner Beiträge zur Optik am 29. Juli 1792 an Reichardt. Das Ausmaß seiner Forschungen ist inzwischen überblickbar. Dennoch sind einige Abhandlungen, darunter die *Tonlehre,* nur wenigen bekannt.

Wer aus Wißbegier eines der Denkgebäude Goethes betreten möchte – die *Pflanzenlehre, Weinbaulehre, Knochenlehre, die Gesteins-* oder die *Witterungslehre,* die *Farben-* oder eben die *Tonlehre –,* sollte sich vorab gewissermaßen Einblick in die Baupläne verschaffen. Im Falle der *Tonlehre* erscheint solche Orientierung besonders nützlich. Anders als etwa die *Farbenlehre* ist dieses »didaktische Haus« nicht zu Ende gebaut worden. Ähnlich wie beim Anblick einer historischen Ruine wird im Falle der fragmentarischen *Tonlehre* die Fantasie des Betrachters herausgefordert, das Bruchstückhafte in der Vorstellung zu ergänzen. Hilfreich zum Verständnis des unvollendeten Denkgebäudes ist ferner der Blick auf die jahrzehntelangen Planungen. Vor allem sollte man die Wege betrachten, die Goethe zu den Wissenschaften geführt haben. Allerdings muß man sich dabei auf eine längere Strecke einrichten.

Theoretische und ästhetische Überlegungen zur Poesie wurden dem sechzehnjährigen Studenten in Leipzig sowie dem Ein-

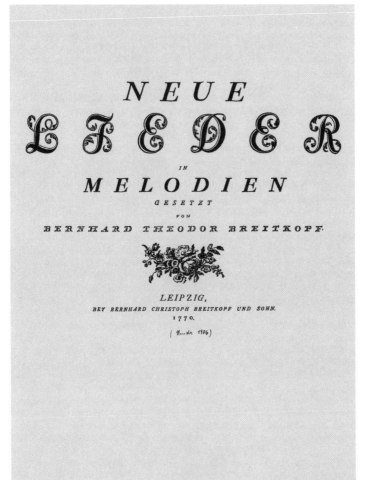

NEUE

LIEDER

IN

MELODIEN

GESETZT

VON

BERNHARD THEODOR BREITKOPF.

LEIPZIG,
BEY BERNHARD CHRISTOPH BREITKOPF UND SOHN.
1770.

(Handschr. 1806)

Abb. 2   Titelkupfer von Bernhard Theodor Breitkopfs Klavierliedern mit Texten seines Freundes, den anonymen allerersten Veröffentlichungen Goethes.

Verzeichniſs der Lieder.

Abb. 3 Siebzehn Gedichte dieser zwanzig Klavierlieder hat Goethe in seine Ausgaben übernommen. Die drei nicht berücksichtigten Lieder (Nr. 3, 10, 13) sind weiter unten im Anhang, Seite 234 wiedergegeben.

undzwanzigjährigen in Straßburg wohl nur sehr unvollkommen vermittelt. Schließlich gewann er autodidaktisch auf dem Umweg über die Strukturen der bildenden Kunst eigene Erkenntnisse, die er später durch Beschäftigung mit den Naturwissenschaften und der Musik zu begründen suchte. Was ursprünglich nur Mittel zum Zweck gewesen war, verselbständigte sich aber auf diese Weise zu einer eigenen, ihn zeitlebens geradezu faszinierenden Tätigkeit. In dem Kapitel »Confession des Verfassers« im historischen Teil der *Farbenlehre* – begonnen in den Jahren 1805 und 1806, veröffentlicht 1808 – beschreibt Goethe diesen für ihn selbst fast unbewußt verlaufenen Werdegang zum Wissenschaftler: »Und so war ich, ohne es beinahe selbst bemerkt zu haben, in ein fremdes Feld gelangt, in dem ich von der Poesie zur bildenden Kunst, von dieser zur Naturforschung überging, und dasjenige, was nur Hülfsmittel sein sollte, mich nunmehr als Zweck anreizte.«

Begonnen hatte alles mit einem gewissen Unbehagen an seinen ersten dichterischen Produktionen. Die Anerkennung seines frühen poetischen Talents ließ bei ihm keine echte Freude aufkommen. Im Gegenteil, die zumeist freundliche Aufnahme – manchmal jedoch auch schroffe Ablehnung – seiner Jugendwerke machte ihn nachdenklich. Sein eigenes Verhältnis zu seiner Dichtkunst erschien ihm ausschließlich praktisch. Er hatte anfänglich, wie er in der schon erwähnten »Confession« einräumt, im Grunde keine Kenntnisse hinsichtlich poetischer Techniken und Konzeptionen. Erst im Alter von siebenundsechzig Jahren fand er in einer Abhandlung von Ernesti jene seinerzeit als junger Mann vergeblich gesuchte Hilfe: »Ernesti's Technologia rhetorica Graecorum et Romanorum lag mir immer zur Hand: denn dadurch erfuhr ich wiederholt, was ich in meiner schriftstellerischen Laufbahn recht und unrecht gemacht hatte.« (*Tag= und Jahreshefte.* 1816)

Seine ersten Werke aus Frankfurter und Leipziger Jahren entstanden offenbar fast mühelos, meistens in intuitiver Verarbeitung dichterischer Muster, auf die er zufällig traf oder die er sich selbst suchte. So stellte er sich gern als »ein Schäfer an der Pleiße« dar (*Dichtung und Wahrheit*. Siebentes Buch). Seine allererste Veröffentlichung lyrischer Gedichte war aufs engste mit Musik verwoben. Er hatte zwanzig frühe, anakreontisch epigrammatische Lieder zusammengestellt und sie Bernhard Theodor Breitkopf zur Vertonung überlassen. Die Initiative ging wohl von dem jungen Komponisten aus. Es entstanden kurze, zum Teil musikalisch gelungene Klavierlieder in Strophenform. Die Sammlung kam zur Michaelismesse 1769 heraus. Auf dem Titelblatt (vgl. Abbildungen 2 u. 3, Seite 75 u. 76) ist aber das Jahr 1770 angegeben.

Goethes Name als Textautor fehlt auf dem Titelblatt. Er wird auch innerhalb des Liederbuchs bei den gesonderten Abdrucken der Textstrophen nicht genannt. Goethe und Bernhard Theodor Breitkopf (1745–1820), ein Sohn Johann Gottfried Immanuel Breitkopfs, des Erfinders des beweglichen Noten-Typendrucks und Chefs des Verlagshauses Breitkopf & Sohn (nachmalig Breitkopf & Härtel), waren fast gleichaltrig und gut befreundet. Vielleicht glaubte der junge Musikliebhaber, der später als Verleger, Bibliothekar und Staatsrat in St.Petersburg wirkte, angesichts dieser Vertrautheit auf die übliche Quellenangabe verzichten zu können. Goethe hat die Gedichte bis auf drei (Nr. 3, 10, 13, s. Anhang, Seite 234) in seine späteren Sammlungen übernommen. Von daher kann kaum geschlossen werden, daß er mit der Anonymität im *Leipziger Liederbuch* womöglich einverstanden gewesen sei. Er selbst bemerkt in seiner Autobiographie über seine Kontakte zu den Gebrüdern Breitkopf lakonisch: »Wir trieben manches gemeinschaftlich, und der älteste componierte einige meiner Lieder, die, gedruckt, seinen Namen, aber nicht den meinigen führten und wenig bekannt geworden sind.« (*Dichtung und Wahrheit*. Achtes Buch)

Wenigstens in einem aus dem Besitz des Hofrats von Hase in Leipzig stammenden gedruckten Exemplar konnte sich Goethe

> *Horatius*
>
> Me tabula sacer
> Votiva paries indicat uvida
> Suspendisse potenti
> Vestimenta maris Deo.
>
> *Goethe.*

In der Übersetzung Emanuel Geibels:
Von mir bezeugt
Dort am Tempel die Schrift, dass der Gerettete
Seine triefenden Kleider
Dankbar weihte dem Meeresgott.

durch handschriftliche Einträge als der Autor der Texte zu erkennen geben. Er nahm dort bei zwei Liedern (Nr. 1 und Nr. 20) Änderungen vor. Und auf eine leere Seite vor dem Titelblatt schrieb er das Motto aus der Ode *An Pyrrha* (1,5) von Horaz, das er mit seinem eigenen Namen unterzeichnete (siehe oben). Für Eingeweihte war dies zugleich ein autobiographischer Hinweis, daß er mit diesen Liedern auch auf seine »Rettung aus den Stürmen« seiner Leipziger Studentenzeit anspielt. (»Schrieb ich zuerst gewisse kleine Gedichte in Liederform oder freierem Sylbenmaß; sie entspringen der Reflexion, handeln von der Vergangenheit und nehmen meist eine epigrammatische Wendung.« *Dichtung und Wahrheit*. Siebentes Buch)

Mit der Zeit brauchte Goethe auch professionelle Anregungen. Es fehlte ihm vor allem »das Technische der Dichtkunst«, wie er in der »Confession« erläutert. Doch fand er offenbar weder in

Hörsälen noch in Büchern entsprechende Unterweisungen. Er behauptet jedenfalls, in Leipzig wie in Straßburg auf keinen Theoretiker getroffen zu sein, der ihm da wirklich hätte weiterhelfen können.

Christian Fürchtegott Gellert zum Beispiel, innerhalb der deutschen Oden-Renaissance eine Autorität, hielt Goethe an der Universität Leipzig zwar dazu an, auf Stil zu achten, doch über einen pädagogischen Umweg. Gellert ermahnte seinerzeit alle Studenten, die in nachlässiger Schrift geschriebene Aufsätze einreichten, sich zuerst um die schöne Handschrift zu bemühen. Der gute Stil, so fügte der angesehene, pädagogisch jedoch auch umstrittene Dichter hinzu, folge dann schon ganz von selbst. (*Dichtung und Wahrheit.* Zweites Buch)

Goethe erinnerte sich zwar dankbar an Gellerts Lektionen in angewandter Kalligraphie, aber er suchte vor allem eine praxisbezogene literarische Unterweisung. Tatsächlich hielt Gellert ein Praktikum für »prosaischen und poetischen Stil«. In den Genuß dieses Seminars kam jedoch nur eine kleine Schar ausländischer Privatschüler. Goethe war enttäuscht, nicht zu diesen privilegierten Studenten zu zählen. Er kannte indessen Gellerts Unterrichtsmethode bereits aus einem allgemeinen Praktikum. Sie beschränkte sich auf eine Fehlerkorrektur von Einzelheiten in den vorgelegten Manuskripten und konnte von daher dem Studierenden wohl nicht viel nützen. Als Jugendlicher hatte Goethe Gellert hochgeschätzt und in Frankfurt davon geträumt, einmal neben diesem Großen der Dichtkunst genannt zu werden. Angesichts der ernüchternden persönlichen Begegnung in Leipzig und Gellerts offenbar »entnervender Manier« – er ritt übrigens zur Verwunderung der Studenten auf einem zahmen Schimmel durch Leipzig, den ihm der Kurfürst von Sachsen gutmeinend fürs gesundheitliche Training geschenkt hatte – begann er jetzt sogar an aller Autorität und allen Leitbildern zu zweifeln.

Selbstverständlich gab es neben Gellert noch andere literarische Persönlichkeiten, so Johann Christoph Gottsched. Er lebte im »Goldenen Bären« am Neumarkt, wo ihm Bernhard Christoph Breitkopf eine Dauerwohnung eingerichtet hatte. Den Studenten der Schönen Wissenschaften wurden Gottscheds *Beiträge zur kritischen Historie der deutschen Sprache, Poesie und Beredsamkeit* an die Hand gegeben. Goethe fand diese Schrift in ihrer geschichtlichen Fundierung zwar brauchbar, aber als »Fächerwerk« der verschiedenen dichterischen Disziplinen lehnte er sie ab, weil sie »den inneren Begriff der Poesie« eigentlich zugrunde richte. Die theoretische Erörterung des »poetischen Genies«, nach der Goethe suchte, wurde zu seinem Leidwesen gar nicht angeboten, sondern vorausgesetzt. So vermochte er mit Gottscheds historischer Literaturkritik letztlich nur sehr wenig anzufangen. Das gleiche galt für die an der Universität Leipzig zum Studium empfohlene *Ars Poetica* von Horaz, die er zwar in ihrer »goldenen« Spruchweisheit im einzelnen ehrfürchtig bewunderte, im ganzen aber kaum zu nutzen wußte.

Goethes Enttäuschung kam aber nicht ganz überraschend. Denn schon bei der Ankunft in Leipzig stieß er mit seinen Neigungen zur Poesie und zu den Sprachen, die er in einem vertraulichen Gespräch mit dem Staatsrechtler und Historiker Böhme hatte durchblicken lassen, auf einiges Unverständnis. Professor Böhme reagierte auf Goethes besondere Wünsche spontan mit einer ernsten Ansprache und ermahnte ihn, gehorsam seine Pflicht zu erfüllen und, gemäß dem Willen der Eltern, die juristischen Studien aufzunehmen. Über die Jurisprudenz könne er auch das Studium der Klassiker betreiben. Von Philologie, Sprachen und insbesondere poetischen Übungen sei ihm als angehendem Jurastudenten im Hauptfach jedoch dringend abzuraten.

Böhme stand bezeichnenderweise in keinem guten Einvernehmen mit Gellert. Vielleicht war aber bei seiner ablehnenden Haltung (er lebte »mit der Poesie überhaupt in Unfrieden«) auch ein wenig Eifersucht und Futterneid mit im Spiel. Die Professoren sahen sich finanziell zumeist auf die Hörergelder der Studenten angewiesen. Sie wachten womöglich aus diesem Grunde sorgsam darüber, daß ein Student nicht schon im ersten Semester die Fakultät wechselte. Und so ganz ungerechtfertigt sind Böhmes etwas polternden, dem fachlichen Absprung des sechzehnjährigen Goethe vorbeugenden Worte wohl nicht gewesen, bedenkt man den Wunsch des Vaters. Goethe hat aus der biographischen Rückschau selbst eingeräumt, auf der Universität »die Zwecke seiner Familie« und sogar seine eigenen versäumt zu haben. (*Dichtung und Wahrheit.* Achtes Buch) Der Vater wollte als gebildeter Privatier und kaiserlicher Rat ausdrücklich, daß der Sohn die akademische Laufbahn ernst nähme und, wie er selbst, zum Doktor beider Rechte promoviere. Doch anstelle einer zielstrebigen juristischen Ausbildung beschäftigten Goethe Erkenntnisse und Erfahrungen in anderen Bereichen. Er bewegte sich gesellschaftlich gern in Kreisen der Naturwissenschaftler. In Leipzig traf er am Mittagstisch im Hause des Hofrats Ludwig, eines Mediziners und Botanikers, fast ausschließlich mit angehenden Ärzten zusammen. Dort hörte er die Namen berühmter Naturforscher: Albrecht von Haller, der in Göttingen als Anatom, Biologe und Dichter in einem wirkte, Karl von Linné, der schwedische Botaniker und wissenschaftliche Nomenklator (Namensgeber), und Georg Louis Leclerc Graf von Buffon, Verfasser der *Naturgeschichte der Tiere.* Hier erfuhr er etwas über die Theorien dieser Autoritäten, mit denen er sich noch eingehend beschäftigen sollte. Nebenbei erwarb er in dieser Runde auch einen Fachwortschatz, auf den er später als Forscher zurückgreifen konnte.

In Straßburg setzte er den Umgang mit Naturwissenschaftlern bei Dr. Salzmann fort, jenem bereits erwähnten, offenbar vermögenden Gerichtsbeamten, der einen Mittagstisch für einen Kreis ausgewählter Studenten eingerichtet hatte. Und wie in Leipzig faszinierten ihn hier vor allem die Mediziner, die den ganzen Tag von ihrer Wissenschaft nicht mehr loskamen, indem sie sich auch nach dem Unterricht lebhaft darüber unterhielten:

»Es liegt dies in der Natur der Sache. Die Medizin beschäftigt den ganzen Menschen, weil sie sich mit dem ganzen Menschen beschäftigt.« (*Dichtung und Wahrheit*, Neuntes Buch)

Goethe erging es später als Naturforscher übrigens ähnlich. Denn hatte ihn ein Thema einmal gefesselt, kam er zeitlebens nicht mehr davon los. Die Fragen des Regenbogens zum Beispiel erörterte er noch wenige Wochen vor seinem Tod brieflich mit Sulpiz Boisserée, dem gelehrten Kunstsammler in München. Auch die bereits erwähnte Diskussion über das Tongeschlecht »Dur« und »Moll« führte er noch als Achtzigjähriger mit Carl Friedrich Zelter, seinem befreundeten musikalischen Berater in Berlin. Doch zurück zu Goethes Studien.

In Straßburg belegte er im zweiten Semester die Fächer Chemie und Anatomie. Sein offizielles Hauptstudium war weiterhin, wie schon in Leipzig, Jura. Doch sein Herz schlug nach wie vor für die Dichtkunst. Aber weil er gerade dort nicht weiterkam, wandte er sich der Malerei zu. Schon oft hatte er die Rede von der »Verwandtschaft der Künste« gehört. Hierauf konnte er sich zu Recht berufen, indem dieses Thema seinerzeit von Theoretikern aufgegriffen wurde. Gotthold Ephraim Lessing hatte Horaz' Ausspruch »ut pictura poesis« – »wie die Malerei, so die Dichtkunst« (*Ars poetica* 316) anhand seiner Schrift *Laokoon oder über die Grenzen der Malerei und Poesie* neu interpretiert, wie sich Goethe in *Dichtung und Wahrheit* erinnert (Achtes Buch). In Leipzig führte ihn Adam Friedrich Oeser in die Geschichte der bildenden Kunst ein. Oeser wirkte bereits seit 1759 in Leipzig, wo er zum Professor der allgemeinen Kunstakademie und Direktor der Zeichnungsakademie ernannt wurde. Oeser machte den jungen Zeichenschüler Goethe mit zahlreichen Kupferstichen und Zeichnungen umfangreicher privater Sammlungen in der historischen Universitäts- und Messestadt bekannt. Dadurch wurde weniger das bildnerische als das poetische Talent des Schülers angeregt. Zeichnungen entstanden damals nicht selten im Anschluß an zeitgenössische Gelegenheitsgedichte. Bei Goethe war das anders. Er schrieb Gedichte zu den Kupferstichen und Zeichnungen, die er durch Oesers Anschauungsunterricht kennengelernt hatte. Und zu den abgebildeten Personen verfaßte er Liedtexte. Auf diese Weise schulte er sich, »die Künste in Verbindung miteinander zu betrachten« (*Dichtung und Wahrheit*. Achtes Buch), eine Konzeption, über die er später in Rom wiederholt mit Johann Heinrich Wilhelm Tischbein, dem befreundeten Maler, diskutierte. (*Italiänische Reise*, Rom, 7. und 20. November 1786)

Später suchte Goethe seine frühen, in die Nähe der Poesie reichenden Übungen aus der Leipziger Zeit systematisch fortzuführen. Er wollte sich über den methodischen Umweg eines Vergleichs von Gesetzen und Regeln aus der Malerei das theoretische Rüstzeug für die Dichtkunst erwerben. Bei diesen Bemühungen kam ihm eigenartigerweise ein Defizit bei seinen manuellen Fähigkeiten in der bildenden Kunst entgegen. Er schreibt hierüber in der *Farbenlehre* (»Confession des Verfassers«) wie auch in seiner Autobiographie. (*Dichtung und Wahrheit*. Zweiter Teil, Sechstes und Achtes Buch)

Schon von Jugend an hatte er – meistens für sich allein – versucht, Naturlandschaften zu zeichnen. Das Umsetzen von Natureindrücken in Bilder fiel ihm aber ziemlich schwer. Als Autodidakt waren seine technischen Mittel nur begrenzt. Doch entwickelte er eine viel größere Leidenschaft als bei der Poesie, die ihm in den meisten Fällen auf Grund seiner natürlichen Begabung sehr leicht von der Hand ging. Um sein passioniertes Landschaftszeichnen dennoch erfolgreich ausführen zu können, achtete er um so aufmerksamer auf die Theorie: »Je weniger also mir eine natürliche Anlage zur bildenden Kunst geworden war, desto mehr sah ich mich nach Gesetzen und Regeln um; ja ich achtete weit mehr auf das Technische der Malerei als auf das Technische der Dichtkunst: wie man denn durch Verstand und Einsicht dasjenige auszufüllen sucht, was die Natur Lückenhaftes an uns gelassen hat.« (*Farbenlehre*, Confession)

Wenig später entdeckte Goethe bei sich ein weiteres Defizit. Er betrachtete damals Kunstwerke und suchte die Beobachtungen durch Gespräche mit Kunstkennern und die Lektüre der entsprechenden Literatur zu vertiefen. Je mehr sich Goethe auf diese Weise in der Malerei fortzubilden suchte, desto schwächer erschienen ihm seine Grundkenntnisse. Er wurde innerlich unruhig. Dieses Gefühl kannte er bereits aus seiner Zeit in Leipzig. Um seiner inneren Unruhe Herr zu werden, machte er spontan eine kleine Kunstreise nach Dresden, die er, ähnlich wie seinen späteren unvermittelten Aufbruch nach Italien, den Freunden gegenüber geheimhielt. Diese improvisierte Reise war wohl durch die Lektüre von Winckelmanns erster Kunstschrift inspiriert worden, die Dresden auf Grund seiner Kunstschätze als »Athen für Künstler« apostrophiert. Nach dem Ausflug, bei dem er die Gemäldegalerie von August II. von Sachsen besucht hatte, bewahrheitete sich für Goethe der alte Denkspruch »Zuwachs an Kenntnis ist Zuwachs an Unruhe« (*Dichtung und Wahrheit. Achtes Buch*).

Inzwischen erinnerte er sich der Aktivitäten seines Vaters. In einem Punkt eiferte er ihm nach: Er faßte eine Italienreise ins Auge: »Je mehr ich nun durch Anschauung der Kunstwerke, insofern sie mir im nördlichen Deutschland vor die Augen kamen, durch Unterredung mit Kennern und Reisenden, durch Lesen solcher Schriften, welche ein lange pedantisch vergrabenes Altertum einem geistigern Anschaun entgegenzuheben versprachen, an Einsicht gewissermaßen zunahm, desto mehr fühlte ich das Bodenlose meiner Kenntnisse und sah immer mehr ein, daß nur von einer Reise nach Italien etwas Befriedigendes zu hoffen sein möchte« (»Confession«).

Außer dem sich abzeichnenden Entschluß zu einer eigenen Italienreise wird in diesem Bekenntnis auch Goethes neue Einstellung zur Antike erkennbar. Sein neues Weltbild der Kunst wurde besonders durch die Lektüre zweier zeitgenössischer Kunsttheoretiker bestimmt: Winckelmann und Lessing. Goethe las Johann Joachim Winckelmanns *Gedancken über die Nachahmung der griechischen Wercke der Mahlerey und Bildhauerkunst* mit Begeisterung wie seinerzeit jeder andere Leipziger Kunstfreund. Die Schrift lenkt das Augenmerk auf die Quellen der Kunstwerke, auf die Schule und schließlich auf die Individualität des Künstlers. Diese Gedanken hatten in Leipziger Kunstkreisen gefruchtet. Goethe erinnert sich: »Alle lebten und wirkten nur in einem Sinne, wenn sie Kunstwerke durchsahen: immer kam, billigerweise, die Schule in Betracht, aus welcher der Künstler hervorgegangen, die Zeit, in der er gelebt, das besondere Talent, das ihm die Natur verliehen, und der Grad, auf welchen er es in der Ausführung gebracht.« (*Dichtung und Wahrheit.* Achtes Buch)

Als Zeichenschüler Adam Friedrich Oesers kam Goethe auch mit dem geistigen Vater der genannten Schrift Winckelmanns zusammen. Diese Begegnung war seinerzeit nicht unwichtig. Denn Winckelmanns ironisierender und sehr persönlich gehaltener Schreibstil hatte die Botschaft seiner epochemachenden Kunstschrift kompliziert: »allein weil Oeser viel Einfluß darauf gehabt, und er das Evangelium des Schönen, mehr noch des Geschmackvollen und Angenehmen auch uns unablässig überlieferte, so fanden wir den Sinn im allgemeinen wieder und dünkten uns bei solchen Auslegungen um desto sicherer zu gehen, als wir es für kein geringes Glück achteten, aus derselben Quelle zu schöpfen, aus der Winckelmann seinen ersten Durst gestillt hatte.« (*Dichtung und Wahrheit.* Achtes Buch)

Goethes neue Einstellung zur Antike wurde zudem durch die bereits erwähnte Laokoon-Schrift Lessings angeregt. Die Abhandlung – eigentlich entstanden aus Widerspruch zu einer Stelle bei Winckelmann (eine etwas geringschätzige Bemerkung über Laokoons Todeskampf in Vergils *Aeneis*) – aktualisierte die antike Kunstbetrachtung des klassizistischen Zeitalters. Aber eine Reise nach Griechenland konnte sich seinerzeit kaum jemand leisten. Doch es gab einen Ersatz, eine Art »deutsches

Athen« in Dresden, Düsseldorf oder Mannheim, wo die Nachbildungen griechischer Skulpturen gezeigt wurden. Der Antikensaal in Mannheim, in der von Kurfürst Carl-Theodor gegründeten Zeichnungsakademie, wurde unter diesem Blickwinkel
von Christoph Martin Wieland zu den Hauptattraktionen des
»deutschen Athens« gezählt. Die Gipsabgüsse dienten den angehenden bildenden Künstlern zur Schulung. Die Blütezeit des
Mannheimer Antikensaal dauerte von 1770 bis 1790. (Zur selben Zeit wirkten dort auch die Meister der »Mannheimer
Schule«. Und 1777 und 1778 besuchte Mozart Mannheim.)

Goethe besuchte 1771 bereits zum zweiten Mal die »Mannheimer Schule des Sehens«. Von der Laokoongruppe war er am
nachhaltigsten beeindruckt; er bekam allerdings die seinerzeit
noch etwas veränderte restaurierte Fassung zu sehen: »Auf Laokoon jedoch war meine größte Aufmerksamkeit gerichtet.«
(*Dichtung und Wahrheit.* Drittes Buch) Nach der Lektüre von
Lessings Schrift begeisterte er sich von neuem, indem er stell-
vertretend auch für seine Altersgenossen bekannte: »Man muß
Jüngling sein, um sich zu vergegenwärtigen, welche Wirkung
Lessings Laokoon auf uns ausübte, indem dieses Werk uns aus
der Region eines kümmerlichen Anschauens in die freien
Gefilde des Gedankens hinriß.« (*Dichtung und Wahrheit.* Achtes
Buch)

Goethe war also durch praktische Kunstbetrachtungen und
eine Schulung im kunsttheoretischen Denken auf seinen geplanten Italienbesuch gründlich vorbereitet. Den Aufenthalt hatte er
sich sehnlichst gewünscht und zuletzt kaum abwarten können.
Am 1. November 1787 schreibt er aus Rom, dem Mittelpunkt
seiner Kunstreise: »Ja die letzten Jahre wurde es eine Art von
Krankheit, von der mich nur der Anblick und die Gegenwart hei-
len konnte. Jetzt darf ich es gestehen; zuletzt durft' ich kein
lateinisch Buch mehr ansehen, keine Zeichnung einer italiänischen Gegend. Die Begierde, dieses Land zu sehen, war über-
reif.«

9.
Römisches und hellenisches Strukturdenken
Geistige Urstoffe oder »colossale Gegner«

Nachdem Goethe die Alpen überquert hatte, bemerkte er, daß er in Italien »von Grund aus anfangen müsse, alles bisher Gewähnte wegzuwerfen und das Wahre in seinen einfachsten Elementen aufzusuchen«. (»Confession«) Das Schlüsselwort »Element« – hier als Bestandteil der Wahrheit verstanden – gebraucht Goethe auch im Zusammenhang mit der Kunst. So erinnert er sich, wie es ihm erst durch Studien und Gespräche mit Kennern und Künstlern vor Ort möglich wurde, »die Kunst überhaupt einzuteilen, ohne sie zu zerstückeln, und ihre verschiedenen, lebendig ineinander greifenden Elemente gewahr zu werden.« Goethe versteht die »Elemente« hier offenbar als die geistigen Urstoffe der Kunst. Doch »Elemente« sind in Goethes Sprachgebrauch gelegentlich auch Urstoffe der Natur. In solchem Zusammenhang benennt er sie als »colossale Gegner« des Menschen.

Wie kommt es zu solchem unterschiedlichen Sprachgebrauch, der unter anderem den fundamentalen Kontrast von Kunst und Natur widerspiegelt? Goethes wissenschaftliche Neugier richtet sich insbesondere in seinen »Lehrgebäuden« auf das Erforschen der Elemente als Struktur in den Naturwissenschaften wie in der bildenden Kunst und der Musik. Goethe hat in diesem Falle das Wort »Element« gemäß seiner Herkunft aus dem lateinischen Alphabet als zentralen geistigen Urstoff gebraucht. Als die arithmetische Mitte der Buchstabenkette von 23 Gliedern ergibt sich aus den phonetisch geschriebenen Konsonanten LMN die lateinische Vokabel »el-em-en-tum«, deutsch das Element. Sie verkörpert auf Grund ihrer Herkunft aus der Mitte des Alphabets buchstäblich den geistigen Urstoff sprachlich geometrischen Denkens.

Das »El-em-en-tum« aus der Mitte des lateinischen Alphabets

1	2	3	4	5	6	7	8	9	10	**11**	**12**	**13**	14	15	16	17	18	19	20	21	22	23
A	B	C	D	E	F	G	H	I	K	**L**	**M**	**N**	O	P	Q	R	S	T	U	V	X	Z
1	2	3	4	5	6	7	8	9	10	**L**	**M**	**N**	1	2	3	4	5	6	7	8	9	10

In eben diesem Sinne hat Goethe das Wort »Element« wiederholt gebraucht. Als er nach Italien kam, sah er sich gezwungen, wie schon erwähnt, von vorn anzufangen »und das Wahre in seinen einfachsten Elementen aufzusuchen«. In einem Entwurf zur Rechtfertigung der *Farbenlehre* (»Confession des Verfassers«) findet sich die Überschrift »Bemühung die Elemente der Künste zu finden«. Vom »Kunstelement« ist insbesondere in den Berichten aus Rom, der »Weltstadt der Kunst und der Musik« die Rede. »Kein Tag vergeht, daß ich nicht in Kenntniß und Ausübung der Kunst zunehme. Wie eine Flasche sich leicht füllt, die man offen unter das Wasser stößt, so kann man sich hier leicht ausfüllen, wenn man empfänglich und bereitet ist; es drängt das Kunstelement von allen Seiten zu.« (*Italiänische Reise*. Rom 11. August 1787)

Als Goethe später in Weimar zwei begabte junge Männer, die zur Bühne wollten, persönlich zu Schauspielern ausbildete, besann er sich wieder auf seine in Italien erprobte Strategie, bei den Elementen anzufangen. Genauso verfuhr er jetzt auch bei dieser improvisierten pädagogischen Aufgabe, indem er »die Kunst in ihren einfachsten Elementen entwickelte, und sich an den Fortschritten beider Lehrlinge emporstudierte« (*Tag= und Jahreshefte,* 1803)

Goethes Gebrauch des Begriffs »Element« im poetisch musikalischen Sinne kulminiert in der Beschreibung einer Episode aus dem Jahre 1805 *(Tag= und Jahreshefte)*. Er schildert in diesem autobiographischen »Bekenntnis« einen Besuch in Halberstadt, wo er den »Freundschaftstempel« Wilhelm Ludwig Gleims besichtigte. Goethe hatte den zwei Jahre zuvor verstorbenen Schriftsteller stets hochgeschätzt als einen Poeten voller Würde und Großmut. Als Goethe jetzt Gleims Portraitsammlung in dem besagten Freundschaftstempel betrachtete, wurde er in einem Punkt ziemlich enttäuscht. Er sah dort »über hundert Poeten und Literatoren, aber unter diesen keinen einzigen Musiker und Komponisten«. Das war für ihn kaum zu fassen, zumal Gleim eigenen Worten zufolge »nur im Singen zu leben und zu atmen schien«. An dieser Stelle ändert Goethe den vorwiegend nüchtern knappen Stil der *Tag= und Jahreshefte*, indem er, offenbar etwas trotzig, ein persönliches Bekenntnis zum verwandtschaftlichen Verhältnis von Musik und Dichtung ablegt und die Tonkunst als das »wahre Element« und den Ursprung aller Dichtung apostrophiert: »Wie? sollte der Greis, der, seinen Äußerungen nach, nur im Singen zu leben und zu atmen schien, keine Ahnung von dem eigentlichen Gesang gehabt haben? von der Tonkunst, dem wahren Element woher alle Dichtungen entspringen und wohin sie zurückkehren?« *(Tag= und Jahreshefte.* 1805)

»Element« ist diesem Sprachgebrauch zufolge ein geistiger Urgrund. Goethes Gleichsetzung von »Element« und Tonkunst signalisiert, daß Musik – als Kunst – somit keine (periphere) Nebensache ist, sondern namentlich im Zusammenhang mit der Poesie, Ursprung und Orientierung in einem bedeutet (»woher alle Dichtungen entspringen und wohin sie zurückkehren«).

Musik ist für Goethe ebenso »Kunst- wie Naturelement«, eine Verbindung, die uns noch einmal im Zusammenhang eines symbolischen Vergleichs mit der Biologie begegnet. Goethe spricht von der Musik als einer Synthese aus Natur und Kunst aus einer Erinnerung an ein Konzert: »Ferner hab' ich zu rühmen, welchen vorzüglichen Genuß mir ein Hermstädtisches Concert und

Privat = Exhibition gegeben, da, von musikalischen Freunden lange Zeit entfernt, ich diesem herrlichen Kunst = und Naturelement beinahe entfremdet worden.« (*Tag = und Jahreshefte.* 1816)

Einen ganz anderen Sinn hat der Begriff »Element« in Goethes naturwissenschaftlichem Denken. Dort ist er meistens in der Mehrzahl gebraucht und bezeichnet die Urkräfte der Natur. Innerhalb einer Reihe physikalischer Vorträge erklärte Goethe den Ursprung der quadruplen Einteilung der Elemente der Natur (Luft, Feuer, Wasser, Erde) als eine teilweise »naturgemäße Verdoppelung der Gegensätze« wie bei den »Weltgegenden« [Norden–Süden, Osten–Westen] »Jahreszeiten« [Frühling–Sommer, Herbst–Winter], »Temperamenten« [Sanguiniker–Melancholiker, Choleriker–Phlegmatiker]. (*Zur Naturwissenschaft.* Atomismus, Dynamismus, 1805) Mit dem Satz »Selbst die Alten sahen die Elemente nicht als das Letzte an.« und vor allem mit seinen Überlegungen, die Elemente noch zu zerlegen, tastet sich Goethe bereits an die erst im zwanzigsten Jahrhundert (von Hans A. Bethe, Carl Friedrich von Weizsäcker, William A. Fowler) durchgeführte Erforschung der (astrophysisch) chemischen Elemente heran.

Bei den meisten naturwissenschaftlichen Aussagen versteht Goethe die »Elemente« jedoch noch tellurisch (auf die Erde bezogen), und in dieser Sicht als Symbol für die Feinde des Menschen. Nehmen wir als Beispiel seinen *Versuch einer Witterungslehre.* Ein Kapitel ist überschrieben: »Bändigen und Entlassen der Elemente«. Goethe, damals sechsundsiebzig Jahre alt, bezieht den besagten Begriff hier auf die Naturkräfte, die er als die ewigen Gegner des Menschen ansieht. Nur durch geistige Anstrengung vermag sich der Mensch seiner »Feinde« zu erwehren und sie zu unterwerfen: »Es ist offenbar, daß das, was wir Elemente nennen, seinen eigenen wilden wüsten Gang zu nehmen immerhin den Trieb hat. Die Elemente daher sind als colossale Gegner zu betrachten, mit denen wir ewig zu kämpfen haben, und sie nur durch die höchste Kraft des Geistes, durch Muth und List, im einzelnen Fall bewältigen. Die Elemente sind die Willkür selbst zu nennen« (*Versuch einer Witterungslehre.* 1825)

Der Kampf der Menschen gegen die Elemente ist auch einmal Thema in dem von Goethe gegründeten Kunstwettbewerb »Weimarer Preisaufgaben«. Das Thema für das Jahr 1804 formulierte er: »Das Menschengeschlecht vom Element des Wassers bedrängt«, wobei er offensichtlich an Raphael als Vorbild dachte: »Wenn Menschen gegen Elemente kämpfen oder von solcher Gewalt bedrängt, sich zu retten suchen, finden sich immer die günstigen Gegenstände für bildende Kunst. Raphael gewann auf diesem Felde den Stoff sowohl zur Sündfluth als zum Brand des Borgo.« (*Schriften zur Kunst.* 1810–1816)

Goethe verwendet »Element« in der Bedeutung eines gefährlichen Gegners auch in seinen Dichtungen. »Das Element wüthet unaufhaltsam« durch die Feuersbrunst in der *Novelle.* Und in dem Festspiel *Pandora* ist das »Element, wie das Thier, zum Gränzenlosen übermüthig rennend«.

Eine Ausnahme jedoch machte Goethe in der »Classischen Walpurgisnacht« im erst kurz vor seinem Tode fertiggestellten zweiten Teil der Tragödie *Faust.* Unter dem Eindruck zeitgenössischer naturwissenschaftlicher Schriften verarbeitete Goethe Meinungen und Gegenmeinungen, so daß der Faust stellenweise zu einem »Kollektivwerk« geriet, wie der Göttinger Goethe-Forscher, Albrecht Schöne, nachweist. Im Gespräch zwischen Anaxagoras, dem »Feuerphilosophen«, und Thales, dem »Wasserphilosophen«, erhalten die in der *Witterungslehre* noch feindlichen Elemente lebenspendende Eigenschaften: »Durch Feuersbrunst ist dieser Fels zu Handen. / Im Feuchten ist Lebendiges entstanden.« (7855 f.) Der Chor der Sirenen, verstärkt durch den Gesamtchor (»All Alle«), singt zum Aktschluß allen vier Elementen ein Preislied:

Heil dem Wasser! Heil dem Feuer!
Heil dem seltnen Abentheuer!
Heil den mildgewogenen Lüften!
Heil den geheimnißreichen Grüften!
Hochgefeiert seid allhier,
Element' ihr alle vier! (8461 ff.)

Zurück zur Bedeutung von »Element« als Gegner des Menschen. Sie kommt offenbar aus dem Griechischen. Auch die
Buchstabenkette des griechischen Alphabets repräsentiert zwar
als »die Buchstaben« (τὰ στοιχεῖα) in derselben Art wie das lateinische *elementum* den geistigen Stoff unseres Schriftvermögens.
Doch geht das Wort nicht wie im Lateinischen von der Einzahl
aus. Es ist auch nicht so präzise auf das Zentrum bezogen, sondern pauschal auf die Mehrzahl und meint offenbar den gesamten Letternvorrat. Neben diesem geistigen Element gibt es im
Griechischen aber auch noch ein anderes Wort, das die Elemente
als Naturkräfte bezeichnet: αἱ ἀρχαί, deutsch: die Anfänge. Goethe
gebraucht die »Elemente« in seinem naturwissenschaftlichen
Denken offensichtlich in dieser anderen griechischen Wortbe-
deutung, wenn er von wüsten Kräften spricht. Dies gemahnt
denn auch an den Anfang der Genesis, in der Übersetzung Martin Luthers: »Am Anfang erschuf Gott Himmel und Erde. Aber
die Erde war wüst und leer.« Womöglich wird hier auch musikalisch eine Erinnerung wachgerufen. Die instrumentale Einleitung in Haydns Oratorium *Die Schöpfung* (Text: van Swieten,
nach Lidley-Milton) ist betitelt: »Vorstellung des Chaos«.

Goethe war von Jugend an polyglott. »Vielschreiberei in mehreren Sprachen, durch frühzeitiges Dictiren begünstigt«, bemerkt er über seinen ersten Lebensabschnitt von 1749 bis 1764,
den er in Frankfurt verbrachte (*Tag= und Jahreshefte*). Als er
dort auf Betreiben des Vaters in einem vierwöchigen Intensiv-
kurs Englisch lernen und diese Kenntnisse zusammen mit den
bereits vorher betriebenen Sprachstudien pflegen sollte, drohte

er sich zu verzetteln. Um dieser Gefahr zu entgehen, erfand er einen didaktischen Roman. Seine Hauptpersonen sind sechs, sieben in aller Welt verstreut lebende Geschwister, die sich Briefe schreiben, jeder in einer anderen Sprache: Deutsch, Englisch, Französisch, Italienisch, »Judendeutsch« (zu dessen schriftlicher Beherrschung Goethe jetzt Hebräisch lernte), Lateinisch und im Postskript auch Griechisch. (*Dichtung und Wahrheit.* Viertes Buch) Als Autor dieses polyglotten Briefromans übte sich Goethe seinerzeit spielerisch in mehreren Sprachen, ohne sie dabei zu vermischen.

In Leipzig wurde er durch Johann Georg Schlosser, den sprachgewandten Prinzenerzieher und späteren Schwager, zur Produktion deutscher, französischer, englischer und italienischer Gedichte angeregt (*Dichtung und Wahrheit.* Siebentes Buch). Mit Vorliebe bediente er sich in seinen wissenschaftlichen und biographischen Schriften lateinischer und griechischer Sentenzen. Er übersetzte Denis Diderots *Neveu de Rameau* (Rameau's Neffe, 1804/1805) und *Essai sur la peinture* (Diderot's Versuch über die Mahlerei. Übersetzt und mit Anmerkungen begleitet. 1798/1799).

Goethes differenzierter Gebrauch der Vokabel »Element« im Sinne des historischen römischen beziehungsweise hellenischen Strukturdenkens fußt womöglich auf seinen früh erworbenen Kenntnissen lebendiger und sogenannter toter Sprachen.

Kehren wir noch einmal zu den »Nachbarlichen Verhältnissen« in der *Farbenlehre* zurück. Im Zusammenhang mit dem Plane zu einer *Tonlehre* gebraucht Goethe den Begriff »Element« jetzt anders als unter dem Eindruck seines Besuches in Gleims Freundschaftstempel. Er spricht in dem besagten Kapitel der *Farbenlehre* über die Schwierigkeit, die aus vielfältigen Quellen entstandene Musik »physikalisch zu behandeln und in ihre ersten Elemente aufzulösen« (*Zur Farbenlehre.* Didaktischer Theil. § 750). Er befürchtet, daß solches Verfahren die Musik eigentlich »zerstöre«. Die »Elemente« sind hier offensichtlich im Sinne des griechischen »die Anfänge« (ἀρχαί) gebraucht.

Goethe scheute das einseitig an der Physik orientierte Abhandeln der Tonkunst, obwohl er ursprünglich gerade dieses Verfahren erwogen hatte: »So würde die Tonlehre, nach unserer Überzeugung, an die allgemeine Physik vollkommen anzuschließen sein.« (*Zur Farbenlehre*. Didaktischer Theil. § 749) Auf das weitgehende Ausklammern der Physik ist wohl zurückzuführen, daß die *Tonlehre* trotz jahrelanger Bemühungen unvollendet geblieben ist. Goethe erinnert sich gegenüber Zelter: »Die Tabelle der Tonlehre ist nach vieljährigen Studien und, wenn Du dich erinnerst, nach Unterhaltungen mit Dir etwa im Jahre 1810 geschrieben. Ich wollte den Forderungen an einen physikalischen Vortrag keineswegs genugtun, Umfang und Inhalt aber mir selbst klar machen und anderen andeuten; ich war auf dem Wege, in diesem Sinne die sämtlichen Kapitel der Physik zu schematisieren.« (Weimar, den 9. September 1826)

Um die Tonkunst aber in einem eigenen »wissenschaftlichen Gebäude« unterbringen zu können, mußte sich Goethe als denkender Forscher offenbar um so stärker anderen faßbaren Sparten der Musik zuwenden.

95

10.

Das Geheimnis der »Hervorbringung« liegt zwischen zwei Hypothesen
An den Grenzen menschlicher Vorstellungskraft

Nach der ihm seinerzeit schwergefallenen Trennung von der römischen Kunstmetropole suchte Goethe sich durch schöpferische Tätigkeit abzulenken. Er schrieb zur gleichen Zeit an drei Aufsätzen über Themen, mit denen er sich in Italien vor Ort beschäftigt hatte: »Kunst«, »Natur« und »die menschliche Gesellschaft«. Die letztere Arbeit bildet gewissermaßen die Synthese der beiden ersten Themen: »ein drittes ..., was weder Kunst noch Natur sondern beides zugleich ist. Ich verstehe die menschliche Gesellschaft.« (*Zur Morphologie.* Verfolg. Schicksal der Handschrift) Es entstanden damals die Schriften: *Über Kunst, Manier und Stil, Versuch die Metamorphose der Pflanzen zu erklären* und *Das römische Carneval.*

Mit der mittleren Schrift begann Goethe seine Laufbahn als wissenschaftlicher Autor. Er sollte bei dieser Veröffentlichung die gleiche Erfahrung wie bei seinen ersten dichterischen Arbeiten machen. Sie fand nicht nur freundliche Aufnahme. Offenbar ziemlich enttäuscht, kehrte er sich, wie schon öfters bei bestimmten Irritationen, gewissermaßen ganz nach innen. Kommunikationsschwierigkeiten mit dem Lesepublikum gab es auch bei den späteren Veröffentlichungen. Goethe sah sich auf dem wissenschaftlichen Feld weitgehend unverstanden: »Ich ward gleich anfangs auf mich selbst zurückgewiesen; doch hier deuten die ersten Hindernisse leider gleich auf die späteren, und noch bis auf den heutigen Tag lebe ich in einer Welt, aus der ich wenigen etwas mitteilen kann.« (*Zur Morphologie.* Verfolg.

Schicksal der Handschrift) Doch worin gründen sich diese Verständnisschwierigkeiten, die wohl auch nach seinem Tod nie ganz behoben wurden?

Goethe hat die Aufnahme seiner wissenschaftlichen Erstschrift in mehreren Kapiteln zur *Morphologie* ausführlich beschrieben. (»Schicksal der Handschrift«, »Schicksal der Druckschrift«, »Drei günstige Rezensionen«, »Andere Freundlichkeiten«.) Dieser Nachbereitung zufolge wurde er – alles in allem – gründlich verkannt. Seine Denkweise lag offensichtlich »außerhalb dem Gesichtskreise seiner Zeit«. Zudem wollte das zeitgenössische Lesepublikum dem Autor des *Werthers*, der *Iphigenie auf Tauris*, des *Egmont* nicht ohne weiteres zugestehen, sich auch einmal auf anderem Feld zu betätigen. Ein wohlwollender Gelehrter riet ihm ab, die »ewig blühenden Felder der Poesie mit botanischen Gärten und Gewächshäusern« zu vertauschen. Fruchtbare fächerübergreifende Zusammenarbeit war offenbar noch weitgehend unbekannt. Die einzelnen Disziplinen sonderten sich ab und zersplitterten sich obendrein. Offenbar ganz schlecht war es um die wissenschaftliche Theorie bestellt. Nur ein Hauch davon erregte schon Furcht. »Denn seit mehr als einem Jahrhundert hatte man sie wie ein Gespenst geflohen.« Nicht ohne Bitterkeit stellte Goethe fest: »Poesie und Wissenschaft erschienen als die größten Widersacher.« Die Forscher gingen bei ihren Beobachtungen, wie Goethe wiederholt berichtet, im Grunde konzeptionslos vor. Sie beschränkten sich auf das Erstellen der Nomenklatur und Terminologie. Die allgemeine Unfähigkeit, wissenschaftliches Arbeiten im Zusammenhang einer Idee zu begreifen, mußte er bei vielen Mißdeutungen seiner *Metamorphose der Pflanzen* erfahren. Sein Vordringen zu den Strukturelementen in Poesie, Kunst und Natur und zu den übergeordneten Gesetzen konnten die Zeitgenossen offenbar kaum nachvollziehen. Die Schrift wurde mit entsprechenden poetischen Schilderungen bei Ovid verglichen oder als verdeckte praktische Anleitung für die Marmorplastiker zur richtigen Nachahmung rankender Blumenverzierungen oder anderen Zierates angesehen (»Andere Freundlichkeiten«, »Schicksal der Druckschrift«).

Goethes schon früh geübtes fachübergreifendes Denken ist besonders in drei zusammenhängenden Kapiteln dokumentiert (*Zur Morphologie. I. Theil. Verfolg*). Er beschäftigt sich dort mit dem Botaniker Caspar Friedrich Wolff (nach Goethes Schreibweise »Wolf«). Das erste Kapitel, eine Lebensskizze, weist diesen Gelehrten bereits im Titel als Ideenspender aus: »Entdeckung eines trefflichen Vorarbeiters«. Die Kurzbiographie enthält auch Goethes Bekenntnis, daß er »seit mehr als fünfundzwanzig Jahren, von ihm und an ihm gelernt habe«. Dieser Einfluß scheint sich unter anderem in der Gliederung »Didaktisch, Polemisch, Historisch« in Goethes *Farbenlehre* niedergeschlagen zu haben. Die entsprechende Einteilung hatte nämlich Wolff schon bei der Veröffentlichung seiner Vorlesungen über den Begriff der »Generation« vorgenommen.

Eine noch wichtigere Anregung erhielt Goethe durch Wolffs Grundlagenforschung zur Entwicklungsgeschichte. Goethe zählt zu den Mitbegründern der sogenannten genetischen Methode, wie Rudolf Virchow, der Zellularpathologe, 1861 dargelegt hat in: *Göthe als Naturforscher und in besonderer Beziehung auf Schiller.* Goethe erläutert in einem besonderen Kapitel der Schriften zur Morphologie die »Genetische Behandlung«. (Ein dort verwendetes Beispiel aus dem Städtebau taucht später im Briefdialog mit Carl Friedrich Zelter wieder auf.) Doch die genetische Methode geht ursprünglich auf Caspar Friedrich Wolff zurück. Der anfänglich in Breslau und Berlin, später in St. Petersburg als Anatom und Physiologe wirkende Wissenschaftler hatte bereits in jungen Jahren in der Dissertation *Theoria generationis* (1759) die bisher vorherrschende »Einschachtelungs-« oder »Präformationstheorie« in Frage gestellt. Nach dieser Lehrmeinung seien alle Lebewesen bereits in den Geschlechtszellen vorgebildet (»ineinandergeschachtelt«) und würden sich nach der Befruchtung lediglich entfalten. Wolff erbrachte jedoch experimentell an bebrüteten Hühnereiern den Nachweis, daß die Entwicklung des Embryos nicht nur aus einem Auswachsen der im Ei bereits vorgebildeten Teile besteht, sondern daß die Embryonen eine Reihe von Neubildungen aufweisen, die erst durch die Befruchtung veranlaßt werden. Auf diesen Forschungsergebnissen fußt die Postformations- oder Epigenesistheorie. Wolffs Beitrag zur Entwicklungsgeschichte war seiner Zeit zweifellos weit voraus. Seine Theorie wurde jedoch zunächst verkannt. Zu ihren Gegnern zählte der in Göttingen wirkende Gelehrte Albrecht von Haller. Goethe hatte als Student in Leipzig, wie wir schon erfuhren, diesen illustren Namen beim akademischen Mittagstisch in den Gesprächen mit Medizinern gehört. Wahrscheinlich war ihm damals auch Hallers Schlagwort zu Ohren gekommen: »Nil noviter generari« (Nichts wird neu gezeugt). Trotz solcher Ablehnung sollte Goethe ein unbeirrbarer Anhänger Wolffs werden. Der »genetischen« Methode dieses Mediziners hat er später durch seine eigene weiterführende Forschung zu Ansehen verholfen.

Goethe war ganz besonders von Wolffs Ansicht der »Pflanzenbildung« angetan, die innerhalb eines Aufsatzes *Über die Bildung des Darmkanals im bebrüteten Hühnerei* (postum 1812, aus dem Lateinischen übersetzt von dem Physiologen Johann Friedrich Meckel, 1781–1833) behandelt ist. Aus diesem Aufsatz zitiert Goethe einen längeren Abschnitt (*Zur Morphologie. Verfolg. Caspar Friedrich Wolf über Pflanzenbildung*) und fügt unter der Überschrift »Wenige Bemerkungen« einige Ergänzungen hinzu. Als Anhänger der Postformations- oder Epigenesistheorie befürwortet er zunächst Wolffs Verfahren, anhand mikroskopischer Untersuchungen die Neubildungen der Embryonen zu verfolgen. Goethe kritisiert jedoch, daß der verdienstvolle Forscher bei der Pflanzenverwandlung ein fundamentales Prinzip nicht erkannte.

Wolff habe nämlich übersehen, daß »Zusammenziehen und Verkleinern« – in Goethes *Metamorphose der Pflanzen* eben das fundamentale Prinzip – mit einer »Ausdehnung« abwechsle. Der Ausdehnung – dem Wachstum bis zur Blüte zum Beispiel – folgt das Zusammenziehen, wenn sich die Frucht bildet. Wolff habe diesen Weg zur Vollendung in der Pflanzenbildung irrtümlich einer Verkümmerung zugeschrieben und auf diese Weise verkannt, daß es sich beim Zusammenziehen der Pflanzen in Wahrheit um eine »Veredelung« handele. Durch solche Irrtümer sei auch der Weg zur Erkenntnis der Metamorphose bei den Tieren versperrt worden.

Goethe nennt hier fast beiläufig den Schlüssel zum Verständnis seiner »Metamorphose« (»Verwandlungslehre«). In einem nachgelassenen Aphorismus hat er die Bedeutung dieses Begriffs aus der Morphologie (Gestaltenlehre, von griechisch ἡ μορφή, deutsch: die Gestalt) erklärt. Zunächst bekräftigt er noch einmal sein bereits in den »Wenigen Bemerkungen« bekundetes Einverständnis mit Wolffs Grundmaxime, »daß man nichts annehmen, zugeben und behaupten könne, als was man mit den Augen vorzuzeigen im Stande sei«:

»Morphologie ruht auf der Überzeugung daß alles was sei sich auch andeuten und zeigen müsse. Von den ersten physischen und chemischen Elementen an, bis zur geistigen Äußerung des Menschen lassen wir diesen Grundsatz gelten.«

Mit dieser Formulierung erfaßt Goethe sowohl die Bausteine der Natur (»erste physische und chemische Elemente« – im Sinne des griechischen αἱ ἀρχαί, deutsch: die Anfänge) als auch die der Wissenschaft und Kunst (»geistige Äußerung des Menschen« im Sinne des lateinischen »EL-EM-EN-TUM«). Nach solcher Feststellung zur äußeren Gestalt wendet sich Goethe auch der inneren zu: »Die Gestalt ist ein bewegliches, ein werdendes, ein vergehendes. Gestaltenlehre ist Verwandlungslehre. Die Lehre der Metamorphose ist der Schlüssel zu allen Zeichen der Natur.«

Die innere Gestalt zeigt sich somit als ein Prozeß der Verwandlung. Morphologie wird unter diesem Gesichtspunkt also mit Metamorphose gleichgesetzt (»Gestaltenlehre ist Verwandlungslehre«). Mit dem Bekenntnis »Die Lehre der Metamorphose ist der Schlüssel zu allen Zeichen der Natur«, kennzeichnet Goethe sein System als universales Denkgebäude.

Auf den Begriff der Metamorphose kommt Goethe auch in dem Aufsatz *Bildungstrieb*, veröffentlicht 1820, zu sprechen. Die kurze Abhandlung zur Morphologie entstand nach der Lektüre von Immanuel Kants *Kritik der Urtheilskraft* (ii. Teil, § 81), die sich mit Johann Friedrich Blumenbachs Schrift *Über den Bildungstrieb und das Zeugungsgeschäft* (Göttingen 1781) befaßt. Kant ist überzeugt, daß durch das Wirken des wissenschaftlich bahnbrechenden Zoologen Blumenbach (1752–1840) die Epigenesistheorie (oder »Postformationstheorie«) entscheidend gestützt wurde. Goethe nennt Kant in diesem Zusammenhang »gewissenhaft«. Und Kants Zeugnis über Blumenbach veranlaßte Goethe, die besagte Schrift erneut zu lesen. Beim ersten Kennenlernen hatte er sie innerlich noch nicht verarbeitet. Jetzt erkannte Goethe den wissenschaftlichen Stellenwert seines Mentors Caspar Friedrich Wolff. Dieser sei nämlich der Mittelsmann zwischen Haller, dem schon erwähnten Biologen in Göttingen, und Blumenbach, dem Zoologen. Blumenbach habe, wie Goethe darlegt, die epigenetische Theorie Wolffs weitergeführt, indem er das Organische (von dem Wolff annimmt, daß es sich bei allem, was sei, auch zeige) durch den Begriff »Bildungstrieb« (von lateinisch »nisus formativus«) anthropomorphisierte (mit menschlichen Eigenschaften belegte). Dies veranlaßte Goethe, die einander entgegengesetzten Theorien über die Hervorbringung des Lebens, die Präformationstheorie und die Postformationstheorie, erneut zu überdenken. Er kommt schließlich zu der Feststellung, daß der Begriff des »Bildungstriebs« nicht ohne den der Metamorphose zu fassen sei. Die Bedeutung dieses Begriffs in Goethes wissenschaftlichem Denken wird hierdurch abermals unterstrichen. Goethe beendet seinen Aufsatz mit einem Schema, das in dialektisch polarisierender Form die Idee der Metamorphose veranschaulicht und zum Nachdenken anregen solle:

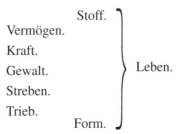

Der Leser fragt sich vielleicht, was die Erörterung der morphologischen Schrift *Die Metamorphose der Pflanzen* denn mit der Musik zu tun habe. Tatsächlich hat Goethe die Botanik mit der Musik in einem bestimmten Punkt verglichen. Von der Verwendung des Beispiels vom Städtebau aus der »Genetischen Behandlung« im musikalischen Dialog mit Zelter wurde bereits gesprochen. Dort wurden auch Begriffe aus dem Schema des Aufsatzes *Bildungstrieb* wiederaufgegriffen. Und solcher Beziehungen wegen müssen wir zunächst noch einige (vor- und nachbereitende) Aufsätze Goethes zur Pflanzenkunde berücksichtigen, bevor die *Tonlehre* und ihr musikalisches Umfeld allmählich in den Mittelpunkt der Betrachtungen rücken.

Der *Metamorphose der Pflanzen*, veröffentlicht 1790, gingen mehrere Vorarbeiten voraus, darunter eine »Einleitung«. Den Herausgebern der *Sophienausgabe«*, Rudolf Steiner und Bernhard Suphan, zufolge kommt dem Entwurf eine besondere Bedeutung zu; denn wie an keiner anderen vergleichbaren Stelle entwickelt Goethe in dieser Fassung seine wissenschaftliche Denkweise. Ihre Erläuterung ist auch im Hinblick auf die *Tonlehre* nützlich, insofern als Goethe in den ausgeführten Teilen seines musikalischen Denkgebäudes auf die in der *Metamorphose der Pflanzen* angewandten Methoden zurückgreift.

In den genannten Vorarbeiten beschäftigt sich Goethe mit Hypothesen, die einander entgegengesetzt sind. Sein erklärtes Ziel in der *Metamorphose* ist der »Versuch alle Pflanzen auf einen Begriff zurückzuführen«. *(Zur Morphologie. Verfolg.* {Frühere} Einleitung) Diese Aufgabe erwies sich jedoch als schwierig, im Grunde sogar unmöglich. Der menschliche Verstand sei kaum fähig, gewisse Phänomene anders als mit Hilfe der Präformationstheorie zu begreifen. Die Theorie selbst, so fügt Goethe einschränkend hinzu, bleibe dem Menschen jedoch unbegreiflich. Dieser Gedanke kam ihm übrigens schon in Italien. In den auf kleinen Zetteln aufnotierten morphologischen Studien, die Goethe damals über das »Wesen der Pflanzen« machte, findet sich der Satz: »*Praeformation* ein Wort das nichts sagt, wie kann etwas geformt seyn eh es ist« *(Zur Morphologie. Paralipomena* i. *Morphologische Studien in Italien).*

Zurück zu der »früheren Einleitung«. Nach seiner bedingten Befürwortung der Präformationstheorie führt Goethe am Beispiel des »Rohrkeims« einen Beleg für die Epigenese (Postformationstheorie) ins Feld. Anhand dieser Gegenüberstellung der beiden Theorien zeigt Goethe jetzt, wie der »Begriff vom Hervorbringen« am Ende immer zwischen beiden Hypothesen anzusiedeln sei. Aber auch dies müsse relativiert werden, weil sich Wahrnehmung entweder auf die entwickelten oder ausgebildeten Teile richte: »Im Grunde haben auch beide Hypothesen keinen Einfluß auf unsere Ausführung, indem wir nur die Theile nehmen, wie wir sie gewahr werden, und sie also immer entweder entwickelt oder ausgebildet sind.« *(Zur Morphologie. Verfolg.* {Frühere} Einleitung)

Auf die Schwierigkeit einer didaktischen Darstellung des Prinzips der Metamorphose (»Versuch alle Pflanzen auf einen Begriff zurückzuführen«) kommt Goethe noch einmal als Dreiundsiebzigjähriger zu sprechen. Unter der Überschrift *Probleme und Erwiderung* veröffentlichte er einige fragmentarische Aufzeichnungen. Sie entstanden nach Gesprächen auf sommerlichen Reisen, nach »einsamem Nachdenken« und im Anschluß an einen anregenden Briefdialog mit Ernst Heinrich Friedrich Meyer (1791–1858), Professor für Botanik und Direktor des botanischen Gartens in Königsberg. Er verfaßte auch die »Erwiderung«. Goethe hatte also nochmals über den Begriff der Metamorphose nachgedacht. Das »Lebensziel der Pflanze, durch anfängliche Ausdehnung und dann erfolgende Zusammenziehung die höchsten Organe zu Wege zu bringen«, erläutert er jetzt durch lateinische Begriffe: vis centrifuga, die Kraft, die den Mittelpunkt flieht, und vis centripeta, die Kraft, die zum Mittelpunkt strebt. *(Zur Morphologie.* Allgemeine Pflanzenkunde und Recensionen. Problem)

Die öffentliche Reaktion auf seine wissenschaftliche Erstschrift über die Metamorphose der Pflanzen hat Goethe lebenslang beschäftigt. Der auf Ovid zurückgehende, ursprünglich poetisch gebrauchte, von ihm jedoch in einem philosophisch naturwissenschaftlichen Sinne verwandte Begriff wurde von den Zeitgenossen nur zögernd und in einigen Fällen erst nach trotziger Ablehnung übernommen. Um so größer war seine Genugtuung, als er dem Brieffreund Ernst Meyer berichten konnte, daß man mittlerweile auch in Frankreich und in der Schweiz auf die »Maxime der Metamorphose« aufmerksam geworden sei (Weimar d. 30. März 1829). In der Nachschrift dieses Briefes führt er die Namen von siebzehn Naturforschern auf, die sich seit 1803 für die Metamorphose interessierten und sie in Lehrbüchern und wissenschaftlichen Zeitschriften berücksichtigten.

1830 veröffentlichte Goethe, inzwischen einundachtzig Jahre alt, die umfangreichere Abhandlung *Wirkung dieser Schrift und weitere Entfaltung der darin vorgetragenen Idee.* Als er im Frühling 1787, im unmittelbar in der Nähe des Hafens von Palermo gelegenen »Giardino publico« die »Urpflanze« zu entdecken suchte, ging er angesichts der erstaunlichen Mannigfaltigkeit dieses »Wundergartens« von der sinnlichen Erfahrung aus.

Als er später in Jena bei der denkwürdigen ersten Begegnung mit Friedrich Schiller das Prinzip der »Metamorphose« engagiert erläuterte, schüttelte sein aufmerksamer Zuhörer jedoch den Kopf. »Das ist keine Erfahrung, das ist eine Idee«, korrigierte der jüngere Dichterkollege den älteren (*Glückliches Ereignis*). Goethe stutzte zunächst etwas verdrießlich, nahm aber die Belehrung des diplomierten und in jungen Jahren mit Preisen ausgezeichneten Naturwissenschaftlers schließlich dankbar an. Seit dieser Begegnung sprach er im Zusammenhang seiner wissenschaftlichen Erstschrift stets von der »Idee« der Metamorphose.

Doch wie kann sich eine »Idee« wissenschaftlich durchsetzen? In der schon erwähnten Abhandlung (*Wirkung dieser Schrift*) hat Goethe im Rückblick auf die Rezeption der *Metamorphose der Pflanzen* dieses Problem angesprochen. Die Lösung der äußerst schwierigen Aufgabe erscheine durch eine Verbindung von Wissenschaft und Didaktik möglich – also indem die Idee gewissermaßen in ein »Lehrgebäude« eingebracht wird. Die Idee muß Goethe zufolge in dem Maße wirksam werden, als sie über das Didaktische genutzt werden könne, was jedoch, wie er betont, problematisch sei: »Es erscheint nichts schwieriger zu sein als daß eine Idee, die in eine Wissenschaft hineintritt, in dem Grade wirksam werde, um sich bis ins Didaktische zu verschlingen und sich dadurch gewissermaßen erst als lebendig zu erweisen.« Mittelbar läßt dieser Aphorismus erkennen, weshalb Goethe wissenschaftliche Lehren geschrieben hat; denn auf der Suche nach der erklärenden Theorie in der Naturwissenschaft, der bildenden Kunst oder der Musik vermochte er sich die übergreifende Idee trotz der eingeräumten Schwierigkeiten offenbar am besten in ihrer »Verschlingung bis ins Didaktische« vorzustellen.

II.
»Die glückliche Vergleichung der Botanik mit der Musik«
Die Wissenschaften in Verbindung miteinander betrachten

In seinen späten Kommentaren zur »Idee der Metamorphose« kommt Goethe zu dem Schluß, daß es schlicht unmöglich sei, jene das Lebensziel der Pflanze bestimmenden Kräfte, die vis centrifuga (die den Mittelpunkt fliehende Kraft) und die vis centripeta (die zum Mittelpunkt strebende Kraft), in einem didaktischen System gleichzeitig darzustellen. *(Zur Morphologie.* II. Theil. Allgemeine Pflanzenkunde und Recensionen. Problem und Erwiderung)

Ist Goethe angesichts solcher Erkenntnis methodisch etwa an die Grenzen seiner »Maxime der Metamorphose« gestoßen? Offensichtlich nicht; denn er vergleicht die Botanik jetzt mit der Musik und findet auf diese Weise einen gedanklichen Ausweg. Symbolisch zieht Goethe die theoretischen Voraussetzungen zur Entstehung der abendländischen Kunstmusik heran. Die bei dieser »Hervorbringung« ähnlich wie in der Botanik einander entgegengesetzt wirkenden Kräfte sieht er in der »natürlichen« (harmonisch-reinen) Stimmung und der sogenannten gleichschwebenden Temperatur. (Zelter bezeichnet die unterschiedlichen Stimmungen als »gleichschwebende« und »ungleichschwebende« Temperaturen. An Goethe. 3. Juli 1808) Goethe unterscheidet zwischen Musik, deren Töne in einer natürlichen (mathematisch nicht berechneten) Folge aneinandergereiht sind, und Musik, deren Grundlage die durch eine mathematische Formel $\sqrt[12]{2}$ festgelegte »gleichschwebende Temperatur« ist. Im letzteren Tonsystem sind die Tonschritte innerhalb der Oktave aus musizierpraktischen Gründen weitgehend gleich gestimmt. Ausgehend von solchen einander entgegengesetzten Kräften, benennt Goethe die Entstehung der »höheren Musik«. Sie werde nämlich durch eben diesen Gegensatz erst möglich: »Vergleichung der Maxime der Metamorphose mit den natürlich immer fortschreitenden Tönen und der in die Oktaven eingeengten gleichschwebenden Temperatur. Wodurch eine entschieden durchgreifende höhere Musik, zum Trutz der Natur, eigentlich erst möglich wird.« *(Zur Morphologie. II. Theil. Allgemeine Pflanzenkunde und Rezensionen. Problem und Erwiderung).* Doch wie konnte Goethe zu einem solchen kühnen Vergleich kommen?

Goethe bezieht sich hier in knappster Form auf historische Gegensätze. Die theoretischen Grundlagen waren seinerzeit neu erörtert worden. Neben der reinen Stimmung gab es um das Jahr 1500 eine sogenannte mitteltönige Temperatur. Sie entstand im Zusammenhang mit einem vermehrt aufkommenden Gebrauch chromatischer Tonstufen, die aber teilweise harmonisch unrein waren und deshalb für die Tasteninstrumente gekennzeichnet werden mußten. Dies besorgte unter anderem die besagte mitteltönige Temperatur.

Eine gleichschwebende Temperatur, welche die Oktave in zwölf annähernd gleiche Semitonschritte (Halbtonschritte) teilt, wurde bereits im sechzehnten Jahrhundert errechnet, zum Beispiel von Vincenzo Gallilei (ca. 1520–1591), dem Vater des Astronomen. Doch selbst die Pioniere dieser Stimmung beurteilten die Neuerung kritisch. Erst nachdem sich die gleichschwebende Temperatur bei den Lautenisten durchgesetzt hatte, befaßten sich auch die Organisten mit dieser Stimmung. Sie wollten ihre verschiedenen Tasteninstrumente, Orgel, Clavichord, Spinett, Cembalo, für die Praxis entsprechend einrichten. Andreas Werckmeister (1645–1706), Organist und Königlich Preußischer Orgelinspektor in Halberstadt, beschreibt in seiner Abhandlung *Die musikalische Temperatur* (Frankfurt 1681) noch fünf verschiedene Temperierungen. Sie entstehen durch eine entsprechende Verteilung des sogenannten pythagoräischen Kommas, einer für die musikalische Praxis ungeeigneten Tonstufe. (Sie ergibt sich in der reinen Stimmung aus dem Verhältnis von zwei Reihen zu zwölf Quinten und sieben Oktaven; zum Beispiel in dem Abstand zwischen den Tönen his[4] und c[5], der, angefangen beim Ton Kontra-C, nach sieben Oktaven und nach zwölf Quinten mathematisch existiert.) In seiner Schrift *Hypomnemata Musica oder musicalisches Memorial* (Quedlinburg 1697) erwähnt Werckmeister die »gleichschwebende Temperierung«. Als Organist war Werckmeister nach alter Tradition seiner Zunft gleichzeitig auch als Pädagoge tätig. 1704 unterrichtete er Johann Gottfried Walther, einen weitläufigen Vetter Johann Sebastian Bachs. Über Walther, welcher das erste deutschsprachige musikalische Lexikon (Leipzig 1732) verfaßte – auch mit Artikeln über seinen Lehrer und seinen vornehmlich als Orgelspieler bekannten Vetter –, kam eine Verbindung zwischen Werckmeister und Bach zustande. 1722 komponierte Bach *Das Wohl temperierte Clavier* (Bach-Werke-Verzeichnis 846–869). Mit Hilfe der mathematischen Formel war, wie schon erwähnt, die gleichschwebende Stimmung der Tasteninstrumente möglich geworden. Bach stellte auf dieser Grundlage in seinem didaktischen Klavierwerk jetzt »Präludia und Fugen durch alle Tone und Semitonia« vor. Im Titel *Das Wohl temperierte Clavier* hat Johann Sebastian Bach, seinerzeit Kapellmeister und Kammermusikdirektor in Anhalt-Köthen, Werckmeisters nüchterne Bezeichnung »gleichschwebende Temperatur« poetisierend übersetzt. Er meinte damit natürlich die besagte Neuerung. Genaugenommen komponierte Bach nicht in allen theoretisch möglichen achtundvierzig Tonarten. Alle zwölf Tonschritte der Oktave können nämlich erhöht (mittels #-Zeichen, »diesis«) und erniedrigt werden (mittels b-Zeichen, »bemolle«). Hieraus ergäben sich insgesamt vierundzwanzig Töne und in den Tongeschlechtern Dur und Moll achtundvierzig Tonarten.

Bach beschränkte sich jedoch auf vierundzwanzig allgemein gebräuchliche Tonarten. Einige Tonarten (Cis-Dur, Des-Dur, dis-Moll, Fis-Dur, As-Dur, gis-Moll, b-Moll) hat er selbst außerhalb dieses Klavierzyklus allerdings nicht wieder verwendet. Die Klangfarben dieser Skalen sollten erst in späteren Epochen zur vollen Geltung kommen.

Zweiundzwanzig Jahre nach dem Köthener Werk vollendete Bach in Leipzig – als beruflich übrigens ziemlich verbitterter Thomaskantor (»fast in stetem Verdruß, Neid und Verfolgung leben muß« an Georg Erdmann 1730) eine zweite Sammlung von Präludien und Fugen in den gebräuchlichen Tonarten (B-W-V 870–893). Sie ist unter dem, in diesem Fall nicht von Bach stammenden Titel *Das Wohltemperierte Klavier, Teil II*, bekanntgeworden. Die klassische musikalische Gültigkeit der beiden Zyklen von achtundvierzig Präludien und Fugen durch achtundvierzig Tonarten verhalf der neuen Temperatur zum geschichtlichen Erfolg. (Eigentlich sind es neunundvierzig Stücke. Denn im achten Paar, Teil I, mischt Bach b- und #-Tonarten: Das Präludium steht in es-Moll, die Fuge in dis-Moll.)

Es schmälert die künstlerische Vorreiterrolle Bachs nicht, wenn wir hier seine Vorbilder nennen. Als erster benutzte nämlich Johann Mattheson (1681–1764), Theoretiker und Musikdirektor in Hamburg, die damals üblichen vierundzwanzig Tonarten in den Generalbaß-Übungen (*Exemplarische Organistenprobe*, 1719). Bachs Zyklus, der sich an jugendliche Musiker und Fortgeschrittene wendet (»zum Nutzen und Gebrauch der Lehrbegierigen Musicalischen Jugend als auch derer in diesem studio schon habil seyenden«) fußt zum Teil auf dem Klavierwerk »*Ariadne Musica*« (entstanden 1702, veröffentlicht 1715) von Johann Kaspar Ferdinand Fischer (ca.1665–1746). Anklänge an Fischers Klaviermusik sind vor allem in einigen Präludien Bachs vorhanden. Mit seinem Klavierzyklus erweist sich Fischer als der Ideenspender des Leipziger Thomaskantors, was ihm wohl – neben anderen musikalischen Verdiensten –

den geschichtlichen Ehrentitel des »Badischen Bachs« verschaffte.

Goethe kannte sowohl die theoretischen Grundlagen der gleichschwebenden Stimmung als auch die künstlerisch bedeutende Umsetzung dieser Neuerung in Johann Sebastian Bachs Klaviermusik. Es ist kaum bekannt, daß sich Goethe anhand der 1802 erschienenen *Tonlehre* von Ernst Florens Friedrich Chladni Aufzeichnungen über die verschiedenen Stimmungen (rein und gleichschwebend) gemacht hat. Er definiert dabei die temperierte Stimmung als »eine schicklich angebrachte, äußerst geringe Abweichung von der vollkommenen Reinheit der Verhältnisse«. Dadurch hat Goethe die mathematischen Verhältnisse in seine eigene Sprache übersetzt und sich die systematisch theoretische Basis der jüngeren europäischen Kunstmusik angeeignet:

»Über die Nachteile der Stimmung in ganz reinen Quinten und Quarten nach Chladni. (Siehe Cecilia. v. Band S. 279)

Schon längst wird allgemein angenommen:

1. Daß unser Tonsystem aus den Zahlen 1, 2, 3, 4, 5, 6 oder, welches dasselbe ist, 2, 3, 4, 5 herzuleiten sey, und daß die consonierenden Intervalle in diesen Zahlen und deren Verdoppelungen unmittelbar enthalten sind, die dissonirenden aber auf schicklichen Combinationen dieser Zahlen beruhen.

2. Daß eine Stimmung in lauter reinen Quinten und Quarten ganz unbrauchbare Resultate giebt, daß also eine Temperatur, d.i. eine schicklich angebrachte, äußerst geringe Abweichung von der vollkommneren Reinheit der Verhältnisse nothwendig ist, um alle Verhältnisse in allen Tonarten brauchbar zu machen.« (*Naturwissenschaftliche Schriften. Nachträge zu Band 11*, Nr. 423)

1814 spielte Johann Heinrich Friedrich Schütz (1779–1829), ein befreundeter Musiker aus dem benachbarten Berka an der Ilm (vgl. Tafel III), Goethe »Bachische Sonaten« – wie ein Schüler Zelters es ausdrückte – vor. Schütz war von dem Erfurter Organisten Johann Christian Kittel ausgebildet worden, einem der letzten Schüler Johann Sebastian Bachs. Weitere »Bachstunden« bei Schütz, gewissermaßen einem Enkelschüler des großen Thomaskantors, sind aus den Jahren 1816, 1817 und 1819 bezeugt. Goethe lauschte diesem oft mehrstündigen Klaviervortrag in seinem Weimarer Haus am Frauenplan, wo Schütz während dieser Zeit auch sein Gast war. Um sich ganz auf die Musik Bachs zu konzentrieren, legte sich Goethe ins Bett, um im Liegen und vermutlich mit geschlossenen Augen dem Spiel seines Musikgastes zuzuhören. Zelter war von dieser Hörgewohnheit Goethes beeindruckt und kommentierte sie noch Jahre später: »Bachs Urelement ist die Einsamkeit, wie Du ihn sogar anerkanntest, indem Du einst sagtest: ›Ich lege mich ins Bett und lasse mir von unserm Bürgermeisterorganisten in Berka Sebastian spielen.‹ So ist er, er will belauscht sein.« (An Goethe. Freitag, den 8. Juni 1827)

1818 zog sich Goethe für drei Wochen nach Berka zurück. Mit einem von dem Erbprinzen Carl Friedrich, einem Sohn des Großherzogs Carl August, in Auftrag gegebenen Gutachten hatte er sich im Jahre 1811 für die Gründung des schwefelhaltigen Luftkur- und Moorbadeortes eingesetzt (*Vorläufiger unterthänigster Bericht wegen des Berkaer Schwefelwassers*, Jena d. 13. Nov. 1812). Er selbst suchte in Berka mehrmals sein Gichtleiden zu lindern. Schütz war dort im Brotberuf als Badeinspektor, in seinem Metier als Organist tätig. Goethe hatte in der Zeit unmittelbar vor seinem Besuch in Berka kaum etwas zu Papier bringen können. Alle Vorhaben mußte er zurückstellen. Anläßlich eines Festzuges zu Ehren der österreichischen Kaiserin, die Weimar einen Besuch abstattete, wurde er um eine Gelegenheitsdichtung gebeten. Es entstand der *Maskenzug* (1818). Die noch fehlenden erläuternden Gedichte wollte er jetzt in Berka schreiben. Dazu brauchte er aber nicht nur Ruhe, sondern offensichtlich auch Aufmunterung. In solcher seelischen Verfassung erinnerte er sich an Schütz, den vielseitigen Badeinspektor, der ihn schon einmal mit seinem Bachspiel innerlich aufgebaut hatte. Er erneuerte den Kontakt und ließ sich von ihm drei Wochen lang täglich drei bis vier Stunden Klaviermusik von Bach bis Beethoven vorspielen: »Bei dieser Gelegenheit muß ich erzählen, daß ich, um die Gedichte zum Aufzug zu schreiben, drei Wochen anhaltend in Berka zubrachte, da mir denn der Inspektor täglich drei bis vier Stunden vorspielte und zwar auf mein Ersuchen, nach historischer Reihe: Von Sebastian Bach bis zu Beethoven, durch Philipp Emmanuel, Händel, Mozart, Haydn durch, auch Dussek und dergleichen mehr.« (An Zelter. Weimar, den 4. Januar 1819)

Nach Weimar zurückgekehrt, kaufte er eine Sammlung »Bachischer Choräle« und die bei Breitkopf & Härtel erschienene Ausgabe des *Wohltemperierten Klaviers* (wahrscheinlich über eine Bestellung durch Zelter – Nachschrift zum Brief Weimar, 18. Januar 1819) –, die er Schütz zu Weihnachten schenkte. Er erhoffte sich, daß Schütz erneut nach Weimar käme und ihn mit seinem Bachspiel erbauen würde. Dasselbe möge dann auch bei einem Gegenbesuch im Badeort geschehen. (Brief an Zelter. Weimar, den 4. Januar 1819)

Zelter gab damals in Berlin an der von ihm gegründeten Singakademie und an dem Institut Cauer Unterricht in Gesang und Tonsatz. Zu seinen Schülern zählte Rudolf von Beyer, ein etwa neunzehn Jahre alter Student, im Hauptfach Gesang. Als Zelter erfuhr, daß von Beyer zu Ostern eine Bildungsreise in den Thüringer Wald machen wollte, übergab er ihm einen Packen Noten mit der Bitte, sie in Berka Johann Heinrich Friedrich Schütz, dem Organisten und echten Bach-Kenner, zu überreichen. Als Schüler Zelters standen dem jungen Mann in Berka alle Türen offen. Auch sein Wunschtraum, dort Goethe zu sehen, ging in Erfüllung. In seinen *Tagebuchblättern. Meine Begegnung mit Goethe* hat er eine persönlich miterlebte »Bachstunde« in Einzelheiten beschrieben. Sie fand wohl an irgendeinem Mittwochnachmittag im Frühling des Jahres 1819 im Hause des

Badeinspektors statt. Rudolf von Beyer beobachtete, wie Goethe in etwas nach vorn geneigter Haltung, ganz in sich gekehrt, dem Vortrag der Fuge c-Moll (B-W-V 849) lauschte.

Demselben Zeitzeugen verdanken wir auch die Überlieferungen zweier, offenbar durch den Vortrag des Berkaer Organisten inspirierten Bach-Huldigungen von Goethe. Der aufmerksame Musikstudent hatte bei seinem ersten Aufenthalt im Musikzimmer des Organisten in dem Notenregal ein gebundenes Heft mit Chorälen von Johann Sebastian Bach und ein Exemplar des *Wohltemperierten Klaviers* gesehen. Als er die Notenbände in die Hand nahm, entdeckte er in der Choralsammlung ein von Goethe eigenhändig geschriebenes vierstrophiges Widmungsgedicht (siehe Anhang, Seite 237). Auf dem Titelblatt des *Wohltemperierten Klaviers* sah er den Vierzeiler:

> Denn aus Geringem wächst das Tüchtige
> Dem Hälmchen gleich, das sich zur Sonne kehrt.
> Es sondert sich wie Spreu das Nichtige;
> Das Korn des Geistes allein hat Erntewert.

Goethe schrieb später noch eine weitere Bach-Huldigung, die er aber eigentlich nicht veröffentlicht haben wollte. Sie steht in einem in äußerst mürrischer Stimmung verfaßten Teil eines Briefes an Zelter, den abzuschicken er jedoch nicht übers Herz brachte, um den Freund nicht zu betrüben. Den ersten, als »Fragment« betrachteten Teil des Briefes ließ er durch den Schauspieler La Roche nach Berlin überbringen. Der renommierte Schauspieler war mit der Bitte um ein Empfehlungsschreiben an Zelter erschienen, als Goethe gerade einen Dialog über musikalische Grundsatzfragen mit Zelter fortsetzen wollte. Offensichtlich kam der Besucher äußerst ungelegen. Goethe wurde von seiner Arbeit abgehalten. In dem nicht abgesandten Brieffragment macht er sprunghaft seinem alten Ärger Luft, wettert, im Hinterkopf seine *Farbenlehre*, gegen den vermeintlichen »Newtonischen Unsinn«, versteigt sich gegenüber Zelter zu der Versicherung, daß »Niemand lebt, der in diese Mysterien klar hineinsieht, wie ich«, kommt auf die »Eigenheit« seiner Zeit zu sprechen und flüchtet sich mit dem Sonett »Amerika, du hast es besser / Als unser Kontinent, das alte« gewissermaßen nach Übersee. Doch zuerst suchte er Zuflucht bei Bach, ähnlich wie rund zehn Jahre zuvor, als er ständig von der Arbeit abgehalten wurde und nicht umhin konnte, den *Maskenzug* zu schreiben. Damals hatte er sich nach Berka, in seine »Einsiedelei« zurückgezogen. Der »Inspektor« des Schwefelbades und berufene Interpret des *Wohltemperierten Klaviers* stand ihm jetzt nicht zur Verfügung. So konnte Goethe die Musik Johann Sebastian Bachs nur noch aus der Erinnerung als Idee, symbolisch und ohne jede äußere sinnliche Erfahrung genießen:

»Wohl erinnerte ich mich bey dieser Gelegenheit an den guten Organisten von Berka; denn dort war mir zuerst, bey vollkommener Gemüthsruhe und ohne äußere Zerstreuung, ein Begriff von eurem Großmeister geworden. Ich sprach mir's aus: als wenn die ewige Harmonie sich mit sich selbst unterhielte, wie sich's etwa in Gottes Busen, kurz vor der Weltschöpfung, möchte zugetragen haben, so bewegte sich's auch in meinem Innern und es war mir als wenn ich weder Ohren, am wenigsten Augen, und weiter keine übrigen Sinne besäße noch brauchte.« *(Briefe Januar bis Juli 1827. Lesarten.* »Fortsetzung meines letzten Briefes vom 21. Juni 1827 durch La Roche.«)

Zurück zu Goethes später Auseinandersetzung mit der Idee der Metamorphose in den bereits oben (S. 98) erwähnten Aufzeichnungen *Problem und Erwiderung.* Seine Zuflucht zu den Grundlagen der »höheren Musik«, um die einander entgegengesetzten Kräfte in der Botanik in einem Vergleich aus der Systematik der Tonkunst erklären zu können, ist im Grunde auch ein verborgener Bezug zur Kunst Johann Sebastian Bachs. Das von ihm selbst stammende Kapitel »Probleme« deutet in seiner formelhaften Kürze scheinbar nur wenig auf diesen Zusammenhang. Nicht wie bei der Hommage in der genannten Briefstelle artikuliert sich Goethe in diesem Abschnitt als Dichter, sondern als Wissenschaftler, knapp und ohne Ausführung der angedeuteten Symbolik. Ihre Darstellung überläßt er seinem jüngeren »geistreichen« Brieffreund Ernst Meyer, dem Botaniker in Königsberg. Indem Goethe die »Erwiderung« dieses Gelehrten publiziert, bedient er sich eines geschickten Kunstgriffs. Er delegiert nämlich zunächst die Ausführungen zu der schwierigen Frage des Vergleichs zwischen Botanik und Musik einem professionellen Naturwissenschaftler, macht sie sich aber als Antwort auf seine Problemstellung anschließend zu eigen.

Ernst Meyer, offenbar ein universaler Wissenschaftler, nennt die von Goethe hergestellte Verbindung zwischen Botanik und Musik eine »überaus glückliche Vergleichung«. Zunächst weist er auf die Bedeutung der Symbolik hin. Sie vermöge nämlich vielleicht das Unmögliche, indem sie den Forscher in die Lage versetze, auch einander entgegengesetzte Kräfte didaktisch zugleich darzustellen. Ernst Meyer warnt jedoch eindringlich vor dem gefährlichen Irrtum, gewissermaßen in einem Kurzschluß das Symbol mit der Sache selbst zu verwechseln, die es bedeutet. Dies sei Mißbrauch der Symbolik, vor der wir uns zu hüten hätten. Meyer ergänzt Goethes auf dem Gegensatz zwischen »natürlicher« und »temperierter« Stimmung beruhenden Vergleich, indem er weitere Parameter der Musik in die Argumentation einbringt: die gleichbleibenden Intervallstrukturen der gebräuchlichen vierundzwanzig Tonarten, die Bedeutung der Satzregeln des Generalbasses, das Formbildende von Takt und Tempo. Diese Elemente bildeten zusammen einen Gegensatz zu der sich eher frei bewegenden Melodie. Die Vereinigung der Gegensätze sei, Meyer zufolge, in der Tonwissenschaft ebenso schwer, wenn nicht sogar unmöglich, wie in der Botanik die Vereinigung des didaktischen Systems mit der Idee der Metamorphose. Aber es gebe hier einen Ausweg: die Zuflucht zur Kunst, die solche Gegensätze überwinde. Ernst Meyers

Erläuterung der Symbolik Goethes kulminiert in den Sätzen: »Aber die wahre Vermittlerin ist die Kunst. Die Kunst der Töne, die höhere Musik, ertrotzt von der Natur die Geregeltheit, erschmeichelt das Fliessende von der Theorie.« *(Zur Morphologie.* II. Theil. Allgemeine Pflanzenkunde und Rezensionen. Problem und Erwiderung)

Goethe nennt den Gedankenaustausch mit Ernst Meyer ein »Zeugniß reiner Sinn = und Geistes = Gemeinschaft«. Solche Übereinstimmung zeigt sich auch in zwei Sentenzen über »Die Kunst als Vermittlerin« aus Goethes *Maximen und Reflexionen:*

»Die Kunst ist eine Vermittlerin des Unaussprechlichen; darum scheint es eine Thorheit, sie wieder durch Worte vermitteln zu wollen. Doch indem wir uns darin bemühen, findet sich für den Verstand so mancher Gewinn, der dem ausübenden Vermögen auch wieder zu Gute kommt.« *(Schriften zur Kunst 1800–1816.* Aus »Kunst und Alterthum«)

»Die wahre Vermittlerin ist die Kunst. Über Kunst sprechen, heißt die Vermittlerin vermitteln wollen, und doch ist uns daher viel Köstliches erfolgt.« *(Schriften zur Kunst 1800–1816.* Aus den Heften »Zur Morphologie«)

Noch einmal zurück zu Ernst Meyer. Seine »Erwiderung« zu den theoretischen Grundlagen der Musik und der Symbolik der Kunst ergänzt nicht nur das von der Botanik handelnde Kapitel »Probleme«. Meyer kommentiert hier auch die Abteilung »Kunstbehandlung« in Goethes Schema der *Tonlehre.*

Die Veröffentlichung von Meyers »Erwiderung« erinnert an das Schlußkapitel des didaktischen Teils der *Farbenlehre.* Wie bei der Erörterung der Idee der Metamorphose hat Goethe zur Bestätigung seiner Theorie einen Beitrag eines zeitgenössischen Fachmanns eingefügt, einen Brief des von ihm als Maler und Schriftsteller hochgeschätzten Philipp Otto Runge. Und ähnlich wie bei dem Naturwissenschaftler Ernst Meyer spricht Goethe von der willkommenen Begegnung mit »Gleichgesinnten«: »Wie angenehm ist mir's, daß ich auch unter den Gleichzeitigen Gleichgesinnte nennen kann, die ich bisher nur unter den Abgeschiedenen aufsuchen mußte.« (An Runge. Weimar, 18. Oktober 1809)

12.
»Wenn ich nur erst meine Fragen recht zu stellen wüßte«
Schwierigkeiten beim Dialog mit Zelter

Goethe wurde auf Zelter zuerst durch eine Liedkomposition aufmerksam. In der von Reichardt herausgegebenen vierteiligen Sammlung *Musikalischer Blumenstrauß* (1792–1795) war auch Zelters Klavierlied *Ich denke dein*, zu einem Text der deutsch-dänischen Lyrikerin und Reiseschriftstellerin Friederike Brun enthalten. Goethe fand Gefallen an der Melodie und am Klaviersatz des Berliner Komponisten. Die Textdichterin lebte in Kopenhagen, stand dem Kreis um Klopstock nahe und hatte in dem Kanzler v. Müller, der Malerin Angelica Kauffmann und der Schriftstellerin Madame de Staël gemeinsame Freunde mit Goethe. Zelters Klavierlied auf Bruns Text:

> Ich denke dein,
> Wenn sich im Blütenreigen der Frühling malt;
> Und wenn des Sommers mildgestreifter Segen
> In Ähren strahlt

inspirierte Goethe zu drei eigenen Versen. Diese Fassung veröffentlichte er in Schillers *Musenalmanach*. Sie ist wiederholt vertont worden, so von Carl Eberwein, seinem Hauskapellmeister, und von Ludwig van Beethoven (*Lied mit sechs Variationen für Klavier zu vier Händen.* Werk ohne Opuszahl 74). Später nahm Goethe die Strophen unter dem Titel *Nähe des Geliebten* in die Ausgabe seiner *Gedichte letzter Hand* (Erster Theil, Lieder) auf. Technisch griff Goethe bei der Bearbeitung des Klavierliedes von Zelter-Brun auf das historisch klassische Verfahren der

Kontrafaktur zurück, welches er bereits als Student in Straßburg, wie schon erwähnt, bei den Friederike Brion gewidmeten elsässischen Volksliedern praktiziert hatte. Unter Beibehaltung der ersten Zeile schrieb er, inzwischen sechsundvierzig Jahre alt, ein durch Zelters anmutigen Es-Dur-Klaviersatz angeregtes Liebeslied:

> Ich denke dein, wenn mir der Sonne Schimmer
> Vom Meere strahlt;
> Ich denke dein, wenn sich des Mondes Flimmer
> In Quellen mahlt.
>
> Ich sehe dich, wenn auf dem fernen Wege
> Der Staub sich hebt;
> In tiefer Nacht, wenn auf dem schmalen Stege
> Der Wandrer bebt.
>
> Ich höre dich, wenn dort mit dumpfem Rauschen
> Die Welle steigt.
> Im stillen Haine geh' ich oft zu lauschen,
> Wenn alles schweigt.
>
> Ich bin bei dir, du seist auch noch so ferne,
> Du bist mir nah!
> Die Sonne sinkt, bald leuchten mir die Sterne.
> O wärst du da!

Der inspirierende, zunächst aber nur indirekte Kontakt zu Zelter (vgl. Tafel IV) sollte sich von Jahr zu Jahr verstärken. 1796 veröffentlichte Zelter *Zwölf Lieder am Klavier zu singen* (Berlin und Leipzig bei C. A. Nicolai), darunter die Vertonungen zweier Gedichte von Goethe. Zelter ließ Goethe diese Sammlung durch Friederike Helene Unger, der Gattin seines Berliner Verlegers, zukommen. Er bat seine Vermittlerin außerdem, bei Goethe anzufragen, ob er mit seinen Kompositionen denn wohl den poetischen Intentionen des Autors entsprochen habe.

Mit spürbarer Freude bestätigte Goethe Frau Unger den Eingang der Lieder. Er erinnerte sich noch deutlich an Zelters Klavierlied zu dem Text von Friederike Brun: »Seine Melodie des Liedes ich denke dein hatte einen unglaublichen Reitz für mich, und ich konnte nicht unterlassen selbst das Lied dazu zu dichten, das in dem Schillerschen Musenalmanach steht.« (An Friederike Helene Unger, geb. v. Rothenburg. Weimar am 13ten Junius 1796)

Zu den übersandten neuen Klavierliedern äußerte sich Goethe eher mit Bedacht. Um technische Kriterien beurteilen zu können, fehlte ihm eine entsprechende Schulung. Goethe selber konnte zum Beispiel keinen Tonsatz schreiben. Er hatte zwar, wie erwähnt, des öfteren als Instrumentalist und Sänger Musik ausgeübt und gelegentlich historische Kompositionen analysiert, aber die musikalische Produktion war seine Sache nie gewesen. Vielleicht ist aus diesem Grunde in dem übermütigen Venetianischen Epigramm über seine diversen künstlerischen Versuche die Musik denn auch ausgespart:

Vieles hab' ich versucht, gezeichnet, in Kupfer gestochen,
Öl gemahlt, in Thon hab' ich auch manches gedrückt,
Unbeständig jedoch, und nichts gelernt noch geleistet:
Nur ein einzig Talent bracht' ich der Meisterschaft nah:
Deutsch zu schreiben. Und so verderb' ich unglücklicher Dichter
In dem schlechtesten Stoff leider nun Leben und Kunst.
(Epigramm Nr. 29, Venedig 1790)

Angesichts mangelnder Kompetenz in der Beurteilung des kompositorischen Handwerks geht es ihm vor allem um die Wirkung der Musik auf seine Vorstellungskraft. Die in seine bisherigen Komponisten – namentlich Kayser und Reichardt – gesetzten Erwartungen waren letzlich wohl nur sehr unvollkommen erfüllt worden. Aber Zelters Liedvertonungen überraschten ihn.

Er wurde neugierig auf einen Komponisten, der solcher Innigkeit fähig war. Mit ihm wollte er Gespräche führen, und ihm wollte er seine Lieder anvertrauen. So schreibt er in dem bereits genannten Brief an Frau Unger: »Musik kann ich nicht beurtheilen, denn es fehlt mir an Kenntniß der Mittel deren sie sich ihren Zwecken bedient; ich kann nur von der Wirkung sprechen, die sie auf mich macht, wenn ich mich ihr rein und wiederholt überlasse; und so kann ich von Herrn Zelters Compositionen meiner Lieder sagen: daß ich der Musik kaum solche herzlichen Töne zugetraut hätte. Danken Sie ihm vielmals und sagen Sie ihm daß ich sehr wünschte ihn persönlich zu kennen, um mich mit ihm über manches zu unterhalten. In dem achten Bande meines Romans wird zwar kein Raum für Gesänge bleiben, doch ist der Nachlaß Mignons und des alten Harfenspielers noch nicht erschöpft, und ich werde alles was davon das Licht erblicken kann Herrn Zelter am liebsten vertrauen. Indessen schicke ich vielleicht bald einige andere Lieder mit der Bitte, sie für den Schiller'schen Musen-Almanach zu componieren.«

Zelter erhielt alsbald die Ballade *Indische Legende. Der Gott und die Bajadere* und das Lied »An Mignon« aus *Wilhelm Meisters Lehrjahre.* Er machte sich offenbar gleich ans Komponieren. Goethes Wunsch entsprechend erschienen diese Vertonungen in Schillers *Musenalmanach* für das Jahr 1798. Zelter war somit tatsächlich an Reichardts Stelle als Hauskomponist der beiden klassizistischen Xeniendichter getreten.

Goethe hatte trotz seiner Begeisterung für Zelters Kompositionsstil zunächst Schwierigkeiten, sich an das Eigentümliche dieser Musik zu gewöhnen: »Über die Musik kann ich noch nichts sagen, ich habe sie gehört, aber das ist bei Zelterschen Kompositionen noch nicht genug, er hat viel Eigenheit, die man ihm erst abgewinnen muß.« (An Schiller. Weimar, den 10ten Oktober 1796)

Zelter wollte natürlich auch diesmal erfahren, ob seine Musik Goethe wohl gefiele. »Zelter wünscht zu wissen, wie Sie mit seinen Melodien zur Bajadere und dem Lied an Mignon zufrieden sind. Er schreibt, daß unser Almanach ihm eine Wette von 6 Champagnerflaschen gewonnen habe, denn er habe gegen einen andern behauptet, er würde gewiß keine Xenien enthalten.« (Schiller an Goethe. Jena 24. November 1797)

Goethe antwortet Schiller am 25. November 1797: »Zeltern bleiben wir auch sechs Bouteillen Champagner schuldig für die feste gute Meinung, die er von uns gehegt hat. Seine Indische Legende ist mir sehr wert. Der Gedanke ist original und wacker, das Lied an Mignon habe ich noch nicht einmal gehört. Die Komponisten spielen nur ihre eignen Sachen, und die Liebhaber haben auch nur wieder besonders begünstigte Stücke. Auf meinem ganzen Wege habe ich niemand gefunden, der sich in etwas Fremdes und Neues hätte einstudieren mögen. Lassen Sie mich doch einige Exemplare der Melodien zum Almanach erhalten, sie fehlten bei denen mir übersendeten durchaus.«

Goethe hielt inzwischen vermehrt Ausschau nach Gleichgesinnten. Diese Suche war ihm offensichtlich sehr wichtig. Zeitweise machte er sie gewissermaßen zu einer eigenen Tätigkeit. Er strebte eine geistige Wohngemeinschaft mit sorgfältig ausgesuchten kongenialen Zeitgenossen an. Zu solchen Wahlverwandten gehörte auch August Wilhelm Schlegel, der in Berlin lebende Literarhistoriker, Dichter und Shakespeare-Übersetzer. Goethe bat ihn, mit einigen Gedichten einen Beitrag zum Almanach zu liefern: »Ich sehe, was mich betrifft, es als eine nähere Verbindung an, wenn ich Ihren Nahmen im Almanach weiß. Es ist eine Art von geistiger Nachbarschaft, von Zusammenwohnen einer kleinen Colonie, die dadurch eine Ähnlichkeit der Gesinnungen ausspricht. Auch Schiller sieht einem solchen Beytrage mit Verlangen entgegen.« (An W. A. Schlegel. Jena am 18. Juni 1798, concept)

In demselben Brief läßt Goethe an Carl Friedrich Zelter beste Grüße ausrichten. Gespannt sieht er Zelters geplantem Besuch in Weimar entgegen. Allein schon wegen der beabsichtigten geistigen Verbindung von Musik und Poesie verspricht er sich von diesem Treffen offensichtlich sehr viel: »Wenn ich irgend jemals neugierig auf die Bekanntschaft eines Individuums war, so bin ichs auf Herrn Zelter. Gerade diese Verbindung zweyer Künste ist wichtig und ich habe manches über beyde im Sinne, das nur durch den Umgang mit einem solchen Manne entwickelt werden könnte. Das Originale seiner Compositionen ist, so viel ich beurtheilen kann, niemals ein Einfall, sondern es ist eine radikale Reproduktion der poetischen Intentionen. Grüßen Sie ihn gelegentlich aufs beste. Wie sehr wünschte ich daß er endlich einmal sein Versprechen, uns zu besuchen, realisieren möge.«

Wir erinnern uns der an Reichardt ausgesprochenen emphatischen Aufforderung: »Lassen sie uns die Akustik gemeinsam angreifen« (17. November 1791), welche aber von dem Komponisten nicht angenommen wurde. Jetzt aber schien er den Partner gefunden zu haben, um die Verbindung der beiden nachbarlichen Künste, Musik und Poesie, knüpfen zu können. Goethe betont Zelters Fähigkeit, auf die poetischen Intentionen des Dichters einzugehen. Nach Goethes Auffassung ist für eine adäquate Liedvertonung nicht der musikalische Einfall des Komponisten, sondern die Begabung für das gründliche Nachschaffen dichterischer Absichten maßgebend (»eine radicale Reproduktion der poetischen Intentionen«). In dieser Hinsicht schien Zelter sogar den bewährten Liedkomponisten Reichardt zu übertreffen, den Goethe übrigens trotz der zeitweiligen Streitigkeiten weiterhin hochschätzte, und dem er noch einen Kompositionsauftrag erteilen wollte (»Lassen Sie mir die Hoffnung, früher oder später, eines reichen und tiefen musikalischen Genusses, der mir lange nicht geworden ist.« (Briefe an Reichardt am 19. November und 1. Dezember 1801)

Goethe bat auch seinen Berliner Verleger Unger, Zelter seine Empfehlung zu überbringen; der Musiker zählte offenbar damals schon zu Goethes näheren Vertrauten, obwohl noch gar kein persönliches Treffen stattgefunden hatte:

»Empfehlen Sie mich Gönnern und Freunden, besonders Herrn Zelter aufs beste. Es würde gewiß der kleinen Liedersammlung, die ohnehin diesmal ein wenig mager ausfällt, zum großen Vortheil gereichen, wenn dieser fürtreffliche Künstler einige neue Melodien dazu stiften wollte, und es wäre vielleicht räthlich die schon bekannten zugleich mit abdrucken zu lassen, um so mehr da Ihr neuer Notendruck als eine wahre typographische Zierde angesehen werden kann.« (An Unger. Weimar am 5. August 1799)

Unger hat Goethes Grüße an Zelter unverzüglich weitergegeben. Erfreut und sich natürlich innerlich bestätigt fühlend, faßte sich Zelter jetzt ein Herz und schrieb an Goethe. Er eröffnete damit einen Briefwechsel, der bis ans Lebensende der beiden Freunde – sie starben beide im Jahre 1832 – andauern und mit achthunderteinundsiebzig Briefen ein geradezu monumentales Zeugnis jener von Goethe gesuchten »geistigen Nachbarschaft« werden sollte.

Hochwohlgeborner Herr!
Mein braver Freund, Herr Unger, hat mir mit einer Stelle Ihres Briefes an ihn eine unaussprechliche Freude gemacht. Der Beifall, welchen meine Versuche sich bei Ihnen erwerben können, ist mir ein Glück, das ich wohl gewünscht, aber nicht mit Zuversicht gehofft habe, und obwohl ich über manche gelungene Arbeit bei mir selbst außer Zweifel gewesen bin, so gereicht mir die freie Zustimmung eines Mannes, dessen Werke meine Hausgötter sind, zu einer Beruhigung, die ich niemals so rein und heiß gefühlt habe als jetzt.

Ich sehe es für eine schöne Belohnung an, wenn Sie mir ferner Ihre Gedichte zur Komposition anvertrauen wollen, die ich nicht anders zu loben verstehe als durch unvermischten Widerklang meines innersten Gemüts. (An Goethe. Berlin, den 11. August 1799)

Dieser Brief kam zur rechten Zeit und tat seinem Adressaten wohl. Goethe war damals innerlich in keiner guten Verfassung. Er fühlte sich insbesondere als Wissenschaftler unverstanden. In einem Brief vom 16. August 1799 an Carl Jacobi beklagte er, welch undankbares Geschäft es sei, anderen die Ergebnisse lebenslanger Bemühungen mitzuteilen. Es fehle den angesprochenen Gesprächspartnern an Bereitschaft, auch einmal nicht selbst gemachte Erfahrungen zu akzeptieren.

An Schiller schrieb er am 17. August 1799: »Ich bin zerstreut und ohne Stimmung.« In der Einsamkeit seines Gartenhauses studierte er die Schriften und die Biographie Winckelmanns, las Herders *Fragmente* und Miltons *Verlornes Paradies*. Aber die Abgeschiedenheit in seinem Sommerhaus mußte er wiederholt durch morgendliche Besuche auf dem Schloß unterbrechen. Seit zehn Jahren war er Mitglied der Schloßbaukommission und hatte entsprechende Pflichten zu erfüllen. Auf dem Schloß gab es viel Umtrieb. Bisweilen arbeiteten einhundertsechzig Handwerker gleichzeitig auf kleinstem Raum. Der Tag wurde ihm zumeist durch solche Besuche verdorben. »Ein Morgenbesuch im Schloß hat mich zerstreut und ich fühle mich nicht fähig mich auf einen Gegenstand zu concentriren«. (An Schiller. Weimar am 24. August 1799) Zwei Tage später erhielt Goethe Zelters Brief und fühlte sich augenblicklich in eine »lyrische Stimmung« versetzt. Goethe ahnte wohl jetzt den Beginn eines geistigen »Zusammenwohnens«. Sein Antwortschreiben erinnert geradezu an die Inspirationen während der Zeit in Straßburg und Sesenheim, als er von Friederike Brion Impulse zu neuen »Tänzen und Liedern« empfing. Jetzt sollten Anregungen aus einer Männerfreundschaft kommen: »Mit aufrichtigem Dank erwidere ich Ihren freundlichen Brief, durch den Sie mir in Worten sagen mochten wovon mich Ihre Compositionen schon längst überzeugt hatten: daß Sie an meinen Arbeiten lebhaften Antheil nehmen und sich manches mit wahrer Neigung zugeeignet haben. Es ist das Schöne einer thätigen Theilnahme, daß sie wieder hervorbringend ist; denn wenn meine Lieder Sie zu Melodien veranlaßten, so kann ich wohl sagen, daß Ihre Melodien mich zu manchem Liede aufgeweckt haben, und ich würde gewiß, wenn wir näher zusammen lebten, öfter als jetzt mich zur lyrischen Stimmung erhoben fühlen. Sie werden mir durch Mitteilung jeder Art ein wahres Vergnügen verschaffen.« (An Zelter. Weimar, am 26. August 1799)

Zelter und Goethe bestätigten sich also gegenseitig die Bedeutung, die ihre künstlerische Partnerschaft für ihr jeweils eigenes Schaffen hatte.

Bereits im zweiten Brief eröffnet Zelter das Gespräch über theoretische Fragen. Zelter erweist sich als ein reflektierender Künstler. Er denkt über seine kompositorischen Mittel nach, die Aufgaben des Sängers beim Liedvortrag, die Einteilung des Klavierliedes in »erzählende« und »handelnde« Abschnitte. Zelter kommt auch auf die Strukturen des Sonetts zu sprechen. Er zitiert dabei den Verfasser der *Allgemeinen Theorie der schönen Künste*, Johann Georg Sulzer, und schlägt zu dem betreffenden Artikel eine Ergänzung vor: »Der Dichter müsste sich der Enjambements [das Versende überschreitenden Sätze] enthalten«, wie zum Beispiel Schlegel in dem Sonett *Gesang und Kuß*, welches mit einer Frage endet. Schließlich geht Zelter auf Goethes übersandten Text *Erste Walpurgisnacht* ein. Er findet die Verse brauchbar, gesteht aber, mit der Aura dieses Gedichts Schwierigkeiten zu haben, weshalb er mit der Vertonung nicht weit vorangekommen sei. »Ihren mir höchst schätzbaren Brief vom 26. August habe ich am 30. erhalten. ›Die erste Walpurgisnacht‹ ist ein sehr eignes Gedicht. Die Verse sind musikalisch und singbar. Ich wollte es Ihnen in Musik gesetzt hier beilegen und habe ein gutes Teil hineingearbeitet, allein ich kann die Luft nicht finden, die durch das Ganze weht, und so soll es lieber noch liegen bleiben. Herr Unger empfiehlt mich bestens, und ich habe die Ehre zu sein Ew. Hochwohlgebornen achtungsvoller Zelter.« (An Goethe. Berlin, den 21. September 1799)

Als ob Zelter Goethes Wissensdurst geahnt hätte, lieferte er in diesem Brief den Stoff für musiktheoretische Debatten geradezu in Fülle. Goethe hatte schlagartig bekommen, wonach er lange Ausschau gehalten hatte. Aber zunächst fühlte er sich noch überfordert. Entgegen seinen Gewohnheiten ließ er diesen Brief unbeantwortet. Dabei könnte auch ein wenig Enttäuschung mit im Spiel gewesen sein, daß Zelter mit der übersandten Ballade *Die erste Walpurgisnacht* offenbar nur wenig anfangen konnte. Tatsächlich ist die Komposition Fragment geblieben. Die Ballade sollte erst durch Zelters Schüler Mendelssohn vertont werden. Er hat Goethe übrigens, ähnlich wie der befreundete Organist Schütz, Musik in geschichtlicher Reihenfolge vorgetragen (Haydn, Mozart, Beethoven) und ihm eine Komposition (Klavierquartett h-Moll, op. 3) gewidmet: »Felix produzierte sein neustes Quartett zum Erstaunen von jedermann; diese persönliche hör- und vernehmbare Dedikation hat mir sehr wohl getan.« (An Zelter. Weimar den 21. Mai 1825)

Goethe selbst war sich der Schwierigkeiten seines Textes bewußt. Er hatte die umfangreiche, in Sologesänge, druidische und christliche Chöre gegliederte esoterische Ballade als »eigenartig« bezeichnet und formal dabei nicht mehr an die Liedform, sondern an ein Singstück gedacht: »Ich lege eine Produktion bei, die ein etwas seltsames Ansehen hat. Sie ist durch den Gedanken entstanden, ob man nicht die dramatischen Balladen so ausbilden könnte, daß sie zu einem größeren Singstück dem Komponisten Stoff gäben.« (An Zelter. Weimar, am 26. August 1799)

Inzwischen wandte sich Goethe an Unger und kam dabei auch auf Zelter zu sprechen. Sein Interesse an Zelters Liedvertonungen sei weiterhin groß. Er hatte mittlerweile eine ganze Reihe neuer Klavierlieder auf seine Texte *Der Zauberlehrling, Die Braut von Korinth, Das Blümlein wunderschön, Der Junggesell und der Mühlbach, Bundeslied* erhalten. Goethes Aufmerksamkeit galt jetzt auch theoretischen Fragen. Doch gegenüber Unger ließ er durchblicken, daß er Schwierigkeiten bei der Formulie-

rung habe: »Danken Sie Herrn Zelter vielmals für die mir über-
schickten Lieder. Ich hoffe daß er mir gelegentlich auch das
übrige schicken möge wozu er mir Hoffnung gemacht hat. Ich
wünschte über einige theoretische Puncte der Musik durch ihn
Auffschlüsse zu erhalten wenn ich nur erst meine Fragen recht
zu stellen wüßte.« (An Unger. Weimar, am 4. Nov. 1799)

Das zu dieser Zeit offenbar noch fehlende sprachliche Instru-
mentarium hat sich Goethe im Verlauf seiner Beschäftigung mit
musiktheoretischen Fragen ziemlich rasch erwerben können.
1799, also im selben Jahre, in welchem er zunächst noch von
Schwierigkeiten gesprochen hatte, begann er, musikalische Sentenzen in seine wissenschaftlichen Schriften einzuflechten.

13.
Der Regenbogen und der Grundbaß
in der Musik
Die Gültigkeit approbierter musikalischer
Gesetze für die Kunst

Als Goethe im November 1799 von Zelter Aufschluß über
musiktheoretische Themen erhalten wollte, war einige Monate
zuvor in den *Propyläen* seine Übersetzung *Diderot's Versuch
über die Mahlerei. Übersetzt und mit Anmerkungen begleitet*
erschienen. Goethe hatte schon gleich nach der Lektüre des
nachgelassenen Aufsatzes seine Freunde von seinem Vorhaben
unterrichet. Er bewunderte den Kunstverstand Diderots, war
aber durch manche Widersinnigkeiten irritiert: »Paradoxen,
schiefe und abgeschmackte Behauptungen wechseln mit den
luminosesten Ideen ab, die tiefsten Blicke in das Wesen der
Kunst, in die höchste Pflicht und die eigenste Würde des Künstlers, stehen zwischen trivialen, sentimentalen Anforderungen, so
daß man nicht weiß wo einem der Kopf steht. Es wäre eine gar
artige und lustige Arbeit wenn man Muth genug hätte das Werk
zu übersetzen, und immer mit seinem Texte zu controvertieren,
oder ihm Beyfall zu geben, ihn zu erläutern oder zu erweitern.«
(An Johann Heinrich Meyer. Den 8. August 1796)
Diderots Schrift kam auch mehrfach im Briefwechsel zwischen Goethe und Schiller zur Sprache. Sie wurde von beiden
Seiten gelobt: »Ein rechtes Geistesbedürfnis« (Schiller an
Goethe, Jena, den 16. Dezember 1796). »Es ist ein herrliches
Buch und spricht fast noch mehr an den Dichter als an den bil-
denden Künstler, ob es gleich auch diesem oft mit gewaltiger
Fackel vorleuchtet.« (Goethe an Schiller. Weimar, am 17. Dec.
1796).

Doch erst die Gründung der *Propyläen* und der Bedarf an Beiträgen für die Zeitschrift veranlaßten Goethe zur Übersetzung. Goethes umfangreiche Kommentare sind wohl durch den Zwiespalt einer ebenso freundlichen wie kontroversen Einstellung zu Diderot bestimmt. Diese Ambivalenz erwähnt Goethe in seinen Anmerkungen. In der Erinnerung hingegen sah er seine Kommentare eher von einer heiteren Warte aus: »Diderot von den Farben mit Anmerkungen versehen, welche mehr humorvoll als künstlerisch zu nennen wären« (*Tag= und Jahreshefte.* 1798) Die Anmerkungen enthalten jedenfalls Goethes erste musiktheoretischen Aphorismen. Den eigentlichen Anlaß gab wohl eine Stelle in Diderots Kapitel »Meine kleinen Ideen über die Farb«. Unter der Überschrift: »Fundament der Harmonie«, beginnt Diderot seine Sentenz: »Ich werde mich wohl hüten in der Kunst die Ordnung des Regenbogens umzustoßen. Der Regenbogen ist in der Mahlerei was der Grundbaß in der Musik ist.« (*Diderot's Versuch über die Mahlerei.* Zweites Capitel.)

Goethe bringt seinen eigenen Vergleich mit dem »Generalbaß« bereits in den Anmerkungen zu Diderots erstem Kapitel (Meine wunderlichen Gedanken über die Zeichnung). Die Anregung zu diesem musikalischen Vergleich kam durch Diderots Diskurs über das Studium der Anatomie und die Bedeutung der Darstellung des Äußeren. In seiner Anmerkung stellt Goethe die Frage: »Aber was ist das Äußere in der organischen Natur anders als die ewig veränderte Erscheinung des Innern? Dieses Äußere, diese Oberfläche ist einem mannichfaltigen, verwickelten, zarten, innern Bau so genau angepaßt, daß sie dadurch selbst ein Inneres wird, indem beide Bestimmungen, die äußere und die innere, im ruhigsten Dasein, so wie in der stärksten Bewegung stets im unmittelbarsten Verhältnisse stehen.« Zur Veranschaulichung dieser These über die gedachte Identität von Äußerem und Innerem in der bildenden Kunst bringt Goethe jetzt einen Vergleich aus zwei nachbarlichen Künsten, in welchen er sich kompetent weiß, nämlich in der Musik und in der Dichtung:

»Der musikalische Componist wird, bei dem Enthusiasmus seiner melodischen Arbeiten, den Generalbaß, der Dichter das Silbenmaß nicht vergessen.« (*Diderot's Versuch über die Mahlerei. Erstes Capitel.*) Dieser Vergleich offenbart Goethes professionellen Musikverstand. Goethe wußte um die fundamentale Bedeutung des »Grundbasses«, ohne den innerhalb eines Tonsatzgefüges auch die beste Melodie nicht auskommen kann. Goethe behandelt hier beiläufig auch die Melodie. Er kannte ihre elementare Verknüpfung mit dem Generalbaß wahrscheinlich sogar aus eigener praktischer Erfahrung. Als Klavierspieler mußte er das Generalbaßspiel zum mindesten in den Grundzügen beherrschen. In der damaligen Literatur für häusliches Musizieren, zum Beispiel Tänze aus Suiten, Menuette, Polonaisen, Märsche, war die Stimme für die linke Hand noch wie im Zeitalter des Barock mit den Ziffern für die auf der Tastatur des Klaviers spontan zu greifenden Akkorde des Generalbasses notiert. Dieses strukturbildende Gerüst in der Musik entspricht, wie Goethe in seinem doppelten Vergleich ausführt, also dem Silbenmaß in der Dichtung. Dem professionellen schöpferischen Künstler sind solche Grundlagen natürlich bewußt. Er weiß stets, wie und was er macht. Goethe untermauert seinen Vergleich noch mit einer allgemeineren Sentenz über den Schaffensprozeß: »Die Gesetze, nach denen der Künstler arbeitet, vergisst er so wenig, als den Stoff, den er behandelt.« (*Diderot's Versuch über die Mahlerei.* Erstes Capitel.)

Übrigens hatten sich Goethe und Schiller bereits in einem ursprünglich für die *Propyläen* gedachten Beitrag »Über den Dilettantismus in der Musik und in anderen Künsten« Gedanken gemacht. Die dabei in Tabellenform aufgelisteten Auswirkungen auf das »Subjekt« und auf das »Ganze« werden uns noch beschäftigen (vgl. Seite 147 f.), insbesondere im Zusammenhang der (ebenfalls tabellarisch angelegten) *Tonlehre.*

Auf die symbolische Bedeutung des Generalbasses als Maßstab professionellen Kunstschaffens hat Goethe auch noch später hingewiesen. Niemand könne gegen die Gesetze des Generalbasses verstoßen – äußerte er einmal zu Freunden –, ohne daß es von Experten mißbilligt und vom Publikum nicht bemerkt würde. Ein solches Kunstgespräch fand im Jahre 1807 in Jena statt, als Goethe am dritten Kapitel von *Wilhelm Meisters Wanderjahre* arbeitete: »19. Mai. Jena. Um 7 Uhr das dritte Kapitel Die Heimsuchung diktiert. Kam Kriegsrat von Stein von Weimar herüber. Mittags mit ihm, den beiden Voigt und Hendrich bei Major von Knebel. Abends ebendaselbst. Gespräch über Kunst, insbesondere der Malerei. Warum es immer beim Dilettantismus bleibe. Es fehlt an einer aufgestellten und approbierten Theorie, wie sie die Musik hat, in der keiner gegen den Generalbaß schlegeln darf, ohne daß die Meister es rügen, und unsere Ohren es mehr oder weniger empfinden.« (*Tagebücher,* 1801–1808) Weiterhin wird die Bedeutung des Generalbasses auch in der schon von uns behandelten »Vergleichung der Musik mit der Botanik« (aus der Feder Meyers) hervorgehoben: »mit mathematischer Strenge beherrscht der Generalbaß die Harmonie«.

In den Anmerkungen zum zweiten Kapitel des Werkes von Diderot, »Fundament der Harmonie«, kommentiert Goethe auch den bereits zitierten Satz »Der Regenbogen ist in der Mahlerei was der Grundbaß in der Musik ist«. Zunächst widerspricht er Diderots These, der Regenbogen sei bei den Farben das Fundament der Harmonie. Goethe hält dagegen, daß es vielmehr eine höhere allgemeine Harmonie gäbe, unter deren Gesetzen auch der Regenbogen und die prismatischen Erscheinungen stünden. Hieraus folge, daß der Regenbogen keineswegs mit dem Grundbaß der Musik verglichen werden könne. Der Regenbogen umfasse zudem nicht alle in der Refraktion zu beobachtenden Erscheinungen. Bei dieser Argumentation stützt sich Goethe auf physikalische Grundlagen. Bei seiner Kritik an Diderots musikalischem Vergleich führt er natürlich musiktheoretische Argumente ins Feld. Der Regenbogen »sei so wenig der Generalbaß der Farben, als ein Duraccord der Generalbaß der Musik sei; aber weil es eine Harmonie der Töne gibt, so ist ein Duraccord harmonisch«.

Goethe versteht »harmonisch« hier offenbar im ursprünglichen Sinne des griechischen ἁρμόττω [harmotto: zusammenfügen, in Übereinstimmung bringen]. Die aus der sogenannten Natur- oder Partialtonreihe abgeleiteten Dreiklangtöne (Grundton, Terz, Quinte) sind »in Übereinstimmung« zu einem Akkord zusammengefügt und somit eben »harmonisch«. Goethe verweist auch auf die Existenz eines Mollakkords – und damit auf die musiktheoretisch schwierig zu erörternde Koexistenz von Dur und Moll –, »der keineswegs in dem Duracord, wohl aber in dem ganzen Kreise musikalischer Harmonie begriffen ist«. In diesem Kommentar erweist sich Goethe auch in der Musiktheorie als klassizistischer Denker. Er gebraucht die Vokabel »Harmonie« offensichtlich im Sinne der pythagoräischen Schule, nach deren Auffassung die sieben Planeten durch ihre Bewegung eine wortwörtlich übergeordnete Harmonie der Töne hervorbringen. Goethe übertrug diesen aus der antiken Musiktheorie stammenden Harmoniebegriff auch auf die Malerei, indem er von der »höheren allgemeinen Harmonie der Farberscheinungen« spricht. (a.a.O.)

Goethe eröffnet hier am Rande seiner Anmerkungen eine Debatte um die Dur- und Mollakkorde. Sie sollte den fünfzigjährigen philosophischen Forscher noch über etwa zweiunddreißig weitere Jahre beschäftigen. Er setzte die Erörterung in der *Farbenlehre* (Echter Ton, § 890) fort. Er vertiefte sie zusammen mit Zelter seit dem Jahre 1810, und brachte das Ergebnis in seine tabellarisch angelegte *Tonlehre* ein. Fünf Jahre später nahm er die Diskussion in einer Korrespondenz mit Christian Heinrich Schlosser, Mediziner und Gymnasialdirektor in Koblenz, wieder auf. Am 31. März 1831, ein Jahr vor seinem Tode (22. März 1832), debattierte er brieflich mit Zelter zum letzten Mal über das Geheimnis der kleinen Terz.

14.
»Schillers philosophischer Ordnungsgeist«
Freundeshilfe bei tabellarisch
symbolischen Abhandlungen

Das erste Zusammentreffen zwischen Goethe und Schiller im Dezember 1779 war ganz zufällig. Beim Stiftungsfest der herzoglichen Karlsschule in Stuttgart empfing der zwanzigjährige Medizinstudent Friedrich Schiller drei Urkunden für Preise in den Fächern »Arzneimittellehre«, »Äußere Heilkunde« und »Innere Heilkunde« aus den Händen des Landesherrn. Bei diesem Festakt am 14. Dezember 1779 war auch Herzog Carl August von Sachsen in Begleitung des dreißigjährigen Sächsischen Geheimen Legationsrates Goethe zugegen.

Es ist nicht bekannt, ob sich die beiden späteren Freunde damals bewußt wahrgenommen haben. Bis zum nächsten Treffen zwischen Goethe und Schiller vergingen noch fast neun Jahre. Nach Schillers Flucht aus der despotisch geführten Militärakademie in Stuttgart, den anschließenden Stationen in Mannheim, Oggersheim, auf dem Gut Bauerbach bei Meiningen und wieder in Mannheim kam es durch Vermittlung der Charlotte v. Kalb zu einer Begegnung mit dem Herzog Carl August von Sachsen. Schiller las im Dezember 1784 im Darmstädter Hof in Mannheim den ersten Akt aus *Don Carlos*. Der Herzog verlieh ihm daraufhin wohlwollend den Titel eines herzoglich sächsischen Rates.

Nach weiteren Zwischenstationen in Leipzig und Dresden kam Schiller im Jahre 1787 auf Initiative der Freifrau v. Kalb nach Weimar. Goethe unternahm gerade seine Reise nach Italien, und Herzog Carl August war ebenfalls außer Landes. Doch

Herzogin Amalie, Herder, v. Knebel und Wieland hießen den jungen Schwaben willkommen. Nach Goethes Rückkehr trafen Goethe und Schiller erstmals am 7. September 1788 in Rudolfstadt im Hause der Luise von Lengefeld, der späteren Schwiegermutter Schillers, zusammen. Auch diese Begegnung brachte noch keine eigentliche Annäherung. Die Gesellschaft war viel zu groß, so daß ein Gespräch unter vier Augen nicht zustande kam, wie Schiller Theodor Körner am 12.9.1788 berichtete. Zur gleichen Zeit erschien Schillers *Egmont*-Rezension in der *Allgemeinen Literatur-Zeitung*. Drei Monate später verfaßte Goethe ein Promemoria, welches Schillers Anstellung als Professor für Geschichte in Jena befürwortete. Dennoch schienen die beiden Männer nicht zu harmonieren. Vielmehr stießen sie einander ab. Schiller schrieb am 2. Februar 1789 an den befreundeten Gönner Christian Gottfried Körner in Leipzig (den Vater des Dichters Theodor Körner): »Öfters um Goethe zu sein, würde mich krank machen.« Und einen Monat später: »Dieser Mensch, dieser Goethe ist mir einmal im Wege.« Die Abneigung beruhte auf Gegenseitigkeit. Schiller wurde anfänglich auch von Goethe gemieden. Nach seiner Rückkehr aus Italien war Goethe angesichts der inzwischen in Deutschland erschienenen dichterischen Produktionen schockiert. In diesem Zusammenhang nannte er neben Heinses *Ardinghello* auch Schillers *Räuber*, die ihn »äußerst anwiderten« – Schiller hatte in genialem Schwung gerade gegen einige in Italien gefaßten Grundsätze Goethes verstoßen –, »weil ein kraftvolles, aber unreifes Talent gerade die ethischen und theatralischen Paradoxen von denen ich mich zu reinigen gestrebt, recht im vollen hinreißenden Strome über das Vaterland ausgegossen hatte«. (*Biographische Einzelheiten. Erste Bekanntschaft mit Schiller.* 1794) Alle Vermittlungsversuche von Freunden lehnte Goethe ab. Deshalb lebten sie »eine Zeitlang nebeneinander fort. An keine Vereinigung war zu denken«. An anderer Stelle hat Goethe zusammengefaßt, daß »zu der Differenz unserer Individualitäten die Gährung sich gesellte«. *(Biographische Einzelheiten.* Ferneres in Bezug auf mein Verhältniß zu Schiller*)*

Am 26. Mai 1789 hielt Schiller in Jena seine Antrittsvorlesung, und heiratete am 22. Februar 1790. Erst jetzt kam es zu einer Annäherung. Goethe und Schiller hatten zuvor einer Sitzung der »Naturforschenden Gesellschaft« beigewohnt und führten anschließend in Schillers Haus ein Gespräch über Kant, insbesondere aber über Goethes *Metamorphose der Pflanzen.* Schiller belehrte, wie schon erwähnt, den Naturforscher Goethe mit dem Schlüsselsatz:»das ist keine Erfahrung, das ist eine Idee.« Und Goethe nahm sich angesichts der überlegenen Lebensklugheit seines jüngeren Gesprächspartners zusammen, unterdrückte seinen alten Groll gegen Schillers Naturell und erwiderte:»das kann mir sehr lieb sein, daß ich Ideen habe ohne es zu wissen und sie sogar mit Augen sehe.« *(Biographische Einzelheiten.* Erste Bekanntschaft mit Schiller. 1794) Sie stritten heftig miteinander, doch keiner konnte sich für den Sieger halten. Aber das Eis war endlich gebrochen; der sich anbahnenden Freundschaft und schöpferischen Zusammenarbeit stand nichts mehr im Wege. Goethe versprach seine Mitarbeit an den *Horen.* Bald notierte er sich ins Tagebuch:»Wir verlebten keinen Tag in der Nähe, ohne uns mündlich, keine Woche in der Nachbarschaft, ohne uns schriftlich zu unterhalten.« *(Tag = und Jahreshefte.* 1797) Später hat Goethe dieser ersten Begegnung in Schillers Hause unter dem Titel *Glückliches Ereignis* ein Denkmal gesetzt. Eine ähnliche Bedeutung kommt auch seiner Veröffentlichung des Briefwechsels mit Schiller zu.

Der von Goethe erwähnte Gedankenaustausch hat auch die Musik berührt. 1799 kam es zu einer engen Zusammenarbeit zwischen Goethe und Schiller. Sie zeichneten gemeinsam eine sogenannte Temperamentenrose und nahmen sich für die *Propyläen* ein kooperatives Projekt über den Dilettantismus vor. Hierbei kam Schillers »philosophischer Ordnungsgeist« der von Goethe bevorzugten tabellarischen Darstellungsweise zugute.

Goethe hat zur Veranschaulichung einer Methode gern die eine Synopsis ermöglichende Tabellenform gewählt. Ein frühes Beispiel gibt es in der *Italiänischen Reise*. Im September 1786 fiel es ihm in Verona zunächst schwer, der auf den ersten Blick verworren anmutenden einheimischen Stundenrechnung zu folgen. Die »viel mit den Fingern in der Luft und alles im Kopf rechnenden« Italiener kamen mit der Differenz zwischen der visuellen Anzeige (durch den Uhrzeiger) und der akustischen (durch den Glockenschlag) mit geradezu kindlicher Unbekümmertheit gut zurecht. Aber für Goethe als Touristen war dies schwieriger, zumal er sich den Unterschied auch noch in die deutsche Stundenrechnung übertrug. Doch mit einer tabellarischen, in drei konzentrische Kreise geformten Darstellung der besagten Differenzen erfand Goethe ein anschauliches Hilfsmittel, um das komplizierte Rechenspiel in eine übersichtliche Graphik zu übertragen. Im größeren Zusammenhang betrachtet, ist dieses Verfahren eine Variante des Goetheschen Gestaltungsdrangs, die ihn umtreibenden Vorstellungen in ein »Bild« zu übersetzen (siehe Abbildung 4, nächste Seite).

Zurück in das Jahr 1799. Goethe berichtet, daß die rege Weimarer Kunstszene Schiller zu gemeinschaftlichen Betrachtungen über Natur, Kunst und Sitten anregte. Bei dieser schöpferischen Zusammenarbeit entschieden sich die beiden Freunde zunehmend für »tabellarisch symbolische« Darstellungen: »Im September hielten wir die erste Ausstellung der Preisbilder. Erwarben nun auf diese Weise die Weimarischen Kunstfreunde sich einiges Zutrauen der Außenwelt, so war auch Schiller aufgeregt, unablässig die Betrachtungen über Natur, Kunst und Sitten gemeinschaftlich anzustellen. Hier fühlten wir immermehr die Nothwendigkeit von tabellarischer und symbolischer Behandlung. Wir zeichneten zusammen jene Temperamentenrose wiederholt, auch der nützliche und schädliche Einfluß des Dilettantismus auf alle Künste ward tabellarisch weiter ausgearbeitet,

Bergleichungs-Kreis

der

italiänifchen und deutfchen Uhr, auch der italiänifchen Zeiger für die zweite Hälfte des Septembers.

Mittag

Mitternacht.

Die Nacht wächf't mit jedem halben Monat eine halbe Stunde.				Der Tag wächf't mit jedem halben Monat eine halbe Stunde.			
Monat.	Tag.	Wird Nacht nach unferm Zeiger	Ift Mitternacht alsdann um	Monat.	Tag.	Wird Nacht nach unferm Zeiger	Ift Mitternacht alsdann um
Auguft	1	8 1/2	3 1/2	Febr.	1	5 1/2	6 1/2
—	15	8	4	—	15	6	6
Sept.	1	7 1/2	4 1/2	März	1	6 1/2	5 1/2
—	15	7	5	—	15	7	5
Octbr.	1	6 1/2	5 1/2	April	1	7 1/2	4 1/2
—	15	6	6	—	15	8	4
Nov.	1	5 1/2	6 1/2	Mai	1	8 1/2	3 1/2 .
—	15	5	7	—	15	9	3

Von da an bleibt die Zeit ftehen und ift

	Nacht	Mitternacht		Nacht	Mitternacht
December			Juni		
Januar	5	7	Juli	9	3

Goethes Werke. 30. Bd.

Abb. 4 Goethes im September 1786 in Verona graphisch tabellarisch veranschaulichte ganzjährige Stundenrechnung der Einheimischen.

wovon die Blätter beidhändig noch vorliegen. Überhaupt wurden solche methodischen Entwürfe durch Schillers philosophischen Ordnungsgeist, zu welchem ich mich symbolisierend hinneigte, zur angenehmsten Unterhaltung. Man stellte sie von Zeit zu Zeit wieder auf, prüfte sie, stellte sie um, und so ist denn auch das Schema der Farbenlehre öfters bearbeitet worden.« (*Tag= und Jahreshefte.* 1799)

Ganz ähnlich wie Goethe seinerzeit in Verona den »Vergleichungskreis« der italienisch-deutschen Uhr zu Papier gebracht hatte, zeichneten jetzt Schiller und Goethe in Gemeinschaftsarbeit mehrere Fassungen einer sogenannten »Temperamentenrose«. Auch diese Graphik besteht wieder aus konzentrischen Kreisen, welche, angefüllt mit verschiedenen Eigenschaftswörtern, dem Betrachter eine Synopsis menschlicher Charaktere erschließen. Goethe hat die in klassizistischer Manier der antiken Lehre von den vier Temperamenten nachempfundene Graphik in einem Falle mit zarten Wasserfarben koloriert. Er benutzte wie in Entwürfen zur *Farbenlehre* einen »Farbenkreis« mit sechs prismatischen Komplementärfarben (Purpur/Rot-Grün, Violett-Gelb, Blau-Orange.) Dieses Exemplar wurde übrigens als Emblem auf der Ausstellung »Goethe als Naturforscher« 1994 in Frankfurt und Weimar gezeigt.

Eine weitere ähnliche Graphik Goethes behandelt die *Epochen der Wissenschaften* (siehe Abbildung 5, nächste Seite). Der handschriftlichen Fassung ließ Goethe noch ein gedrucktes Kärtchen sowie eine Polaritätstabelle folgen:

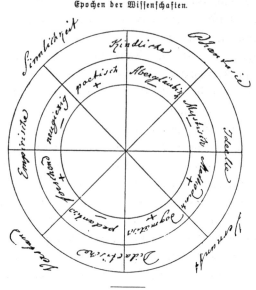

Epochen der Wissenschaften.

Drey Epochen der Wissenschaften.

1
Kindliche
Poetische   Abergläubische

2
Empirische
Neugierige   Forschende
3
Dogmatische
Pedantisch   Methodisch
4
Ideelle Mystisch

Abb. 5   Goethes Darstellung der Epochen der Wissenschaften in einer handschriftlichen Graphik und einer Polaritätstabelle.

Die Gemeinschaftsarbeit über den Dilettantismus geriet allein schon des Stoffes wegen unvergleichlich umfangreicher. Wie Goethe erwähnt, wurden die Tabellen über neun ausgewählte Kunsttätigkeiten (»Poesie, Zeichnung, Mahlerey, Sculptur, Architecktur, Gartenkunst, Musick, Tanz, Theater«) des öfteren überarbeitet. Goethe wollte dem Ganzen eigentlich eine poetische Form geben, damit es allgemeiner und gefälliger wirke. Außerdem beabsichtigte er das Thema noch in einer Schrift abzuhandeln. Goethe maß der Arbeit größte Wichtigkeit bei. Im Verlauf der Beschäftigung erkannte er, wie stark sich der Dilettantismus ausgebreitet hatte: »Denn wie Künstler, Unternehmer, Verkäufer und Käufer und Liebhaber jeder Kunst im Dilettantism ersoffen sind, das sehe ich jetzt mit Schrecken, da wir die Sache so sehr durchgedacht und dem Kinde einen Namen gegeben haben. Wir wollen mit der größten Sorgfalt unsere Schemata nochmals durcharbeiten, damit wir uns des ganzen Gehaltes versichern und dann abwarten, ob uns das gute Glück eine Form zuweist, in der wir ihn aufstellen. Wenn wir dereinst unsere Schleusen ziehen, so wird es die grimmigsten Händel setzen, denn wir überschwemmen geradezu das ganze liebe Tal, worin sich die Pfuscherei so glücklich angesiedelt hat. Da nun der Hauptcharakter des Pfuscher die *Inkorribilität* ist, und besonders die von unserer Zeit mit einem ganz bestialischen Dünkel behaftet sind, so werden sie schreien, daß man ihnen ihre Anlagen verdirbt, und, wenn das Wasser vorüber ist, wie Ameisen nach dem Platzregen alles wieder in alten Stand setzen. Doch das kann nicht helfen, das Gericht muß über sie ergehen. Wir wollen unsere Teiche nur recht anschwellen lassen und dann die Dämme auf einmal durchstechen. Es soll eine gewaltige Sündflut werden.« (An Schiller. Weimar, am 22. Juni 1799)

Schiller riet in seiner postwendenden Antwort von einer ästhetischen Bemäntelung des geplanten Aufsatzes ab. Statt dessen redete er, nicht minder aggressiv als Goethe, einer unverblümten Direktheit das Wort: »Das einzige Verhältnis gegen das Publikum, das einen nicht reuen kann, ist der Krieg, und ich bin sehr dafür, daß auch der Dilettantismus mit allen Waffen angegriffen wird. Eine ästhetische Einkleidung, wie etwa der Sammler [Goethes Novelle *Der Sammler und die Seinigen, Propyläen* II,2] würde diesem Aufsatz freilich bei einem geistreichen Publikum den größeren Eingang verschaffen, aber den Deutschen muß man die Wahrheit so derb sagen als möglich, daher ich glaube, daß man wenigstens den Ernst, auch in der äußern Einkleidung vorherrschen lassen muß.« (An Goethe. Jena, 25. Juni 1799)

Der Tonfall in diesen Briefen erinnert unwillkürlich an den Übermut aus der Zeit der gemeinsamen Xenienproduktion Goethes und Schillers. In der Angelegenheit selbst, den Tabellen und den verschiedenen Entwürfen zu einer Abhandlung über den Dilettantismus, geht es sachlicher zu. Die Entwürfe zu der geplanten Abhandlung sind von Goethe allein, wenngleich der eine oder andere Gedanke natürlich auch von Schiller stammen mag. In den Tabellen ist Schillers Einfluß deutlicher zu erkennen. Die Einteilung in Schaden und Nutzen, die differenzierte Beziehung auf das Subjekt und das Ganze, letzteres nochmals historisch (Alte und Neue Zeit) und topographisch (in Deutschland, im Ausland) unterteilt, das verweist wohl auf den von Goethe so bewunderten »philosophischen Ordnungsgeist« Friedrich Schillers. Auch die ähnliche Anlage späterer Tabellen in Goethes naturwissenschaftlichen Schriften geht offenbar auf den Einfluß des Freundes zurück. In der Tabelle zur *Tonlehre* hat Goethe die ursprünglich zweiteilige Anlage auf drei Abteilungen erweitert, indem er zwischen »Subjekt« und »Objekt« die Kolumne »Vermittlung« einfügte.

15.
»Ausübung der Kunst nach Wissenschaft«
Eine Auseinandersetzung
mit dem Dilettantismus

Goethes und Schillers kunstkritische Pläne, die »unverbesserlichen dünkelhaften Pfuscher« ihrer Zeit an den Pranger zu stellen, sind nicht über das Stadium von Vorarbeiten hinausgekommen. Goethe wollte zunächst abwarten, ob ihnen »das gute Glück eine Form« zuwiese, in welcher der Gehalt der gemeinsam erstellten Tabellen über den Dilettantismus präsentiert werden könne. (An Schiller. Weimar, am 22. Juni 1799) Aber daraus wurde nichts. Alle Arbeiten sind fragmentarisch, und aus diesem Grund denn auch unveröffentlicht geblieben. Gleichwohl wurden sie für Goethe selber zu einer Bausteinsammlung für sein künftiges Kunstdenken.

In diversen Entwürfen zu einer darstellenden Abhandlung und in den mit Schiller gemeinsam erarbeiteten verschiedenen Fassungen der Tabellen ist zumeist vom Schaden, in einigen Fällen aber auch vom Nutzen des Dilettantismus die Rede. »Das Kunstwerk fordert den Menschen zum Genuß auf«, notierte sich Goethe in einem Schema und führte weiter aus: »Der Mensch erfährt und genießt nichts, ohne sogleich productiv zu werden. Dies ist die innerste Eigenschaft der menschlichen Natur. Ja man kann ohne Übertreibung sagen, es sey die menschliche Natur selbst.« In solchem Zusammenhang spricht Goethe auch vom Nutzen des Dilettantismus: »Weil der Dilettant die productive Kraft beschäftigt, so cultiviert er etwas wichtiges am Menschen.« (*Schriften zur Kunst 1788–1800:* Über den Dilettantismus) Im großen und ganzen aber überwiege der Schaden: »Beim

Dilettantism ist der Schaden immer größer als der Nutzen.« Dieser Nachteil wird stellenweise relativiert: »Der Dilettant verhält sich nicht gleich zu allen Künsten.« Auch die erste Tabellenfassung beginnt mit einer Einschränkung: »Hauptgesetz: Dilettantism ist unschuldiger, ja er wirkt bildend in solchen Künsten, wo das Subjekt für sich allein schon viel bedeutet.« Goethe hat in seinen Entwürfen diese Sentenz präzisiert: »Wo das Subjektive für sich allein schon viel bedeutet, muß der Dilettant sich dem Künstler nähern, z. B. Tanz, Musik, schöne Sprachen, lyrische Poesie.« Um die Differenzierung der schädlichen Auswirkungen des Dilettantismus geht es hier fast nur beiläufig. Größere Beachtung hat Goethe der Analyse gewidmet. Hier wurden Ursachen kenntlich gemacht und zugleich jene Gesetze der Kunst definiert, gegen welche durch Dilettantismus verstoßen wird. Goethe grenzt sich durch diese Auseinandersetzung gegen die »practische Liebhaberey in den Künsten« ab. Sein künstlerischer Standort wird erkennbar. Dilettantismus wird jetzt gewissermaßen das Gegenwort zur Kunst: »Dilettantismus setzt eine Kunst voraus wie Pfuschen das Handwerk.«

Was aber ist Kunst und was ist Pfuschen? Goethe hat es in den Entwürfen ausführlich erklärt. »Die Kunst gibt sich selbst Gesetze und gebietet der Zeit; der Dilettant folgt den Neigungen der Zeit.« Das aus dem Deutschen stammende Wort »pfuschen« bezieht sich auf das Handwerk. Auch hier stellt Goethe einen Zusammenhang zur Kunst her: »Vom Handwerk kann man sich zur Kunst erheben. Vom Pfuschen nie.« Goethe präzisiert auch die Beziehung zwischen Kunst und Handwerk: »Der Dilettant verhält sich zur Kunst wie der Pfuscher zum Handwerk. Man darf bey der Kunst voraussetzen, daß sie gleichfalls nach Regeln erlernt und gesetzlich ausgeübt werden müsse, ob gleich diese Regeln nicht wie die eines Handwerks durchaus anerkannt und die Gesetze der sogenannten freien Künste nur geistig und nicht bürgerlich sind.« (»Über den sogenannten Dilettantismus oder Die practische Liebhaberei in der Kunst«)

Goethe-Portrait von Johann Daniel Bager, ca. 1773.

TAFEL I

Cornelias »Giraffen-Klavier«. Ein im Frankfurter Goethe-
Museum befindliches Exemplar aus der Werkstatt des
Klavierbauers Christian Ernst Friederici, aus der auch das
Instrument für Goethes Schwester stammte.

TAFEL II

Goethes eigenhändiger Entwurf eines Bühnenbildes für
seine Inszenierung von Mozarts *Zauberflöte* (ca. 1810).
Das Aquarell zeigt den Auftritt der auf einer Mondsichel
schwebenden Königin der Nacht in dem in ionischem
Stil gestalteten Säulen-Palast Sarastros.

Tafel III

Johann Heinrich Friederich Schütz (1779–1829),
Organist und Badeinspektor in Berka an der Ilm. Durch
seine Klaviervorträge in Berka und Weimar, namentlich die
der Präludien und Fugen Johann Sebastians Bachs, wurde
Goethes Musikverständnis geprägt. Ölgemälde von
Johann Joseph Schmeller, 1819

Tafel IV

Karl Friedrich Zelter (1758–1832), Goethes Berliner
musikwissenschaftlicher Gesprächspartner und Duzfreund.
Ölgemälde von Karl Begas, 1827.

TAFEL V

Goethe beim Diktat mit seinem Schreiber John.
Ölgemälde von Johann Joseph Schmeller, 1829/31.

TAFEL VI

Die Tabelle der Tonlehre ließ Goethe in der zweiten
Hälfte des Jahres 1827 über dem Waschtisch in seinem
Schlafzimmer anbringen.

In den Zusammenhang der angesprochenen (handwerklichen) Regeln und (geistigen) Gesetze der Kunst gehört offenbar auch die Sentenz »Ausübung der Kunst nach Wissenschaft«. Goethe faßt den »Begriff des Künstlers im Gegensatz des Dilettanten«. Der Unterschied besteht in der Ausrichtung ihrer künstlerischen Tätigkeiten: Der Künstler handelt nach überprüfbaren Regeln und mit ganzem Interesse und Ernst. Der Dilettant hingegen folgt einer Neigung, aber nur mit halbem Interesse. »Er treibt alles als Spiel, als Zeitvertreib.« (Tabelle »Zeichnung«)

Der Gegensatz von Künstler und Dilettant ist außerdem elementar, da Goethe feststellt: »Der Dilettant wird abgeleitet. Der Künstler wird geboren. Er ist eine von der Natur privilegierte Person.«

Wir erinnern uns des von Goethe 1772 aus Frankfurt an Herder geschriebenen Briefes über seine Begeisterung für den griechischen Odendichter Pindar (vgl. Seite 36) Er zitierte damals den Unterschied zwischen »Weise durch Geburt« und »den Angelernten«, deren »leerer Gesang dem Gekrächze der Raben vergleichbar sei«.

Kein Zweifel, Goethe hat auch hier Gedanken Pindars in sein Kunstdenken eingebracht. Denn er betont, daß der Künstler kraft seiner angeborenen Naturanlage handele. Diese Disposition bestimmt denn auch sein Leben als Künstler: »Er ist genöthigt etwas auszuüben, das ihm nicht jeder gleich thun kann.«

Weil aber der Dilettant trotz mangelnder Naturbegabung in den Künsten tätig ist, handelt er nicht nach den Regeln der »Schule«, sondern nach der Willkür einer Selbstdarstellung. Dabei leitet er seine Regeln aus der Wirkung des Kunstwerkes ab und verwechselt schließlich die Kunst mit dem Stoff: »Weil der Dilettant seinen Beruf zum Selbstproduzieren erst aus den Wirkungen der Kunstwerke auf sich empfängt, so verwechselt er diese Wirkungen mit den objektiven Ursachen und Motiven, und meint nun den Empfindungszustand, in den er versetzt ist, auch produktiv und praktisch zu machen, wie wenn man mit dem

Geruch einer Blume die Blume selbst hervorzubringen ge-
dächte. Das an das Gefühl sprechende, die letzte Wirkung aller
poetischen Organisationen, welche aber den Aufwand der Kunst
selbst voraussetzt, sieht der Dilettant als das Wesen derselben
an, und will damit selbst hervorbringen.«

Die Verwechslung des Abgeleiteten mit dem Ursprünglichen
hielt Goethe später gar für das Schlimmste, was der Wissenschaft geschehen könne. Die Bedeutung der erwähnten Entwürfe über den Dilettantismus als Materialsammlung wird aus
einem Kapitel der später entstandenen *Farbenlehre* ersichtlich.
In der fünften Abteilung »Nachbarliche Verhältnisse« behandelt
Goethe als erstes die Beziehung zur Philosophie. Dabei greift er
offenbar einen Gedanken aus den Entwürfen über den Dilettantismus wieder auf, nämlich die schädliche Verwechslung von
Abgeleitetem und Ursprünglichem. Sie ist dort zunächst auf die
Physik bezogen. Doch hat Goethe auch andere Wissenschaften
in seine Überlegungen mit eingeschlossen: »Das Schlimmste,
was der Physik, so wie mancher anderen Wissenschaft wider-
fahren kann, ist, daß man das Abgeleitete für das Ursprüngliche
hält, und da man das Ursprüngliche aus dem Abgeleiteten nicht
ableiten kann, das Ursprüngliche aus dem Abgeleiteten zu
erklären sucht. Dadurch entsteht eine unendliche Verwirrung,
ein Wortkram und eine fortdauernde Bemühung, Ausflüchte zu
suchen und zu finden, wo das Wahre nur irgend hervortritt und
mächtig werden will.« (*Zur Farbenlehre.* Didaktischer Theil,
§ 718)

Goethe faßt die schädlichen Wirkungen des Dilettantismus am
Schluß seines letzten Entwurfes zusammen: »Was dem Dilettanten eigentlich abgeht, ist Architektonik im höchsten Sinne, diejenige Kraft, welche erschafft, bildet, constituiert; er hat davon
nur eine Art von Ahndung, giebt sich aber durchaus dem Stoff
dahin, anstatt ihn zu beherrschen.«

Anders als in den Entwürfen ist in den Tabellen über den
Dilettantismus der Musik reichlich Platz eingeräumt. Manche

Abschnitte sind ebenso von historischer Bedeutung wie zeitloser Gültigkeit, etwa die Erörterung des Schadens beim seinerzeit aufkommenden Virtuosentum und der aufkeimenden patriotistischen Folklore. So ist in der zweiten Tabellenfassung über den Dilettantismus in der Musik, in der Kolumne »Schaden fürs Ganze, Neue Zeit. Deutschland« festgestellt, daß bei den Aufführungen von Werken für »Flügel und Violin« – der geschichtlich gerade im Entstehen begriffenen virtuosen Kammermusik – die »mechanische Fertigkeit« (manuelle Technik) zu sehr in den Vordergrund geriete. Außerdem fördere diese Musik-Literatur die Eitelkeit der Ausführenden. »Ausübung: Flügel und Violin. Mehr Werth gelegt auf mechanische Fertigkeit und Künstlichkeit, weniger Zusammenhang mit Leben und Leidenschaft. Geht in Concerte über. Mehr Nahrung der Eitelkeit.«

Auch die in den Tabellen geäußerte Kritik an dilettantischen Kompositionen von Volksliedern ist wohl kaum veraltet, insbesondere, wenn wir uns der im Ersten und Zweiten Weltkrieg gesungenen Kampflieder erinnern. »Hervorbringung: Lieder und Opernwesen. Falsche Hoffnung durch componierte Volkslieder Nationalsinn und ästhetischen Geist zu pflanzen.«

Ein »Schaden« aus der autodidaktischen Musikproduktion ist in einer Kolumne »fürs Subjekt« erörtert. Wenn es der strengen Anleitung in der Hervorbringung (Komposition) ermangele, entstehe eine bestimmte, offenbar kaum zu behebende Unsicherheit. Goethe fügt noch hinzu, daß der Musik-Dilettantismus allgemein mehr als bei anderen Kunsttätigkeiten den Ausübenden geistig beschränke und für andere Kunstwerke unempfänglich mache: »Wenn es autodidaktisch geschieht und nicht unter der strengen Anleitung eines Meisters, wie die Applicatur [eigentlich: Fingersatz] selbst, erlernt wird, so entsteht ein ängstliches unbefriedigtes Streben, da der Musikdilettant nicht wie in anderen Künsten, ohne Kunstregeln Effekte hervorbringen kann. Auch macht der Musikdilettantism noch mehr als ein anderer untheilnehmend und unfähig für den Genuß fremder Kunstwerke, und beraubt und beschränkt also das Subjekt, das er in seiner einseitigen charakteristischen Form gefangen hält.« (Zweite Tabelle über den Dilettantismus)

Kehren wir an dieser Stelle noch einmal zu Goethes frühem Brief an Cornelia zurück. Als Goethe seiner Schwester das Klavierspiel zum »Zeitvertreib« empfahl, benutzte er bereits jene Vokabel, welche er später in den Arbeiten zum Dilettantismus gebrauchte. Aus den zwei verschiedenen Fassungen der Tabellen ist allerdings nicht ganz eindeutig ersichtlich, ob der »Zeitvertreib am Klaviere« außer einem gewissen Nutzen auch Schaden bringe. In der ersten, kürzeren Tabelle ist der musikalischen Ausübung sowohl Nutzen als auch Schaden beigemessen. So sei der Nutzen fürs Subjekt »Zeitvertreib mit einem gewissen Ernst aus mechanischer Application«. Der Schaden bestehe aber in »Gedankenleerheit« und »Sinnlichkeit«. In der zweiten, ausführlicheren Tabelle wird der Schaden für das »Subjekt« wie auch für das »Ganze«, jedoch mit »O« veranschlagt. Weiterhin ist in einer Kolumne »fürs Ganze. Alte und Neue Zeit in Deutschland« unter dem Nutzen dilettantischen Musizierens »Gesellschaftlichkeit und augenblickliche Verkündigung, ohne Interesse«, und unter Schaden, »Klimpern«, aufgeführt (was sich natürlich auf das Klavierspielen bezieht). So halten sich Nutzen und Schaden des Klavierspiels als »Zeitvertreib« schließlich in etwa die Waage.

Doch warum wählten Goethe und Schiller die Form der Tabelle? Beide Fassungen sind, wie bereits gesagt, fragmentarisch geblieben und formal wie inhaltlich kaum ausgereift. Aber gerade dieses Stadium des Suchens vermag uns vielleicht um so deutlicher einen Begriff von der ursprünglich von Schiller propagierten »Nothwendigkeit tabellarischer und symbolischer Behandlung« zu vermitteln. Anders als der fortlaufende Text bietet die Tabelle die Möglichkeit der Synopsis, des weitgehend gleichzeitigen Anschauens von Abteilungen einzelner Unterscheidungsmerkmale. Anhand der Tabelle gewinnen Autor wie

Betrachter im wahrsten Sinne des Wortes den Überblick über den ausgewählten anzueignenden Stoff. Auf diese Weise führt die »Tabellarische Behandlung« schließlich zum Erkenntnisgewinn.

Wir nähern uns nach der Betrachtung von Goethes tabellarischen Versuchen über Themen der Kunst allmählich der ähnlich angelegten Tabelle der *Tonlehre*. Vor ihrer Entstehung hatte Goethe aber noch zahlreiche Gespräche mit ausgesuchten Fachleuten über theoretische Fragen der Musik zu führen.

16.
»Doktor Chladni ist angekommen«
Gespräche über das Faßliche der Musik

Um die Wende vom achtzehnten zum neunzehnten Jahrhundert war Chladnis Name den Intellektuellen in ganz Europa ein Begriff. Er findet sich in Goethes Briefen, Tagebüchern und den *Tag = und Jahresheften*, wie in Beethovens *Konversationsheften*, den unverzichtbaren Mehrzweck-Notizbüchern. Wie Goethe notierte sich auch Beethoven den Namen des Autors und die Titel seiner Veröffentlichungen: »Buch vom Klang«, »Chladnis Akustik«. Letztere Schrift wurde auch von Herder gelesen und von Antonín Reicha, dem Jugendfreund Beethovens und späteren Kompositionslehrer in Paris, im Unterricht benutzt.

Ernst Florens Friedrich Chladni, geboren im selben Jahr wie Mozart (1756), war Gesprächspartner von Goethe, Zelter, Wilhelm v. Humboldt und Lichtenberg. Als er am 3. April 1827 starb, gedachte Goethe des Verstorbenen mit Attributen, die er nur für wenige »thätige« Gleichgesinnte bereithielt: »Für Cladni war es recht schade: es war ein thätiger und guter Mensch, der dem Gegenstande dem er sich einmal ergeben hatte treu blieb, und so hat er in den entgegengesetzten Dingen recht glücklich gewirkt. Man sieht er konnte sich rein interessieren, und so gewannen ihm die Meteorsteine nach den Klangfiguren Liebe und Neigung gründlich ab zu unablässigem wissenschaftlichen Behandlen.« (An Zelter. Weimar, den 22. April 1827)

Goethe umreißt hier auch Chladnis historische Bedeutung und Karriere als Forscher. Der Physiker studierte zunächst die Rechte an den Universitäten in Wittenberg und Leipzig und wurde abschließend zum Doktor juris promoviert. Doch bald wandte er sich den Naturwissenschaften zu. Es war die Zeit aufkeimender Experimentalphysik. In Göttingen forschte und lehrte Georg Christoph Lichtenberg. Er entdeckte bestimmte, später nach ihm benannte Figuren, welche auf einer mit Staub bedeckten Platte als Folge einer längs der Plattenoberfläche angewandten elektrischen Stromstoßentladung entstehen. 1777 veröffentlichte Lichtenberg seine Entdeckung. Chladni wurde dadurch zu vergleichenden Überlegungen angeregt. Was sich im Bereich des elektrischen Feldes ergeben hatte, könnte vielleicht auch in der Welt des Klangs möglich sein. Schall, Klang, Geräusche sind Empfindungen, welche uns durch das Gehörorgan von außen vermittelt werden. Diese gewissermaßen gefühlten Klänge könnten vielleicht sichtbar gemacht und graphisch dargestellt werden. Chladni übertrug jetzt Lichtenbergs physikalisches Experiment auf die Akustik. Er nahm elastische Glasplatten, beschichtete sie mit Korkstaub und brachte diese präparierten Oberflächen zum Vibrieren, indem er die Plattenränder, ähnlich wie die Saiten einer Geige, mit einem Violinbogen anstrich. Dadurch geriet der aufgetragene Korkstaub in Bewegung und bildete schließlich eine bestimmte Figur, eben die nach ihrem Entdecker benannte »Klangfigur«. Chladni erzeugte jetzt Variationen dieser Figuren, indem er die Platten an einigen Stellen festklemmte oder mit den Fingern berührte. Auf diese Weise entstanden entsprechend der eingeschränkten Vibrationsflächen verschiedene Klangfiguren. Chladni verwendete in seinen Experimenten auch unterschiedlich geformte Platten. Jede dieser Varianten – kreisförmig, oval, quadratisch, rechteckig, dreieckig oder sechseckig – ergab natürlich auch eine andere Klangfigur. Chladni stellte jetzt eine Beziehung zur Akustik her, indem er die Knotenlinien dieser Figuren mit den Teiltonreihen (Partial- oder Obertonreihen) in Verbindung brachte. In diesem Punkt war der experimentelle Forscher Chladni offenbar noch pythagoräischem Denken verpflichtet.

Im Anschluß an die erfolgreichen Versuche unternahm Chladni Reisen in Deutschland, nach Holland, Frankreich, Italien, Rußland, Dänemark und hielt dort in den Großstädten Vorlesungen über die von ihm gegründete experimentelle Akustik. Er veröffentlichte seine Klangbilder in der Schrift *Entdeckungen über die Theorie des Klangs* (Leipzig 1787). Beethoven bezieht sich offenbar in seinen Tagebuchnotizen aus dem Jahre 1820 auf diese Publikation (»in Chladnis Buch vom Klang nachzuschlagen«). Chladni reiste außerdem mit einem selbsterfundenen Instrument, dem auf die modische Glasharmonika zurückgehenden, mittels Tastendruck gespielten »Clavicylinder«. Mit der öffentlichen Vorstellung seiner Erfindung fand er allerorten Anerkennung und verdiente sich gleichzeitig seinen Lebensunterhalt. Goethe erwähnt solche Demonstrationskonzerte in Briefen an Schiller und an Wilhelm v. Humboldt. (5. Februar 1803 und 14. März 1803)

Goethe hatte Chladnis Lehrbuch *Die Akustik* (Leipzig 1802) etwa schon zur Hälfte gelesen, als er den Autor persönlich kennenlernte. Jetzt studierte er die Schrift vollständig und analysierte sie in Briefen an Schiller und Humboldt. Für Goethe war solche Diskussion auch Vorbereitung auf die geplante eigene *Tonlehre*.

Chladni unterteilt seine Tonlehre in einzelne Gebiete. In Orientierung an der klassischen Mechanik behandelt er elementare Phänomene der Musik, etwa die Schallempfindung. Und in diesem Punkte sollte Chladnis *Akustik* wohl das Muster für Goethes *Tonlehre* abgeben.

In dem schon erwähnten Brief an Schiller verglich Goethe den Forscher Chladni mit Joseph Hilarius v. Eckhel, dem Begründer der Numismatik als Wissenschaft, dessen Veröffentlichungen er schätzte und als Hilfsmittel zum Umgang mit seiner eigenen Münzsammlung benutzte. Bei beiden Forscher-Pionieren lobte Goethe zwar die geordnete Darstellung und ihre wissenschaftliche Redlichkeit. Doch bei allem Respekt sah er Chaldnis (und

Eckhels) Leistungen nur als Vorarbeiten für ein höheres Verstehen an: »Doctor Chladni ist angekommen und hat seine ausgearbeitete Akustik in einem Quartbande mitgebracht. Ich habe sie schon zur Hälfte gelesen und werde Ihnen darüber mündlich, über Inhalt, Gehalt, Methode und Form manches Erfreuliche sagen können. Er gehört, wie Eckhel, unter die Glückseligen, welche auch nicht eine Ahndung haben, daß es eine Naturphilosophie giebt, die nur, mit Aufmerksamkeit, suchen die Phänomene gewahr zu werden, um sie nachher so gut zu ordnen und zu nutzen als es nur gehen will, und als ihr angebornes, in der Sache und zur Sache geübtes Talent vermag.« (An Schiller. Weimar am 26. Januar 1803)

Auch Humboldt gegenüber kommt Goethe auf Chladnis *Akustik* kritisch zu sprechen: »Wenn man sich nach einem höhern Standpunkt umsieht, wo das Hören mit seinen Bedingungen, als ein Zweig einer lebendigen Organisation erschiene, so ist es jetzt eher möglich dahin zu gelangen, weil eine solche Vorarbeit gemacht ist, die dann freylich, von den Nachfolgern, noch tüchtig durchgeknetet werden muß. Die von ihm entdeckten Figuren, welche auf einer mit dem Fiedelbogen gestrichnen Glastafel entstehen, hab ich die Zeit auch wieder versucht. Es läßt sich daran sehr hübsch anschaulich machen, was das einfachste Gegebene, unter wenig veränderten Bedingungen, für manchfaltige Erscheinungen hervorbringe. Nach meiner Einsicht liegt kein ander Geheimnis hinter diesen wirklich sehr auffallenden Phänomenen.« (An Wilhelm v. Humboldt, 14. März 1803)

Die Ergebnisse der in mehreren Versuchen selbst durchgeführten akustischen Experimente nach dem Vorbild Chladnis hatten Goethe aber als denkenden Musikforscher kaum weitergebracht. Statt Klangfiguren wollte Goethe die akustische Wahrnehmung des Menschen erforschen. Gleichwohl verschafften ihm die persönliche Begegnung und die Gespräche mit Chladni Anregungen. Goethe besann sich erneut auf die *Farbenlehre* und griff auch den Gedanken einer methodisch ähnlich abzuhan-

delnden *Tonlehre* wieder auf. Bei der Suche nach einem höheren
Musikverständnis wandte er sich jetzt um so häufiger an Zelter.
Dieser gleichgesinnte Gesprächspartner schien alle Voraussetzungen eines denkenden Tonkünstlers in sich zu vereinigen.
Nach Goethes Empfinden schuf Zelter mit seinen Liedvertonungen Musik »für das Gehör im höhern Sinne«. In dem schon
genannten Brief an Humboldt lobt Goethe das von Zelter komponierte einfache Strophenlied, das dem Text des Dichters
gerechter werde als das »durchkomponierte« Lied: »Für das
Gehör, im höhern Sinne, hat indessen auch unser wackre Zelter
gesorgt, der durch Compositionen einiger Lieder, von Schiller
und mir, unsre Winterstunden sehr erheitert hat. Er trifft den
Charakter eines solchen, in gleichen Strophen, wiederkehrenden
Ganzen trefflich, so daß es in jedem einzelnen Theile wieder
gefühlt wird, da wo andere, durch ein sogenanntes Durchcom-
ponieren, den Eindruck des Ganzen durch vordringende Einzelheiten zerstören.« (An Wilhelm v. Humboldt. 14. März 1803)

Goethe spricht hier Zelter eine Meisterschaft als einfühlsamer
Liedkomponist zu. Die Briefstelle wurde wegen ihrer Absage an
das durchkomponierte Strophenlied von Fachleuten gelegentlich
als musikalische Einseitigkeit Goethes interpretiert. Diese Einstellung habe später auch sein Interesse am häufig durchkompo-
nierten Liedschaffen Franz Schuberts geschmälert. Die Gründe
für Goethes Bevorzugung von Zelters Strophenliedschaffen sind
wohl weniger in einer unkritischen Begeisterung als in der besonderen Qualität dieser von ihm hochgeschätzten Kompositionen zu suchen.

Ungefähr zweiundzwanzig Jahre später erinnerte sich Zelter
noch gern an diese von Goethe erwähnten Winterabende. Es
wurde damals nicht nur musiziert, sondern auch rezitiert. Zelter
las den beiden Dichterfreunden aus ihren eigenen Werken vor,
offenbar zu ihrem ausdrücklichen Entzücken. Denn Goethe und
Schiller reagierten auf den sprachmusikalischen Klang ihrer
eigenen Texte unwillkürlich wie Schauspieler, die mittels Ge-

bärdensprache Rollen vortrugen. Zelter schreibt am 25. August 1825 an Goethe: »Sehr wohl erinnere ich mich, wenn ich Schillern und Dir eure Gedichte vortrug, daß ihr dabei nicht ohne Gebärden wart; ja ihr agiertet, als wenn ihr unwillkürlich darstellen müßtet, was ihr empfandet, und was konntet ihr natürlicherweise empfinden, wenn es nicht der Grund war, auf welchem sich euer eigenes Ideal abgebildet fand? Seit dieser Zeit habe ich nicht wieder daran gedacht, eine neue Melodie zu erfinden, vielmehr nur diejenige aufzusuchen, die euch selbst unbewußt vorgeschwebt, wenn ihr eine bestimmte Empfindung offenbaren gewollt. Du mußt mich hierüber am besten belehren können, indem unter meinen Liedern manches sein muß, das Du nicht verleugnest.«

Zelters Melodien in den Klavierliedern auf Goethes Texte sind spätestens seit diesem wahrscheinlich im Winter 1803 erlebten Leseabend eher kompositorische Anverwandlungen von Goethes »unbewußt« erzeugten Sprachmelodien als eigene Erfindungen. Der Dichter hätte somit an Zelters Klavierliedern mittelbar auch musikalisch mitgewirkt.

Anders als bei Goethe hatten die »Klangfiguren« für Zelter auch symbolische Bedeutung. Zelter berichtete aus Berlin von einer musikalischen Feier zu Ehren von Goethes siebenundsiebzigstem Geburtstag. Es wurden Zelters Vertonung von Goethes Gedicht *Zur Logenfeier des 3. Septembers 1825, Laß fahren dahin das Allzuflüchtige*, und Händels *Tedeum* aufgeführt. In seiner Begeisterung gab Zelter in seinem Brief vom 30. August 1826 an Goethe eine Deutung des Händelschen Lobgesanges, die in symbolischen Vergleichen poetisch einen Bogen vom Vitalen zum Transzendentalen und schließlich, jetzt in bezug auf Chladni, zum Physikalischen spannt: »Das ›Tedeum‹ hat Stellen, deren Wirkung ein Kind im Leibe der Mutter bewegen könnte. Das ›omnis terra veneratur‹, das ›sanctus‹, das ›te ergo quaesumus‹, das ›te patrem immensa majestatis‹ – man kann sagen, es öffnet sich der Himmel, um den Kreis aller Heiligkeit und Anbetung mit leiblichen Augen zu schauen. Und so gewiß ist, daß besonders der Musikus nichts Echtes hervorbringt, das nicht als Bild in ihm wohne; dabei mir denn redlich jedesmal Chladnis Klangfiguren einfallen.« (Vgl. Abbildung 6)

Auch Goethe hat Chladnis Entdeckungen – inklusive die der atmosphärischen Herkunft der Meteore – schließlich doch noch seine Reverenz erwiesen. An die Stelle der ursprünglich nüchternen Beurteilung der Klangfiguren war später eine geradezu warmherzige Zustimmung getreten, indem er anläßlich der Entstehung seiner wissenschaftlichen Erstschrift *Metamorphose der Pflanzen* bekannte: »Wer darf mit unserem Chladni rechten, dieser Zierde der Nation? Dank ist ihm die Welt schuldig, daß er den Klang allen Körpern auf jede Weise zu entlocken, zuletzt sichtbar zu machen verstand.« (*Zur Morphologie.* Der Verfasser theilt die Geschichte seiner botanischen Studien mit. Schicksal der Handschrift.)

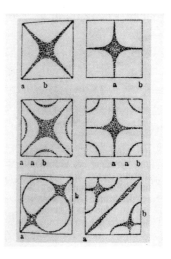

Abb. 6 Die nach dem Physiker Ernst Florenz Friedrich Chladni benannten Figuren entstehen auf bestäubten und zum Schwingen gebrachten Platten oder Glasscheiben.

Goethe hat die Chladnischen Klangfiguren ausführlich in seiner Schrift *Chromatik. Entoptische Farben* behandelt. Die von Thomas Johann Seebeck (1770–1818), Doktor der Physik und Mitglied der Akademie der Wissenschaften zu Berlin, mit Hilfe eines Spiegelungsapparates experimentell entdeckten sogenannten entoptischen (inneren) Figuren riefen bei Goethe wie bei anderen zeitgenössischen Naturforschern Assoziationen zu den Tonfiguren Chladnis hervor. Goethe erstellte daraufhin eine neunteilige symmetrische Tabelle über die Ähnlichkeiten der durch Schwingungen erzeugten Klang- und Farbfiguren. (Vgl. Abbildung 7, nächste Seite)

In einem Kommentar zu der Tabelle weist Goethe auf den nur schwer zu fassenden, auf dem inneren Naturverhältnis basierenden inneren Sinn des Vergleichs dieser Experimente hin. Genauer wird er anläßlich eines Kommentars zu Johann Evangelista Purkinjes Schrift *Das Sehen in subjektiver Hinsicht* (1819). Goethe fand in Purkinje (1787–1869), Professor der Physiologie in Breslau und Prag, einen Gleichgesinnten. Er schätzte dessen Analogieverfahren bei dem Vergleich des Phänomens im inneren Auge – bei Experimenten mit Licht und Schatten – wahrgenommener Figuren mit anderen Naturerscheinungen, so den Tonfiguren Chladnis. Goethe las Bücher bedeutender zeitgenössischer Autoren gelegentlich in Gegenwart eines Schreibers, dem er spontan Kommentare zu ausgewählten Stellen in die Feder diktierte. (Vgl. Tafel V) So sind denn auch die Anmerkungen zu der besagten Schrift Purkinjes entstanden. Bei dem Vergleich mit den Chladnischen Tonfiguren verweist Goethe auf einen eigenen früheren Beitrag, welchen er jetzt mit einer Bemerkung ergänzt, die auf die Akustik und somit auch auf das Gebiet der *Tonlehre* übergreift: »Im dritten Heft unserer Mittheilungen zur Naturlehre konnten wir, bei der Behandlung der entoptischen Erscheinungen, uns nicht enthalten, sie den Chladni'schen Tonfiguren zu vergleichen. Da wir nun die große

Figuren

Chladni's	Seebecks

entstehen

1) durch Schwingungen.   1) durch Schwingungen.

Diese werden bewirkt

2) durch Erschüttern der   2) durch Glühen der Glastafeln,
Glastafeln;   durch Druckb ec.;

verharren

3) in Ruhe;   3) durch schnelle Verkühlung;

verschwinden

4) durch neues Erschüttern;   4) durch neues Glühen und
langsame Erkaltung;

sie richten sich

5) nach der Gestalt der   5) nach der Gestalt der
Tafel;   Tafel;

sie bewegen sich

6) von außen nach innen;   6) von außen nach innen;

ihre Anfänge sind

7) parabolische Linien,   7) parabolische Linien,
welche mit ihren Gipfeln   welche mit ihren Gipfeln
gegen einander streben,   gegen einander streben,
bei'm Quadrat von der Seite,   bei'm Quadrat aus den Ecken,
um ein Kreuz zu bilden;   um ein Kreuz zu bilden;

sie vermannichfaltigen sich

8) bei Verbreiterung der   8) bei Vermehrung der
Tafel;   über einander gelegten
Tafeln;

sie beweisen sich

9) als oberflächlich.   9) als innerlichst.

Abb. 7 Goethe widmete in seiner naturwissenschaftlichen Schrift *Chromatik* ein Kapitel »Chladni's Tonfiguren« und verglich sie mit den von Seebeck entsprechend experimentell erzeugten entoptischen Naturerscheinungen.

Ähnlichkeit beider ausgesprochen, so geben wir gern zu: daß im Auge ein Analogon vorgehe, und wir drücken uns darüber folgendermaßen aus: alles was den Raum füllt, nimmt, insofern es solidecsirt [fest ist], sogleich eine Gestalt an; diese regelt sich mehr oder weniger und hat gegen die Umgebung gleiche Bezüge mit andern gleichgestellten Wesen. Wenn die Chladni'schen Figuren nach eingewirkter Bewegung erst schweben, beben, oscilliren, und dann sich beruhigen, so zeigt der entoptische Cubus gleiche Empfindlichkeit gegen die Wirkung des Lichts und die atmosphärische Gegenwirkung.« (*Das Sehen in subjectiver Hinsicht, von Purkinje.* 1819) Das in diesem Kommentar hervortretende charakteristische übergreifende Denken des Naturwissenschaftlers Goethe ist in einer besonderen Vortragsreihe noch vertieft worden.

17.
»Von den höchsten physischen Wirkungen, die wir kennen«
Vorträge im Kreise von Damen

Zwei Jahre nach dem ersten persönlichen Treffen mit Chladni hielt Goethe im Winter 1805 und 1806 für einen Kreis von Damen in Weimar einen Vortragszyklus, den er in seinen Notizen »Physikalische Annäherungen« nannte. Unter den zumeist Wort für Wort mitschreibenden Zuhörerinnen war auch Charlotte von Schiller, deren Aufzeichnungen erhalten sind. Schon im Aufbau dieser Vorstellung physikalischer Erkenntnisse zeigt sich das individuelle naturwissenschaftliche Denken Goethes. Ursprünglich hatte er dreiundzwanzig Vorträge geplant. Einige Themen wollte er jeweils an zwei Abenden abhandeln: »Botanik, Zoologie, Lehre vom Menschen; Das Spezifische der Organisation, Licht und Farbe, Ton.« Er beschränkte sich schließlich auf neun Themen, die er vorab lediglich flüchtig skizzierte, in der Reihenfolge aber festlegte. Wie bei einem weiteren Vortragszyklus *(Physikalische Vorträge)* konzipierte Goethe gewissermaßen ein Crescendo (»unsere Vorträge waren bisher immer im Steigen«). Dieser Aufbau geht auch aus Goethes handschriftlichen Notizen hervor. Als er zu den chromatischen und sonoren Wirkungen kommt, bemerkt er, daß diese um ein Unglaubliches höher als die anderen stünden: »Die sonoren Wirkungen ist man genöthigt, beinahe ganz obenan zu stellen. Wäre die Sprache nicht unstreitig das Höchste was wir haben, so würde ich Musik noch höher als Sprache und als ganz zu oberst setzen.

Wenigstens scheint mir daß der Ton noch viel größerer Mannichfaltigkeit als die Farbe fähig sei, und ob gleich auch in ihm das einfachste physische Gesetz der Dualität statt findet, so wie er auch in seinen ersten Ursprüngen betrachtet durch viel gemeinere Anlässe als die Farbe erregt wird, so hat er doch eine unglaubliche Biegsamkeit und Verhältnißmöglichkeit, die mir über alle Begriffe geht, und vielleicht zeitlebens gehen wird; ob ich gleich die Hoffnung nicht aufgebe, aus der conventionellen eingeführten Musik das physisch Einfache herauszufinden.« (*Zur Naturwissenschaft. Allgemeine Naturlehre. I. Theil.* Physikalische Wirkungen)

In diesen lediglich handschriftlich vorhandenen und, wie er betont, nur flüchtigen »physikalischen Annäherungen und Schematisierungen« bekennt Goethe mit Nachdruck seine hohe Meinung von der Musik. Die Stelle erinnert an die bereits zitierte Äußerung anläßlich seines Besuches in Gleims Musentempel. Die »physikalischen Annäherungen« lassen auch Goethes Festhalten am Plan einer *Tonlehre* erkennnen. In diesem Zusammenhang ist die Bemerkung über »das Gesetz der Dualität« von Bedeutung. Goethe nimmt damit eine These aus der Tabelle der *Tonlehre* vorweg, und zwar die einzige, welche er vollständig ausführen sollte.

Der Begriff der Dualität gehört zum Bereich der Polarität. Bei der Betrachtung von Naturerscheinungen geht es Goethe vor allem um die Anschauung eines Gegenstandes in einem höheren Sinne. Dabei entstehen immer zwei elementare Forderungen: das Kennenlernen der Erscheinung und das Aneignen der Erscheinung durch Nachdenken. Diese Bedingungen hat Goethe in der kurzen Abhandlung *Polarität* erörtert. Der Aufsatz enthält eine Tabelle mit insgesamt vierzehn sogenannten Polaritätsprofilen (»Licht und Finsterniß, Leib und Seele, Geist und Materie,

Abb. 8 (siehe nachstehende Doppelseite) Innerhalb der Vorbereitungen für einen physikalischen Vortragszyklus vor Weimarer Damen in Wintermonaten 1805/1806 erstellte Goethe eine Tabelle über »Physische Wirkungen«, in der sich »Chromatische« und »Sonore« einander gegenüberstehen.

Rubriken.	Magnetische.	Turmalinische.	Elektrische.
Körperliche Base der Erscheinung.	Ein einziger specifischer Körper. Eisen. Magnetischer Unmagnetisches Eisenstein Eisen	Der Turmalin und noch verschiedene Edelsteine. Hyacinth, Chrysolith, Smaragd.	Viele Körper.
Operation der Erregung.	Von Natur mit dem Eisen bestehend, durch Reibung, Berührung und Richtung zu determiniren und zu verstärken.	Erwärmung und Erkältung.	Durch Reibung, Schm zen und Abkühlen.
Beständig oder vorübergehend.	Im Eisen wohnend und verharrend.	Einerlei Grad der Wärme hebt die Wirkung auf.	Wird leicht abgeleitei doch kann sie lang verwahrt werden.
Elasticität.	Höchst elastisch gegen den gleichnamigen Pol.		Höchst elastisch bei schneller Entladun,
Einheit.	An Einem Körper verbunden.	An Einem Körper.	Die Einheit der elektr schen Materie ist h thetisch.
Dualität.	Zwei Enden eines specifischen Körpers. Pole.	Entgegengesetzte Puncte des Körpers. Pole die sich nach der Richtung seiner Blätter und Streifen richten.	Zwei Flüssigkeiten. A mation und Negatic Gegenwart, Abwes heit.
Absonderung, Beisammen-Nebeneinandersein.	Sind immer am specifischen Körper auch im kleinsten Theile beisammen.	Sind immer auch in den kleinsten Theilen beisammen.	Werden an verschied Körpern einzeln er ja einzeln aufbewa
Begehren, Fordern,	Sie begehren einander.		Sie haben große Neig zu einander.
Widerstand, Vereinigung.	Gleichnamige widerstehen einander elastisch.		Gleichnamige häufen an.
Verbindung, Vermischung, Neutralisation.	Ungleichnamige verbinden sich.	Ungleichnamige verbinden sich, wenn sie electrisirt werden; sollten sie es nicht auch thun, wenn sie erwärmt werden?	Verbinden sich und h sich auf.
Leitung, Ketten.	Alle Körper leiten sie, Eisenstücke werden zu Ketten.	Zeigen ihre Wirkung, auch mit elektrischen Nichtleitern überzogen.	Mehr oder weniger v den Körpern geleit
Wirkungen auf die Nerven.	Soll auf die Nerven wirken.		Wirkt stark auf die Nerven. Gibt verlo Stimmung wieder.
Wirkung auf die Sinne.	Wird gesehen durch Ketten der Feilspäne pp.		Wird gesehen als Feu funke, als Spur auf Pechkuchen. Wird chen: brandartig. V geschmeckt: säuer
Wirkung auf andere Körper.	Wirkt fast auf keinen als auf Eisen.	Zieht Asche und andere leichte Körper an.	Wirkt auf alle, zersch ternd, verbrennend

vanische.	Perkinische.	Chromatische.	Sonore.
Metalle.	Metalle, besonders Messing und Eisen als Keulen geformt.	Viele, ja alle Körper.	Viele, ja alle Körper.
:h die leiseste Behrung.		Durch mannichfaltige Operationen.	Durch die leiseste wie durch die stärkste Berührung und Bewegung.
ange die Berührung auert.		Nirgends einwohnend. Unter gewissen Bedingungen wiederkehrend und lange dauernd.	Augenblicklich vorübergehend.
		Elastisch wie das Licht, doch mannichfaltig modificirt und subordinirt.	Elastische Wirkung im körperlichsten Sinn.
		Harmonie bei'm Nebeneinandersein.	Harmonie bei'm Zusammentreffen in Einem Moment.
		Zwei entgegengesetzte Erscheinungen.	Zwei Haupt-Modi.
		Erscheinen abgesondert.	Werden abgesondert vernommen.
		Sie fordern einander gleichzeitig.	Sie fordern einander in Succession.
		Gleichnamige vermischen sich.	Gleichnamige klingen zusammen. Unisono.
		Ungleichnamige vermischen und neutralisiren sich, aber zu bedeutender Erscheinung. Die gleichnamigen zu unbedeutender Erscheinung.	
e die Elektricität, mit ausnahme einiger Körer.		Fortgepflanzt durch den Raum.	Fortgepflanzt durch die Luft.
ichfalls, aber wie die origen nur allgemein.	Lindernd auf schmerzhafte Theile.	Wirkt stark und specifisch physiologisch, pathologisch, ästhetisch.	Wirkt stark und specifisch physiologisch, pathologisch, ästhetisch.
d gesehen als Funke m Auge, wird gehmeckt als säuerlich.		Wird gesehen vorzüglich, man behauptet auch gefühlt.	Wird gehört vorzüglich, doch auch als Erschütterung gefühlt.
Metalle säuernd.		Erregend, mittheilapend.	Kann durch leichte Körper auf Flächen dargestellt werden.

Gedanke und Ausdehnung, Ideales und Reales, Sinnlichkeit und Vernunft, Rechts und Links, Atemholen« u. a. m.), die Goethe überschreibt: »Dualität der Erscheinung als Gegensatz«. Und eben diese Dualität sieht Goethe auch innerhalb der *Tonlehre* angelegt, nämlich in der Dualität der Tongeschlechter von Dur und Moll. Im Verlauf der Vorbereitungen zu den »Physikalischen Annäherungen« erstellte Goethe eine vierzehnteilige Tabelle zu sieben ausgewählten physikalischen Wirkungen (»schmeckbare und riechbare« wurden dabei nicht berücksichtigt). Ähnlich wie in der Tabelle zu den Tonfiguren Chladnis hat Goethe hier die chromatischen und sonoren Wirkungen einander gegenübergestellt. (Vgl. Abbildung 8, Seite 162 f.)

In den Kolumnen »Rubriken« und »Sonore« werden vereinzelt »Vorschattierungen« bestimmter Stellen aus der Tabelle der *Tonlehre* sichtbar.

Hier zunächst die gesamten beiden Kolumnen in unserer Gegenüberstellung:

Rubriken.	*Sonore.*
Körperliche Base der Erscheinung.	Viele, ja alle Körper.
Operation der Erregung.	Durch die leiseste wie durch die stärkste Berührung und Bewegung.
Beständig oder vorübergehend.	Augenblicklich vorübergehend.
Elasticität.	Elastische Wirkung im körperlichsten Sinn.
Einheit.	Harmonie bei'm Zusammentreffen in Einem Moment.
Dualität.	Zwei Haupt=Modi.
Absonderung.	Werden abgesondert vernommen.
Begehren, Fordern.	Sie fordern einander in Succession.
Widerstand.	Gleichnamige klingen zusammen
Vereinigung.	Unisono.
Leitung, Ketten.	Fortgepflanzt durch die Luft.

Rubriken.	*Sonore.*
Wirkung auf die Nerven.	Wirkt stark und specifisch physiologisch, pathologisch ästhetisch.
Wirkung auf die Sinne.	Wird gehört vorzüglich, doch auch als Erschütterung gefühlt.
Wirkung auf andere Körper.	Kann durch leichte Körper auf Flächen dargestellt werden.

Die »Vorschattierungen« von Abschnitten aus der *Tonlehre* ergeben insbesondere diese beiden Gegenüberstellungen:

Dualität	Zwei Haupt=Modi.
Vereinigung.	Unisono.

Außerdem spiegelt unsere Zusammenstellung an mehreren Stellen Goethes Auseinandersetzung mit den Forschungsergebnissen Chladnis wieder:

Wirkung auf die Sinne.	Wird gehört vorzüglich, doch auch als Erschütterung gefühlt.
Wirkung auf andere Körper.	Kann durch leichte Körper auf Flächen dargestellt werden.

Die »Vorschattierung« der *Tonlehre* wird anhand der im folgenden zitierten Stelle der später entstandenen didaktischen Tabelle erkennbar:

»Dur= und Moll= Ton als die Polarität der *Tonlehre*. – Erstes Prinzip der beiden. Der Dur=Ton entspringt durch Steigen, durch eine Beschleunigung nach oben, durch eine Erweiterung aller Intervalle hinaufwärts. – Der Moll=Ton entspringt durch's Fallen, Beschleunigung hinabwärts, Erweiterung der Intervalle nach unten.« (Tabelle der *Tonlehre*. Kolumne Mathematisch objektiv)

Die musiktheoretische Erörterung von Dur und Moll war für Goethe mit diesem Abschnitt aus der *Tonlehre* keineswegs abgeschlossen. Der Gegensatz von Dur und Moll sollte ihn sogar bis an sein Lebensende beschäftigen. Andererseits hatte er dieses elementare Prinzip seines musiktheoretischen Denkens auch schon vor der Entstehung der *Tonlehre* mit Zelter diskutiert.

18.
Kirchensänger aus St. Petersburg
in der griechischen Kapelle zu Weimar
»Woher kommt wohl die so
allgemeine Tendenz nach den Molltönen?«

1805, als Goethe mit den *Physikalischen Vorträgen* beschäftigt war, datiert auch seine Übersetzung von Diderots *Le neveu de Rameau*. In einem Brief an Zelter bekennt er sein damaliges eher theoretisches Verhältnis zur Musik: »Indem ich an ›Rameaus Neffen‹ und dessen Zubehör arbeitete, habe ich oft an Sie gedacht und mir nur wenige Stunden Unterhaltung mit Ihnen gewünscht. Ich kenne Musik mehr durch Nachdenken als durch Genuß und also nur im allgemeinen.« (An Zelter. Weimar, den 19. Junius 1805)

»Nachdenken« über Musik, dies bedeutet bei Goethe gleichzeitig auch »Aneignen«. Doch über welche musikalischen Fragen dachte er damals wohl nach?

1808 schickte der fünfundfünfzigjährige Goethe einige Kompositionen von Karl Eberwein zur Begutachtung an Zelter. Der junge Komponist sollte künftig Goethes Hauskapelle leiten, zunächst aber bei Zelter in die Lehre gehen. Goethe wollte durch »seinen kleinen Hausgesang« das Defizit ausgleichen, im eher kleinstädtischen Weimar das Musikleben einer Metropole entbehren zu müssen: »Da es mein Geschick nicht war, an der reichen Tafel einer großen Stadt bequemlich mitzuschwelgen, so muß ich im Kleinen bauen und pflanzen, hervorbringen und geschehen lassen, was dem Tag und den Umständen nach möglich ist.« (An Zelter. Weimar, den 20. April 1808)

In seiner Abgeschiedenheit hatte Goethe durch reisende Instrumentalisten und Sänger gelegentlich dennoch Kontakt mit der Musik aus großen Städten. So machte eine achtköpfige Sängerschar aus St. Petersburg auf ihrer Durchreise nach Paris in Weimar Station. Dort intonierte sie in der griechischen Kapelle alte Kirchengesänge, was Goethe miterlebte. Durch die eigentümliche Klangwelt der griechisch orthodoxen Vokalmusik kam er offensichtlich ins »Nachdenken«. Als »gar nicht schlechter Klavierspieler« kannte er aus der Praxis die Literatur der Hausmusik, darunter die der Klavierbüchlein, buntgemischte Suiten europäischer Herkunft, wie sie etwa Vater Leopold Mozart für seine Kinder gesammelt und geordnet hatte. Jetzt, in der Phase der »Aneignung durch Nachdenken«, schöpfte Goethe aus seinen musikalischen Erfahrungen, erinnerte sich des Hörens alter Kirchenmusik und des Spielens alter Tänze, namentlich der Polonaisen in Moll.

Das Fragestellen in der Musik ist Goethe, wie wir sahen, anfänglich nicht leichtgefallen. Er wendet sich auch jetzt noch sehr behutsam an Zelter wegen einer Auskunft über zwei spezielle Themen: »Sagen Sie mir doch auch, wenn Sie Zeit haben, ein Wort über die alte constantinopolitanische Kirchenmusik, die sich mit der griechischen Kirche im Osten ausgebreitet und die sarmatischen Völker gestimmt zu haben scheint.« (An Zelter. Weimar, den 20. April 1808)

Goethe will hier etwas über den Ursprung der gehörten Kirchenmusik erfahren. Aber es geht ihm offensichtlich auch um die Herkunft des Molltons, welcher naturgemäß in der angesprochenen Kirchenmusik häufig anklingt. Dies war für Goethe eine elementare Frage. Er fragt geradezu unvermittelt: »Woher kommt wohl die so allgemeine Tendenz nach den Molltönen, die man sogar bis in die Polonaise spürt?«

Danach berichtet er Zelter von dem österlichen Besuch einiger Vokalisten der Ostkirche: »Sie sangen in der hiesigen griechischen Capelle die beyden Festtage, an welchen sie, wie mir die Hoheit sagte, nur noch allein ganz ächte alte Musikstücke aufführen. Das ähnlichste, was ich davon gehört habe, ist der

Canto fermo der Italiäner und die Art, wie die Passion in der Päpstlichen Capelle vorgetragen wird, nämlich der wirkliche Text des Evangelisten.« (An Zelter. Weimar, den 20. April 1808)

Goethe zieht an dieser Stelle einen stilistischen Vergleich mit der römischen Kirchenmusik. Die Erinnerung an seine Zeit in Rom war durch die Musik der russischen Sänger wieder lebendig geworden. Als Sänger und Instrumentalist verfügte er über jene »zarte Empirie, die sich mit dem Gegenstand innigst identisch macht, und dadurch zur eigentlichen Theorie wird.« *(Zur Naturwissenschaft. Über Naturwissenschaft im Allgemeinen, einzelne Betrachtungen und Aphorismen)* Zelter antwortete Goethes Wunsch entsprechend zwar rasch, aber innerhalb des im Abstand von mehreren Tagen verfaßten Briefes eigentlich doch mit einer Verzögerung. Es scheint, daß er bei der Auskunft über den Ursprung der »Molltöne« eine Denkpause einlegte und sich erst sachkundig machte. Zunächst analysierte Zelter das ihm zugeschickte Klavierlied *Am Neujahrtage*, das Karl Eberwein nach einem Text von Friedrich Wilhelm Riemer komponiert und Goethe zugeeignet hatte. Zelter gab eine Art theoretischen, natürlich an den jungen Kollegen gerichteten Fernunterricht. (Goethe hat diese Rezension auch weitergeleitet.)

Eine weitere Analyse gilt Eberweins Vertonung von Goethes Gedicht *Ich denke dein*, welches Zelter, wie wir bereits gesehen haben, in der Textfassung von Brun als Klavierlied selbst vertont hatte und das Goethe zu seinem Gedicht *Nähe des Geliebten* inspirierte. Zelter versteht Goethes Gedicht nicht als klagend, sondern »eher hoffnungsvoll«. Eberweins Liedkomposition steht aber in Moll, was Zelter kritisiert: »Das Lied ›Ich denke Dein‹ hat etwas Kirchenartiges und dabei noch Lamentables. Ich dächte, es könnte sehr hoffnungsvoll sein. Die Molltonart will mir nicht eingehen, wie ich denn überhaupt das Tieftraurige nicht ohne den tiefsten Schmerz gestatten möchte. So wenig es demnach einem Schauspieler könnte erlaubt sein, eine lustige Rolle traurig oder einen gemäßigten Charakter übertrieben darzustellen, ebenso wenig könnte ein Komponist in seiner Art das Ähnliche tun.« (An Goethe. Berlin, 1. Mai 1808)

Zelter eröffnet hier eine Debatte über den ästhetischen Inhalt der Molltonarten. Auf die von Goethe erfragte Herkunft des Mollgeschlechts geht er erst im nächsten Teil seines Briefes am 2. Mai ein. Aber auch dort vermag er das Thema, gewissermaßen wie ein heißes Eisen, nicht sogleich anzufassen. Er berichtet zunächst von einem persönlichen Treffen mit Zacharias Werner, dessen Dramen von Goethe hochgeschätzt und im Hoftheater Weimar aufgeführt wurden. Erst dann ist Zelter zu seiner Erwiderung bereit. Er bestätigt Goethe aus eigener Hörerfahrung die bei Komponisten und improvisierenden Musikanten spürbare Neigung, in allen musikalischen Gattungen bis hin zu den Polonaisen das Mollgeschlecht zu verwenden. In musikhistorischen Schriften konnte er hierüber keine überzeugenden Erklärungen finden. So mußte er ganz auf sein Wissen als ausgewiesener Lehrer für Komposition – zu seinen Schülern zählen Felix Mendelssohn Bartholdy, Otto Nicolai Giacomo Meyerbeer, Carl Loewe – zurückgreifen. Zelters Anschauung von Dur und Moll basiert natürlich auf seinen umfassenden Fachkenntnissen der Musiktheorie. Er informiert Goethe zunächst über die Grundlagen des pythagoräischen Tonsystems, demzufolge das Material für die diatonische Tonleiter durch die fortlaufende Teilung einer Saite entsteht. Wie weit jemand in dieser arithmetischen Teilung einer über einen Monochord gespannten Saite auch immer fortschreiten würde – (die Hälfte der Saite, 1 zu 2 also, ergibt die Oktave, die Teilung in drei, 2 zu 3, ergibt die reine Quinte, fünf Teile, 4 zu 5, ergibt die große Terz) –, niemals entstünde aber auf diesem Wege die kleine, auf einen Grundton bezogene (Moll-)Terz. Hieraus folgert Zelter, daß die Entstehung dieses Intervalls keine unmittelbare Gabe der Natur sei (kein »donum naturae«), sondern eine historisch jüngere, durch Ableitung von der großen Terz gemachte Erfindung der Musiker. Die Mollterz müsse schon deswegen eigentlich als eine erniedrigte große Terz betrachtet werden, weil die Komponisten sie stets wie ein konsonierendes Intervall behandelten.

Zelters Äußerungen setzen stellenweise Vorwissen voraus. Einige Bemerkungen führen in die Wissenschaft des kontrapunktischen Satzes – die Behandlung der Terzen zum Beispiel – und sollen wohl seine Argumentation zum Ursprung der kleinen Terz stützen. Goethes Erwiderungen in diesem Dialog beruhen jedoch auf einem ganz anders ausgerichteten Denken. Bevor wir die Fortsetzung dieser musiktheoretischen Debatte der beiden Denker weiterverfolgen, sollen hier zunächst Zelters Bemerkungen über die bei einigen Nationen sich zeigende Vorliebe für die Molltonarten betrachtet werden.

Zelter hat das Mollgeschlecht in Liedern und Tänzen vor allem bei nördlichen Nationen festgestellt. Er spricht von schottischen, norwegischen, lettischen, estnischen, polnischen und russischen Fischerliedern, insbesondere aber den entsprechenden Tänzen in Moll. Der Charakter dieser Folklore sei ernst, mild, ja sehnsüchtig, was indes mit einem Streben nach Heiterkeit zusammenhänge, welche diesen Regionen aber von Natur aus fehle. In Italien hingegen würde – außer in der Kirchenmusik griechischen Ursprungs – sogar bei Texten mit leidenschaftlichem Inhalt die Molltonart gemieden, um nur keine Traurigkeit aufkommen zu lassen. Die Verwendung der Molltöne gebe es jedoch in der Opera buffa, um, dem Grundcharakter dieser Bühnenwerke gemäß, die Wirkung des Komischen zu verstärken und gleichzeitig dem Ernst sozusagen zu trotzen.

Zelter kommt zu einer geographischen Schlußfolgerung: »Demnach könnte man die Neigung zu den Molltönen im Klima suchen.« (An Goethe. Berlin 2. Mai 1808) Hier erweist sich Zelter als ein getreuer Schüler Winckelmanns, dessen Schriften und Briefe er kannte und dessen topographische Theorie über die Entstehung der griechischen Kunst er hier also seinen Gedanken anverwandelte.

Goethe antwortete Zelter erst sieben Wochen später aus Karlsbad, wohin er zur Kur gefahren und die Post mit einiger Verzögerung ihm nachgeschickt worden war. Sogleich nach Erhalt des Briefes setzte er die ihm offensichtlich wichtige musiktheoretische Unterhaltung mit Zelter fort. Er hatte sich von Zelters Erläuterungen in den wichtigsten Punkten eine Abschrift machen lassen, die er mit Anmerkungen versah und seinem Brief an Zelter als Beilage mitgab. (Um den Briefdialog auch weiterhin fortsetzen zu können, ließ er sich noch eine Abschrift von der kommentierten Abschrift anfertigen.) Als Schluß der Anlage fügte er »Ein Gleichnis als Nachschrift« hinzu, eine poetische Reflexion seines Kunstdenkens und zugleich ein Denkmal seiner Freundschaft zu Zelter.

In dieser Diskussion von neun aus Zelters Ausführungen herausgegriffenen und jetzt durchnumerierten Punkten zeigt sich Goethe als ein tiefschürfender Musikforscher. Es ist wohl seine – ähnlich wie in den zum Teil einander widersprechenden Maximen zur Wissenschaft – chiastisch fragende Annäherung an die anstehende Problematik, die zum scharfsinnig entschiedenen Widerspruch zu Zelters Thesen führt. Goethe weiß recht gut, daß Zelters Äußerungen mit dem herkömmlichen Bild der Physiker und Musiktheoretiker übereinstimmen. Aber er will nicht mit Lehrmeinungen bekannt gemacht werden, sondern sucht das Gespräch als Hilfe für seine Denkarbeit. So macht er Anmerkungen zu Zelters Briefvortrag, die seiner Art zu denken entsprechen. Die durchnumerierte und kommentierte Beilage solle Zelter der Reihe nach beantworten, damit auf diese Weise einige »Hauptknoten« gelöst werden könnten. »Ich lege ein Blatt bei, worauf Ihre Äußerung wiederholt steht, dahinter meine Zweifel, Einwendungen und Fragen, insofern ich mich in einer so komplizierten Sache zusammenfassen konnte. Da ich die Punkte numeriert und eine Abschrift davon behalten habe, so könnten Sie mir nur auch Nummer für Nummer freundlich antworten und ich würde Ihre Aufschlüsse mit meinem Konzept zusammen halten können.« (An Zelter. Karlsbad, den 22. Juni 1808)

19.
»Was ist denn eine Saite und alle mechanische Teilung derselben gegen das Ohr des Musikers?«
Poetisches Plädoyer für die Evolution der Musik

Die zwischen Goethe und Zelter geführte Diskussion um die Herkunft des Molltons erreichte im Juni 1808 ihren Höhepunkt. In Goethes brieflichen Anmerkungen aus Karlsbad zeichnet sich bereits die Musikanschauung seiner späteren *Tonlehre* ab. Von besonderer Bedeutung war die Frage der Herkunft des Mollgeschlechts. Goethe versteht Dur und Moll unter dem Blickwinkel der »Polarität«. In »humanistischer« Musikanschauung stellt er das Vermögen des Menschen, mit seinen Sinnen die Elemente von Natur und Kunst zu erkennen, über die aus Experimenten der Physik und Berechnungen der Mathematik erhaltenen Beweise. Es gebe viel Wahres, das sich nicht berechnen ließe, und sehr vieles, was sich der experimentellen Beweisführung entziehe: »Dafür steht ja aber der Mensch so hoch, daß sich das sonst Undarstellbare in ihm darstellt.«

Dieser Kernsatz erklärt womöglich Goethes Mißtrauen gegenüber den theoretischen Beschränkungen, welche Zelter bei seiner Argumentation ins Feld führt, die Mollterz sei nicht auf dem Wege der Saitenteilung zu erhalten und folglich keine Gabe der Natur, sondern eine Erfindung der Musiker. Diese Schlußfolgerung forderte Goethe als kritischen Forscher natürlich zum Widerspruch heraus. Und wenn wir den Inhalt des oben zitierten Satzes über die hohe Stellung des Menschen überdenken, nimmt es kaum wunder, daß Goethe im Grunde in allen von ihm herausgegriffenen neun Punkten der Diskussion mit Zelter uneins ist. Alle Thesen Zelters unterlägen, so urteilt Goethe, musik-theoretischen Beschränkungen.

Zelter behauptet in seinen ersten Äußerungen (wie auch in seiner Fortsetzung der Briefdebatte vom 3. Juli 1808, welche Goethe aber nicht beantwortete; siehe Anhang), die Molltonart unterscheide sich von der Durtonart *allein* durch die kleine Terz. Zu Recht fragt Goethe:»Unterscheidet sie sich aber auch durch die Verkleinerung oder Verengung der übrigen Intervalle?« Indem Zelter dies verneint, verschweigt er die in allen Mollvarianten vorhandene kleine Sexte. Man wird hier und in der weiteren Argumentation, die auch Wiederholungen schon einmal gesagter Begründungen enthält, den Eindruck nicht los, daß Zelter ein wenig rechthaberisch ist. Auf jeden Fall fällt es ihm offensichtlich schwer, auf Goethes Denkweise einzugehen. Goethe widerspricht Zelters Satz, die kleine Terz werde an die Stelle der großen gesetzt. Goethe wendet sich hier gegen eine Verabsolutierung von Hörgewohnheiten. Denn es könne auch anders argumentiert werden:»Dieser Ausdruck kann nur gelten, wenn man von der Durtonart ausgeht. Ein Theorist nordischer Nationen, der von den Molltönen ausginge, könne ebensogut sagen, die große Terz werde an die Stelle der kleinen gesetzt.« Aber auf diesen Gedanken geht Zelter gar nicht ein.

Goethes Art des »Nachdenkens« zum Zwecke des Aneignens mag insbesondere der fünfte Punkt zeigen. Auf Zelters Äußerung »Man mag aber die Saite in so viele Teile teilen, als man will, so entsteht niemals eine kleine Terz, obgleich man dieser dadurch immer näher kommen kann« entgegnet Goethe:»Es ist von einem Experiment zu viel gefordert, wenn es alles leisten soll. Konnte man doch die Elektrizität erst nur durch Reiben darstellen, dessen höchste Erscheinung jetzt durch bloße Berührung hervorgebracht wird. Man müßte auf ein Experiment ausgehen, wodurch man die Molltöne gleichfalls als ursprünglich darstellen könnte.«

Goethe glaubt also nicht an die alleinige »Ursprünglichkeit«

des Durgeschlechts und schon gar nicht an die negative Beweisführung, daß das Moll im Experiment der Saitenteilung nicht vorkommt.

Bei Punkt neun argumentiert Goethe auf Grund der von Zelter angeführten gleichberechtigten Behandlung durch die Komponisten (»sie darf überall, wie die große Terz, frei und unpräpariert eintreten, was in einem reinen Stile keine Dissonanz darf«), daß die Terz aus eben diesem Grunde keine Dissonanz sei: »Wenn sie als konsonierendes Intervall behandelt wird, so ist sie konsonierend: denn dergleichen läßt sich durch Konvention nicht erst festsetzen. Wenn sie frei und unpräpariert eintreten darf, so ist sie keine Dissonanz: sie ist von Natur aus harmonisch und ebenso alles, was wieder aus ihr entspringt.«

Goethe ist somit gegen die Konventionen der Fachleute. Denn solche Übereinkunft würde auf eben jene theoretischen Beschränkungen hinauslaufen, die das menschliche Erkenntnisvermögen letztlich selbst schmälern. Schließlich bezeichnet Goethe den Menschen als den größten und genauesten physikalischen Apparat, den es je geben kann. Doch auf dem Höhepunkt seiner Begeisterung für eine humanistische Musiktheorie hält er fast unvermittelt inne, um sich nicht in Abschweifungen zu verlieren. Es tauchte nämlich der Gedanke vom Bändigen der Elemente wieder auf, wie er ihn anläßlich des Kunstwettbewerbs »Weimarer Preisaufgaben« formuliert hatte (und später in der *Witterungslehre* wieder aufgreifen sollte). Gleichwohl will Goethe sich mit der Theorie der Musik auch weiterhin befassen. Er kündigt an, demnächst davon besonders zu reden. Offenbar dachte er jetzt schon daran, die *Tonlehre* im Anschluß an die *Farbenlehre* zu schreiben, wobei er Zelter erneut um Informationen bitten wollte: »Was ist denn eine Saite und alle mechanische Teilung derselben gegen das Ohr des Musikers? ja man kann sagen: was sind die elementaren Erscheinungen der Natur selbst gegen den Menschen, der sie alle erst bändigen und modifizieren muß, um sie sich einigermaßen assimilieren zu können?

Doch in diese Betrachtungen will ich mich diesmal nicht verlieren; ich behalte mir vor, nächstens besonders darüber zu reden sowie noch über einige andere Punkte mir Auskunft zu erbitten.« (An Zelter. Karlsbad, den 22. Juni 1808)

Mit dieser Erwiderung war der Brief aber noch nicht beendet. Es scheint, daß Goethe das Debattieren im Grunde nicht befriedigte. Ein Sachkundiger ohne Intuition zu sein, hatte ihm schon als Jugendlicher nicht genügt. Wir erinnern uns, auch bei schwierigerem Lernen, etwa dem freiwillig gewählten Hebräischen, ging es ihm weniger um den quantitativen Gewinn als um eine erhoffte Nebenwirkung, einen Zuwachs seiner Vorstellungskraft. Ähnlich scheint er jetzt der musiktheoretischen Debatte mit Zelter eine Wendung zu geben, indem er die Ursprünge der Musik, ja die aller vergleichbaren Künste auf seine Art in ein Gleichnis kleidet und mit einem Bild aus der Baukunst erklärt. Nach einer Beschreibung der symbolischen Fundamente stellt er angesichts der Geschichtlichkeit der auf diesem Grundbau errichteten Kunst rhetorische Fragen: »Wenn das alles nun fertig und bewohnbar ist, was läßt sich nun als Natur und was als Kunst ansprechen? Wo ist das Fundament und wo die Nachhilfe? Wo der Stoff? wo die Form?«

Nach solchen elementaren Fragen kommt Goethe unmittelbar auf die Musik zu sprechen. In einem weiteren Bild faßt er intuitiv seine Vorstellung von der Evolution dieser Kunst zusammen, in der »Biologie« der gewachsenen, und nicht unbedingt zweckmäßig konstruierten Tasteninstrumente Klavier und Orgel: »Wie schwer ist es alsdann, Gründe anzugeben, wenn man behaupten will, daß in frühsten Zeiten, wenn man gleich das Ganze übersehen hätte, die sämtlichen Anlagen natur-, kunst-, und zweckmäßiger hätten gemacht werden können! Betrachtet man das Klavier, die Orgel, so glaubt man die Stadt meines Gleichnisses zu sehen. Wollte Gott, ich könnte auch einmal an Ihrer Seite meine Wohnung dort aufschlagen und zum wahren Lebensgenuß gelangen, wobei ich alle Fragen über Natur und Kunst, über

Theorie und Praxis herzlich gern vergessen möchte.« (An Zelter. Karlsbad, den 2. Juni 1808. »Ein Gleichnis als Nachschrift.«)

Goethe hat sich etwa in der gleichen Zeit in einem weiteren Gleichnis mit der symbolischen Ähnlichkeit zwischen Architektur und Musik beschäftigt. Es ist eine Variante der Orpheus-Sage, in der er die musikalische Harmonie zum Baustein einer Stadt von sittlich religiöser Wirkung macht. Diese poetische Fassung der Sage mag hier in ihrer intuitiven Vorstellung gewachsener Kunst »Ein Gleichnis als Nachschrift« ergänzen. Doch zuvor noch ein – abschweifendes – Wort zu Goethes Bild von den Tasteninstrumenten als der Veranschaulichung jener Stadt seines Gleichnisses.

Goethe richtet unseren Blick auf die Tasteninstrumente, in welchen sich wie in der besagten Stadt eine unzweckmäßig gewachsene Struktur verkörpere. Und in der Tat ist die Klaviatur – um einen wesentlichen Bestandteil dieses Gleichnisses hervorzuheben – sämtlicher Tasteninstrumente (Klavier, Orgel, Virginal, Cembalo, Klavichord, Akkordeon, Synthesizer, elektronische Keybords und andere) in der Unregelmäßigkeit ihrer Reihe von fünf, in der Regel schwarzen Obertasten und sieben weißen Untertasten ein Beispiel gewissermaßen biologisch entstandener Strukturen. Die untere Reihe umfaßte mit ursprünglich acht Tasten sowohl den weichen wie den harten Ton B (b-molle, b-durum). Zweckmäßig war diese auf die Diatonik der Kirchentöne zurückgehende Anordnung im Sinne einer leichten Spielbarkeit ebensowenig wie die der besagten später entstandenen Tastatur. Aber die Musiker haben mit dieser Unregelmäßigkeit umzugehen gelernt, manuell virtuose Techniken entwickelt und die aus der Handhabe ihrer Tastatur entwickelten elementaren Versatzstücke – etwa die Akkordtechnik (kadenzierende Akkordfolgen, Septimakkorde) – auf andere Instrumente, insbesondere die Saiteninstrumente übertragen. Es gibt sogar einen Beweis für den Zusammenhang zwischen Tastatur und Komposition. Als Paul von Janko (1856–1919), Mathematiker, Pianist und Schüler Anton Bruckners, die historisch gewachsene Klaviatur durch eine neue, die moderne Gleichwertigkeit der Semitöne berücksichtigende Anordnung der Tasten verbessern wollte, zeigte es sich, daß seine Erfindung zwar scharfsinnig durchdacht, jedoch unpraktisch ist. Denn bestimmte, an die technischen Eigentümlichkeiten der herkömmlichen Tastatur gebundenen Werke – zum Beispiel der überwiegend für die weißen Tasten konzipierte letzte Satz aus Beethovens Klaviersonate f-Moll, op. 2, Nr. 1 – sind auf der Janko-Klaviatur nicht etwa bequemer ausführbar, sondern geradezu unspielbar. Hier rächte sich gewissermaßen die Biologie der Tastatur, weil das Gesetz der Nicht-Umkehrbarkeit der Evolution vom Erfinder dieser Klaviatur sozusagen mißachtet wurde. Diese komplizierte Erfahrung hatte Goethe seinerzeit natürlich noch nicht machen können. Aber seine Intuition ist dennoch nicht weniger zutreffend.

Kehren wir zurück zu seinen Gleichnissen. In seiner biographischen Schrift *Italiänische Reise* spricht Goethe in der Erinnerung an Aufführungen römischer Kirchenmusik in der Sixtinischen Kapelle über den Zusammenhang von stilgerechter Aufführungspraxis und dem dazugehörenden Raum. In der Orpheus-Sage schwingt ein weiteres römisches Erlebnis ähnlicher Bezüge mit. Auge und Ohr werden im Banne der Peterskirche Roms eins. Architektur und Musik verbinden sich zu der den Menschen sittlich religiös formenden Harmonie.

»Ein edler Philosoph sprach von der Baukunst als einer erstarrten Musik und mußte dagegen manches Kopfschütteln gewahr werden. Wir glauben diesen schönen Gedanken nicht besser nochmals einzuführen, als wenn wir die Architektur eine verstummte Tonkunst nennen.

Man denke sich Orpheus, der, als ihm ein großer wüster Bauplatz angewiesen war, sich weislich an dem schicklichsten Ort niedersetzte und durch die belebenden Töne seiner Leier den geräumigen Marktplatz um sich her bildete. Die von kräftigen gebietenden, freundlich lockenden Tönen schnell ergriffenen, aus ihrer massenhaften Ganzheit gerissenen Felssteine mußten, indem sie sich enthusiastisch herbei bewegten, sich kunst- und handwerksgemäß gestalten, um sich sodann in rhythmischen Schichten und Wänden gebührend hinzuordnen. Und so mag sich Straße zu Straße anfügen! An wohlbeschützten Mauern wird's auch nicht fehlen.

Die Töne verhallen, aber die Harmonie bleibt. Die Bürger einer solchen Stadt wandlen und weben zwischen ewigen Melodien; der Geist kann nicht sinken, die Tätigkeit nicht einschlafen, das Auge übernimmt Funktion, Gebühr und Pflicht des Ohres, und die Bürger am gemeinsten Tag fühlen sich in einem ideellen Zustand: ohne Reflexion, ohne nach dem Ursprung zu fragen, werden sie des höchsten sittlichen und religiösen Genusses teilhaftig. Man gewöhne sich, Sankt Peter auf und ab zu gehen, und man wird ein Analogon desjenigen empfinden, was wir auszusprechen gewagt.

Der Bürger dagegen in einer schlecht gebauten Stadt, wo der Zufall mit leidigem Besen die Häuser zusammenkehrte, lebt unbewußt in der Wüste eines düstern Zustandes; dem fremden Eintretenden jedoch ist es zu Mute, als wenn er Dudelsack, Pfeifen und Schellentrommeln hörte und sich bereiten müßte, Bärentänzen und Affensprüngen beiwohnen zu müssen.« (*Schriften zur Kunst 1800–1816.* Maximen und Reflexionen zur Kunst. Aus dem Nachlass)

20.

»An allen Brunnen getrunken«
Kuraufenthalt in Karlsbad
und das Schema der Tonlehre

1810 war für Goethe »ein bedeutendes Jahr« vielfältiger Beschäftigungen und Produktionen. Es sollte zunächst ein Jahr der Rückschau in biographischen Bekenntnissen werden. Da entsteht die »Confession des Verfassers zur Farbenlehre«, gewissermaßen die Rechtfertigung seines wissenschaftlichen Wirkens. Da erinnert er sich seiner Teilnahme am Feldzug der Alliierten, der »Campagne in Frankreich«. Dies wurde der Beginn einer weiteren »Confession«, in welcher er an seine Erlebniswelt als junger Mann, ohne stilistischen Bruch, über Jahrzehnte hinweg anzuknüpfen vermochte. Da überlegt er sich auf der Reise von Jena nach Karlsbad, nach einer Zwischenstation in Hof, das Schema seiner Biographie, ob sie aus einer ironisch distanzierten oder abergläubisch geheimnisvollen Sicht oder einer Mischung aus beidem anzulegen sei (»in ironischer oder in superstitioser Ansicht, oder in beidem«). Des weiteren schreibt er Teile der *Farbenlehre*, polemisch, historisch, chromatisch, sowie über den Regenbogen als Supplement und wendet sich mit gleicher Methode dem Plan einer Tonlehre zu: »Über den neuen methodischen Vortrag der *Tonlehre* im Parallelism mit der Farbenlehre«. (Karlsbad, 28. Juli 1810) Mit *Wilhelm Meisters Wanderjahre* schuf er den zweiten Teil eines ursprünglich als »Wilhelm Meisters theatralische Sendung« konzipierten Fortsetzungsromans, in welchem viel von Musik die Rede ist. Die Tagebücher von 1810 dokumentieren eine Phase schier rastlosen Schaffens und gesellschaftlichen Kommunizierens. Gelegentlich scheint er sich dabei zu übernehmen. So mußte er sich gegen seine Gewohnheit eines Morgens ausruhen und mehrmals »lange im Bette bleiben«, nachdem er von einem akuten Unwohlsein befallen war und eine schlechte Nacht gehabt hatte. Er befaßte sich vornehmlich früh mit für wichtig erachteten Dingen, so mit Voltaires Korrespondenz, mit dem Zeichnen, der Trinkkur am Brunnen und mit der *Tonlehre* (»Früh zu Hause, mit der Tonlehre beschäftigt«, 8. August 1810).

Dieser zeitige Beginn war angesichts des täglichen Pensums offenbar notwendig. Den vielfältigen Beschäftigungen hätte er sonst kaum nachgehen und den gesellschaftlichen Umgang nicht pflegen können. Goethe wurde durch solche Umtriebe offensichtlich inspiriert, sie scheinen ihn sogar glücklich gemacht zu haben. Berichten einiger Zeitgenossen zufolge sei dies übrigens ein nicht sehr häufig beobachteter Gemütszustand gewesen.

Goethe war in jenem Jahre mehrere Monate unterwegs, zunächst in Jena, wo er oft im botanischen Garten spazierenging und gern zeichnete. Dann reiste er in die böhmischen Bäder, nach Karlsbad zur Trinkkur und anschließend nach Teplitz zur Badekur. An den Brunnen, deren Unterschiede er ausführlich beschreibt und deren Heilwasser er sämtlich getrunken hatte, machte er neue Bekanntschaften und setzte die alten fort. Das Gesellschaftliche wollte er seinerzeit nicht missen: »Früh nicht getrunken, aber zur Gesellschaft an den Brunnen gegangen.« (Karlsbad, 26. Mai 1810) In den Unterhaltungen gab es wohl kein Thema, das ihn nicht interessiert hätte. Das Tagebuch vermerkt Gespräche über den Wiener und Berliner Dialekt; über Ökonomie und Viehstand unter besonderer Berücksichtigung spanischer Schafe; über den Unterschied zwischen französischer und deutscher militärischer Taktik und dem Exerzieren dieser Nationen; über eine Fabel, nach der ein Flötenspieler durch das musikalische Echospiel die Kanons erfunden habe; über die Geschichte der Aufzucht von Vögeln auf dem Landgut; über die im Salzburgischen gebräuchlichen Bezeichnungen verschiedener Stufen geistiger Behinderung, die »Fexe, Weitläufige, Revierige und Unrevierige«; über griechische Stammwörter und deren Ableitungen; über Baumwolle und Fabrikation und vieles andere mehr. Goethe brauchte die Gesellschaft der Menschen offenbar als Anregung und gleichzeitig auch zu seiner Isolierung. Er las zusammen mit den Herren Major von Knebel und Dr. Seebeck in verteilten Rollen aus dem Historischen Teil der *Farbenlehre*. (Aus Goethes Umgebung kam auch der »Vorschlag die Chromatik in einen Roman zu verwandeln«.) Doch wenn er die nächsten Kapitel eines Werkes überlegte, ging er lieber für sich allein spazieren: »Früh am Brunnen. Ging den ganzen Morgen spatzieren, die neuen Capitel der Wanderjahre überdenkend, den großen Findlaterschen Weg und andere Promenaden. Schöne Moose.« (Karlsbad, 5. Juni 1810) Wenn die anderen tanzten, arbeitete er an seinem Roman oder zeichnete für sich. »Abends gingen die Frauenzimmer auf den Ball. Ich fuhr fort den Wilhelm Meister zu lesen. ... Gezeichnet während die übrige Gesellschaft tanzte.«

Die Kuranwendungen, Sprudeltrinken in Karlsbad, Baden in Teplitz, zählten seinerzeit natürlich zu Goethes regelmäßigen Beschäftigungen. In den Tagebüchern von 1810 sind sie öfters vermerkt, zumal wenn er mit Vorliebe »früh am Brunnen« war, und »früh gebadet« hatte. Aber er notierte auch gleich an erster Stelle seiner Aufzeichnungen, wenn diese Anwendungen einmal nicht stattfanden. Regelmäßigkeit und ihre bestätigende Ausnahme galten offenbar auch für die Musik. Wie die Trink- und Badekuren war sie eine Art Konstante in Goethes Leben. 1810 hörte er fast täglich Musik, führte Gespräche über Musik, dachte nach und arbeitete über Musik. Und wie bei den gesundheitlichen Aktivitäten vermerkt er ausdrücklich, wenn es ausnahmsweise einmal keine Musik gegeben hatte.

Bezeichnend ist hierbei die Orthographie des sechzigjährigen Goethe. Er schreibt gern »Music«, was englisch aussieht und einen französischen Anklang haben mag, oder in alter deutscher (und englischer) Buchstabierung »Musick« und natürlich auch in der heute üblichen Schreibweise. So variabel wie seine Rechtschreibung ist denn auch die gehörte Musik. Manchmal gab es schon am Vormittag Vokalmusik zu hören. (»Canons und Terzette«) Eines Abends wurde für eine große Gesellschaft Musik gemacht und »Bey Tafel gesungen«, wobei sich Goethe auch selbst beteiligt haben mochte. Ein anderes Mal hörte er spezielle Instrumentalmusik: »By Musikus Kauffmann, das Harmonichord zu hören.« Er besuchte Konzerte und Soiréen, sogenannte »Musikalische Unterhaltungen«. Diese Abendmusiken kannte er aus eigener Praxis. Er pflegte mit seiner eigenen Hauskapelle die »donnerstägliche Musik«, welche er bis in Details konzipierte und vorbereitete. Die Arbeiten beanspruchten ihn gelegentlich drei Tage lang. »Anstalten zu der donnerstäglichen Musik. ... Liste und dergleichen wegen der morgenden musikalischen Unterhaltung.« ... »Austeilung der Bilette und andere Beschäftigungen auf den Abend.« (20., 21., 22. Februar 1810) Die Konzeption dieser musikalischen Unterhaltungen hat Goethe in den *Tag= und Jahresheften*, den Ausarbeitungen seiner *Tagebücher*, erläutert. Mit einem Sinn für Professionalität trennte er Probe und Konzert durch zwei dazwischenliegende Tage, um dadurch das »dilettantische Pfuschen« – wir erinnern uns an seine gemeinsam mit Schiller geführte Auseinandersetzung mit dem Dilettantismus – zu verhindern. Die donnerstägliche Probe war »kritisch und didaktisch« gedacht, die sonntäglichen Konzerte sollten für jeden »empfänglich und genußreich« sein. »Was für Musik und Theater in den ersten als den letzten Monaten des Jahres geschah, vermelde kürzlich: die Übungen der freiwilligen Hauscapelle wurden regelmäßig fortgesetzt. Donnerstags Abends Probe vor einigen Freunden gehalten, Sonntags früh Aufführung vor großer Gesellschaft. Ältere und jüngere Theatersänger, Choristen und Liebhaber nahmen Theil; Eberwein dirigierte meisterhaft. Mehrstimmige Sachen von Zelter und anderen italiänischen Großen wurden in's Leben geführt und ihr Andenken gegründet, Vergnügen und Nutzen, Anwendung und Fortschreiten in eins verbunden.

Dadurch daß die Probe von der Ausführung vollkommen getrennt blieb, ward das dilettantische Pfuschen völlig entfernt, das gewöhnlich erst im Augenblick der Aufführung noch probirt, ja bis den letzten Augenblick unausgemacht läßt, was denn eigentlich aufgeführt werden kann und soll.

Die Donnerstage waren kritisch und didaktisch, die Sonntage für jeden empfänglich und genußreich.« (*Tag= und Jahreshefte*, 1810)

Goethe war kein unkritischer Zuhörer, besonders bei Vokalmusik, um deren Pflege er sich ja auch im Alter noch persönlich kümmerte. Wenn solche von ihm gehörten musikalischen Vorträge merklich schlecht waren, hat er dies im Tagebuch festgehalten. Friedrich Heinrich Himmel, den Berliner Pianisten und Kapellmeister, hörte er in Karlsbad in privaten Konzerten mehrfach spielen. Über einen Duo-Abend notierte er: »Bey Razumowsky, wo Himmel vortrefflich spielte und ein Castrat schlecht sang.« (Karlsbad, 26. Juni 1810) Im September reiste er von Teplitz nach Dresden. Dort hörte er Kirchenmusik und urteilte: »In die katholische Kirche. schwache Music.« (Dresden, 23. September 1810)

1810 sollte für Goethe neben der Beschäftigung mit Naturwissenschaft und seiner Autobiographie auch das Jahr der Musik werden. Ein lang gehegter Wunsch ging in Erfüllung, als Zelter ihm in beiden Badeorten tagelang zu Gesprächen über Geschichte und Theorie der Musik zur Verfügung stand. Aber auch Chladni besuchte ihn in Teplitz. Goethe diskutierte außerdem mit Liebhabern und Fachleuten über Musik, so mit dem »Ober=Appellationsrath« Körner und dem Kapellmeister Müller. Mit Carl Friedrich Zelter, dem wichtigsten Gesprächspartner für Fragen der Musik, stand er seit Jahresbeginn im monatlichen Briefkontakt. Goethe schickte ihm auch Gedichte nach Berlin. Zelters Kantate für vier Singstimmen und Klavier, *Johanna*

Sebus, wurde in Weimar aufgeführt (11. Mai 1810). Mitte Juli 1810 konnte Zelter endlich der jahrelang geradezu hartnäckig geäußerten Bitte Goethes entsprechen, für ein paar Tage in seiner Nähe zu sein. Zelter blieb eine Woche in Karlsbad.

In Goethes Tagebüchern sind bis zu vier Treffen an einem einzigen Tage vermerkt: »Am Brunnen. Kam Zelter. Unterhaltung mit Zeltern. Mittags Zelter zu Tische; musikalisches und rhythmisches Interesse. Nachher mit ihm auf die neue Chaussee.« (Karlsbad, 15. Juli 1810) Die Gespräche gingen wiederholt speziell über das Gedicht *Prometheus*. Ein Hauptthema waren die »Physischen Elemente der Tonkunst«. (18. Juli 1810) Acht Tage nach Zelters Abreise war das Schema der *Tonlehre* in der Gliederung: Subjekt, Objekt, Vermittlung, entworfen und damit – Goethes eigenen Erläuterungen zufolge – ein neuer wissenschaftlicher Zugang zu dieser Kunst eröffnet. »Über den neuen methodischen Vortrag der Tonlehre im Parallelism mit der Farbenlehre. Über den Vortrag der ganzen Physik in eben diesem Sinne. Subject, Object, Vermittlung.« (Karlsbad, 28. Juli 1810) Auch am nächsten Tag beschäftigte sich Goethe mit dem Schema der *Tonlehre,* wieder in gedanklicher Nähe zur *Farbenlehre.* Dieser erste Entwurf schien ihm aber nur wenig zu gefallen. Offenbar hatte er angesichts der Behandlung anderer Themen nicht viel Zeit darauf verwenden können. Unter dem Datum dieser beiden Augusttage sind in den Tagebüchern jedenfalls außer der *Tonlehre* noch folgende Themen und Treffen notiert: Wilhelm Meisters Wanderjahre. Dr. Stieglitz von Leipzig. Frau von Eybenberg. Meyer. Ungarischer Muschelmarmor. Dose von Pudding Stone. Überlegung des geologischen Theils der Wanderjahre. Bredowsche Tabellen zur Litterärgeschichte. Dr. Stieglitz. Gräfin Razumovsky. Tacitus Leben des Agricola. (*Tagebücher,* Karlsbad, 28. und 29. August 1810)

Anfang August reiste er nach Teplitz weiter, jetzt mit dem Schema der *Tonlehre* im Gepäck. In dem beliebten böhmischen Badeort hielt sich Zelter schon seit einigen Wochen zur Kur auf.

Kaum hatte sich Goethe etwas eingerichtet und akklimatisiert (»Ausgepackt. Spatzieren im Park.« Teplitz, 7. August 1810) nahm er als erstes die *Tonlehre* wieder vor: »Früh zu Hause, mit der Tonlehre beschäftigt.« Dann besuchte er Zelter, der ihm vorspielte, ihn auf Spaziergängen begleitete und abends mit ihm diskutierte. Am nächsten Tag kam Chladni zu Besuch. Goethe hat keine besonderen Angaben über dieses Treffen gemacht. Das Gespräch dürfte aber sehr wahrscheinlich über die Thematik der *Tonlehre* geführt worden sein.

In den folgenden knapp zwei Wochen traf sich Goethe mit Zelter fast täglich. Goethe suchte ihn im Gasthaus auf, ging mit ihm spazieren oder sah ihn beim Mittagsmahl. Die Themen kreisten hauptsächlich um das »Schema der Tonlehre« mit den Schwerpunkten: »Menschliche Stimme, Kehle und Ohr. Musicalische Theorie. Musicalisch geschichtliches.« Es kam die Rede auf Goethes Lieblingskomponisten »Marcellus«, den er in Rom hörte und dessen Kantaten er in der *Italiänischen Reise* analysierte. Und es wurde über die beiden Meister »Sebastian Bach« und »Hendel« gesprochen. Goethe ging aber auch auf Zelter persönlich ein. Er interessierte sich für seine neuesten Liedkompositionen und befaßte sich mit seiner Biographie. Doch das musikalisch bedeutendste Ereignis dieses Augustmonates 1810 war wohl die Entstehung der zweiten Fassung der *Tonlehre* (»Schema der Tonlehre umgeschrieben«) und die Erstellung der Tabellenfassung (»Tabelle der Tonlehre«. Teplitz, 17. August und 22. August 1810). Gleichwohl ist auch diese – gewissermaßen dritte – Fassung der *Tonlehre* Fragment geblieben. Goethe wollte die Tabelle zwar mit Hilfe von Christian Heinrich Schlosser, seinem Briefkorrespondenten in Frankfurt am Main, vervollständigen. Abgesehen von einer kleinen Ergänzung über die Gliederung von Melodien, ist es jedoch nur bei zum Teil umfangreichen Erläuterungen geblieben, die Goethe in Diskussionen mit Schlosser und Zelter und in den Betrachtungen der *Tag= und Jahreshefte* gegeben hat.

21.
»Um einen Stab gewickelt«
»Eine Tabelle, welche den Inhalt
der Tonlehre darstellt«

Goethe hat in den *Tag= und Jahresheften* mehrmals auf die
Verwandtschaft der *Tonlehre* mit der *Farbenlehre* hingewiesen.
Noch vor dem abschließenden Band *Chromatik* kam ihm der
Gedanke, parallel zur *Farbenlehre* ein musikalisches Denkgebäude zu errichten. Im Vergleich zu anderen damaligen Arbeiten
beschäftigte ihn dieses Vorhaben offensichtlich besonders, ja es
ließ ihn kaum noch in Ruhe, bis er es in ein Schema brachte.
Nach Vollendung des zweiten und dritten Teils der *Farbenlehre*
(»Polemischer Theil, die Geschichte des 18. Jahrhunderts«)
glaubte er aufatmen zu können. Geradezu überschwenglich
sprach er vom »glücklichen Befreiungstag«, als am 16. Mai 1810
seine Manuskripte per Post an die Druckerei gingen. Jetzt war
die Last einer langjährigen wissenschaftlichen Arbeit von ihm
abgefallen. Doch kaum hatte er sich in die Kutsche mit dem Ziel
des böhmischen Badeorts Teplitz gesetzt, als er erneut zu grü-
beln begann, ob im Anschluß an die *Farbenlehre* nicht auch die
Tonlehre behandelt werden könne: »Weil man aber einmal des
Mühens und Bemühens gewohnt, sich immer sehr gern und
leicht neue Lasten auflegt, so entwickelte sich, bei nochmaliger
schematischer Übersicht der Farbenlehre, der verwandte Gedanke: ob man nicht auch die Tonlehre unter ähnlicher Ansicht
auffassen könnte, und so entsprang eine ausführliche Tabelle,
wo in drei Columnen Subject, Object und Vermittelung aufgestellt worden.
  Und wie keine unserer Gemüthskräfte sich auf dem einmal

eingeschlagenen Wege leicht irre machen läßt, es sei nun, daß man zum Wahren oder zum Falschen hinschreite; so wurde jene Vorstellungsart auf die ganze Physik angewandt: das Subject in genauer Erwägung seiner auffassenden und erkennenden Organe, das Object als ein allenfalls Erkennbares gegenüber, die Erscheinung durch Versuche wiederholt und vermannichfaltigt, in der Mitte, wodurch denn eine ganz eigene Art von Forschung bereitet wurde.« (*Tag= und Jahreshefte,* 1810)

Im Jahre 1815 kündigte Goethe Christian Heinrich Schlosser (1782–1829), Mediziner, Gymnasialdirektor in Koblenz und zuletzt privatisierender Wahlrömer, die Übersendung einer »tabellarischen Behandlung der Tonlehre« an. Ihre überblickbare Anordnung erläutert er mit entsprechenden Vokabeln (etwa: Mitte; gegeneinander; unten). Elf Jahre später bat er Zelter: »Versäume ja nicht zu der übersendeten Tabelle schriftlich zu weissagen. Du siehst ihr den Ernst an, wie ich dieses ungeheure Reich wenigstens für die Kenntniß zu umgränzen gesucht habe. Jedes Capitel, jeder Paragraph deutet auf etwas Prägnantes; die Methode des Aufstellens kann man gelten lassen, sie war von mir gewählt, weil ich sie der Form nach meiner Farbenlehre anzuähnlichen gedachte. Noch manches Andere hatte ich vor, das aber bey dem velociferischen Leben seitwärts zurückblieb.« (An Zelter. Weimar den 11. October 1826)

Ein Jahr später erbat sich Goethe die Tabelle von Zelter zurück: »Begegnet dir bey'm Auspacken meine musicalische Tabelle, so sende sie mir doch gleichfalls; ich mag sie gern vor Augen haben; denn ich bilde mir ein es seyen mir einige neue Lichter über diese Region aufgegangen.« (An Zelter. Weimar den 9. Juni 1827) Später ließ Goethe über dem Waschtisch in seinem Schlafzimmer neben einer Tabelle der an der Entstehung der Erde beteiligten Gesteinsarten auch die Tabelle der *Tonlehre* anbringen. (Vgl. Tafel VI)

Seither lebte Goethe also mit dem täglichen Blick – unwillkürlich oder bewußt – auf die tabellarische Behandlung der

»Gesetze des Hörbaren« aus dem »ungeheuren Reich« der Musik.

In der Weimarer Ausgabe jedoch wurde die Tabellenform in der Annahme aufgegeben, sie sei ohne Bedeutung. (Goethes Werke, Weimarer Ausgabe, 11. Abtheilung. 11. Band, Seite 362) Der auf diese Weise in wortwörtlichem Sinne unübersichtlich gewordene Text hat außerdem noch durch veränderte und hinzugefügte Interpunktionen stellenweise seine Authentizität eingebüßt.

Zurück zu Goethes *Tag = und Jahresheften* aus dem Jahre 1810. Goethe erläutert dort auch den Aufbau seiner *Tonlehre*. Für die mittlere Kolumne – in der Tabelle »Mechanisch (Gemischt)« überschrieben – verwendet er in den beiden oben zitierten Abschnitten die Begriffe »Vermittelung« und »Erscheinung«. Auf letzteren bezieht er auch »Versuche«. Diese nicht näher beschriebenen Tests (etwa Versuche über mathematisch erfaßbare Tonerzeugung durch verschiedene Instrumente, so die Blas-, Streich- oder Tasteninstrumente) seien jedoch nicht als Beweis einer subjektiven Meinung zu nutzen. Sie würden vielmehr als Anfrage an die Natur aufgefaßt. Dieser Satz ist womöglich ein Schlüssel zum Verständnis von Goethes musikwissenschaftlichem Denken. Nicht mathematische Beweiskraft, sondern die Frage des Menschen an die Natur bestimmt sein Nachdenken über die Geheimnisse der Töne. Das bei solcher Anfrage Entdeckte ist zudem eine Antwort, die eine »vernünftige Frage« bereits in sich birgt. Goethe vermag auf Grund seines Fragens und methodischen Forschens eine positive Bilanz zu ziehen: »Der Versuch, als Beweis irgend eines subjectiven Ausspruchs, ward verworfen; es entstand was man schon längst Anfrage an die Natur genannt hat. Und wie denn alles Erfinden als eine weise Antwort auf eine vernünftige Frage angesehen werden kann, so konnte man sich bei jedem Schritt überzeugen, daß man auf dem rechten Wege sei, indem man überall im Einzelnen und Ganzen nur Gewinne zur Seite sah.« (*Tag = und Jahreshefte*, 1810)

In welchem Maße manifestiert sich Goethes musikwissenschaftliches Denken in der Fragment gebliebenen *Tonlehre*? Hatte er mit der nur in einem einzigen Punkt – der Dur-Moll-Polarität – ausgeführten und nur in einem Fall – den harmonischen Strukturen von Dur- und Mollmelodien – ergänzten Tabelle (vgl. Anhang) wirklich den Plan eines Denkgebäudes des »musikalisch Hörbaren« verwirklicht?

Er suchte wiederholt nach Fachleuten, die ihm bei der Vollendung der *Tonlehre* behilflich sein könnten. So bat er seine Freunde Jakob und Marianne von Willemer, den Kontakt mit einem als Theoretiker und Praktiker gleichermaßen kompetenten Musiker namens Johann Nepomuk Schelble in Frankfurt a. M. herzustellen: »Da würde denn freilich sehr förderlich sein, mit jemanden zu konferieren, der dieses Geschäft auf originalem Wege verfolgt, Theorie und Praxis zusammen walten läßt, besonders auch durch Unterricht in der Faßlichkeit und Brauchbarkeit seiner Überzeugungen bewarheitet.« (An Jakob und Marianne von Willemer, 11. Juli 1817)

Tatsächlich war von Goethe ja nur »ein Skelett« erstellt worden. Die übrigen Arbeiten sollten von einem »echten Künstler« ausgeführt werden, bemerkte er zu Zelter, als er sich einmal für briefliche musikhistorische Erläuterungen bedankte: »Sodann sollst du gleichfalls vielen Dank haben für die Entwicklung der wichtigen musikalischen Grundsätze in deinem letzten Brief. Entschließe dich von Zeit zu Zeit zu dergleichen, du sammelst dir selbst einen Schatz in meinen Heften. Ich freue mich meiner Tabelle als eines zwar nackten, aber wohlgegliederten Skeletts, welches der echte Künstler allein mit Fleisch und Haut überkleiden, ihm Eingeweide geben und in's Leben praktisch und denkend einführen mag.« Und voller Bescheidenheit fügt er hinzu: »Ich sehe dadurch auf wundersame Weise in eine Region hinüber, in welche ich nicht einmal genießen, geschweige genießend denken sollte.« (An Zelter. Weimar den 17. May 1829)

Goethe hat sich aber auch selbst mit der Tabelle der Tonlehre weiterhin befaßt. Solches kontinuierliches Interesse war bei seinen wissenschaftlichen Arbeiten eigentlich die Regel. So hörte bei der *Farbenlehre* seine Beschäftigung mit dem Stoff auch nach dem publizistischen Abschluß nicht auf. Goethe nahm sich die beiden innerlich zusammenhängenden Lehren wiederholt zusammen vor. Ihre methodische Parallelität war nach wie vor das beherrschende Thema. Er diskutierte darüber mit seinen Gesprächspartnern: »Die Tonlehre ward weiter mit der Farbenlehre verglichen.« (*Tag = und Jahreshefte*, 1815)

Das bedeutendste Dokument solcher Diskussion über die *Tonlehre* ist der Briefwechsel mit Christian Heinrich Schlosser. Er war mit Goethe übrigens weitläufig verschwägert. Sein Onkel, Johann Georg Schlosser, heiratete Goethes Schwester Cornelia (1750–1777). Bevor Goethe mit Schlosser über die *Tonlehre* diskutierte, gab es bereits einen regen Briefwechsel über naturwissenschaftliche Themen: Mineralien, Geologie und die Entstehung lebender Organismen im Wasser. Es entspann sich dabei ein geradezu vertraulicher Dialog: »Was mich aber jetzo beynahe ausschließlich beschäftigt, gesteh ich Ihnen am liebsten, da ich dabey mit Freude Ihrer gedenken kann.«

Des enzyklopädischen Wissens beinahe überdrüssig, vertraute Goethe seinem Brieffreund Schlosser an, daß er sich jetzt mit ganzer Kraft der Welt des Orients zuwende und auch die arabischen Schriftzüge lerne. Goethe bewundert Schlossers kritischen Verstand bei der Beurteilung zeitgenössischer wissenschaftlicher Veröffentlichungen. Er bedankt sich für die übermittelten Kommentare, welche ihm erst den Sinn für diese Untersuchungen erschlössen. »Fahren Sie fort, unser wechselseitiges Wirken immer lebendig zu erhalten.« Die Aufforderung zum Dialog hängt auch mit Schlossers Einstellung zu Goethes naturwissenschaftlichem Denken zusammen. Schlosser hatte auf Goethes Empfehlung offenbar die Schrift *Über die Metamorphose der Pflanzen* gelesen und kommentiert. Goethe zeigte sich jedenfalls über die Einstellung seines Briefpartners hocherfreut. Jetzt erkannte er in Schlosser den kongenialen Partner, der sein errichtetes, gleichwohl noch ausbaufähiges »Gebäude« weiterführen könnte. »Was Sie mir über Ihr Verhältniß zu meiner Art und Weise sagen, ist mir tröstlich und kräftigend: denn ich bin mir bewußt, daß Sie an dem Gebäude, das ich mir zur Wohnung auferbaute, keinen schroffen Abschluß, sondern, in Hoffnung der Zukunft, gar manche angebrachte Verzahnung *(pierres d'attente)* finden werden, wo Sie, da Ihnen Local und Nachbarschaft nicht mißfällt, Sich ohne weiteres, auch in Ihrem Sinne anschließen können.« (Concept. An Schlosser. 23. Januar 1815)

Im darauffolgenden Brief erhielt Schlosser die Tabelle der *Tonlehre*. Goethe ersuchte ihn, die Methode zu durchdenken und dem Lehrgebäude gewissermaßen – um bei dem von Goethe gebrauchten Bild zu bleiben – noch fehlende Steine hinzuzufügen.

Goethes Begleitschreiben umreißt den Zweck und den Aufbau der tabellarischen *Tonlehre*: »Ich sende nämlich mit der fahrenden Post, um einen Stab gewickelt eine tabellarische Behandlung der Tonlehre, die ich vor einigen Jahren unternommen, nachher aber liegen lassen. Nach Empfang Ihres Briefs habe ich sie aufgesucht und zusammenschreiben lassen, und sende sie, ohne sie weiter zu revidieren noch zu complettieren. Bei einer Arbeit dieser Art, eigentlich zum didactischen Zweck bestimmt, kommt es hauptsächlich darauf an, ob sie alle die Phänomene enthalte, die man in einem solchen wissenschaftlichen Cirkel kennt, und ob man sich den Inhalt gern in dieser Ordnung denken mag. Die Ähnlichkeit dieser Schematisierung mit dem Schema der Farbenlehre ist nicht zu verkennen; erst finden Sie das Allgemeine, sodann das Besondere in 3 Abtheilungen. Hier steht das Subjectiv=Organische wieder voraus, das Objectiv= Physische, Mathematische ihm entgegen. Aus beyden bildet sich durch Mechanik eine technische Mitte, und durch das Gegeneinanderarbeiten dieser drey Thätigkeiten entspringt die Möglichkeit einer Kunstbehandlung, welche Sie unten im rothen Rahmen finden werden. pp.

Ganz vollständig kann die Tabelle nicht seyn, haben Sie die Güte zu bemerken, was fehlt, und wo es hin zu rangieren wäre. Nicht weniger haben Sie die Gefälligkeit die Methode nach allen Seiten durchzudenken, und zu prüfen, inwiefern sie mit Ihrer Denkweise übereinstimmt.

Die Blätter erbitte mir gelegentlich wieder zurück.« (Concept. An Schlosser. 6. Februar 1815)

22.
»Meine Tabellen werden mir nun erst lieb«
Die Molldebatte und Goethes Gottesbeweis

Schlosser machte sich nach Erhalt der Tabelle der *Tonlehre* unverzüglich an die Arbeit. In wenigen Tagen waren seine Kommentare fertig. Sie befassen sich vor allem mit der von Goethe ausführlicher behandelten Dur-Moll-Polarität. Angeregt durch die rote Umrahmung im letzten Tabellenabschnitt »Kunstbehandlung«, unterstrich Schlosser in seinem Antwortbrief selber einzelne Wörter mit Rotstift. Er bat, seine Ausführungen vertraulich zu behandeln. Er dachte wohl an eine Veröffentlichung seiner Anmerkungen.

Um das Verfahren des Dialogs zu erleichtern, teilte Schlosser mit, daß er eine wörtliche Abschrift seines Briefes aufbewahre. Aber auch Goethe ließ Teile von Schlossers Ausführungen abschreiben, um anhand dieser Exzerpte seine Erwiderungen zu formulieren. Allein anhand solcher Vorbereitungen läßt sich die Bedeutung des Briefdialogs zwischen Goethe und Schlosser ermessen. Goethe sparte nicht mit Komplimenten an seinen Partner: »Meine Tabellen werden mir nun erst lieb, und ich segne den Gedanken sie Ihnen ohne weiteres zugeschickt zu haben und erwidere gleich soviel als nöthig ist, um die Übereinstimmung sowohl unserer Denkweise, als die Verschiedenheit derselben in's Klare zu setzen.«

In der Nachschrift zu seiner Erwiderung vergleicht Goethe die Debatte mit der fruchtbaren, allerdings nicht unkomplizierten Zusammenarbeit mit Schiller: »Nehmen Sie daher meine Äußerungen freundlich auf, denn ich wünschte, daß wir das große Kunststück, das Schillern und mir gelang, bey völlig auseinanderstrebenden Richtungen ununterbrochen eine gemeinsame Bildung fortzusetzen, auch zusammen bestünden, welches um so verdienstlicher wäre, als die Jahre und Überzeugungen noch weiter auseinanderstehen. Möge ich das Beste und Freundlichste von Ihnen vernehmen.« (An Schlosser. Weimar d. 26. Februar 1815)

Goethe lobt insbesondere die Ernsthaftigkeit, mit der sich Schlosser der Sache der *Tonlehre* annahm und aus einer inneren Sicht in zwölf Punkten kommentierte. Mit den meisten Ausführungen sah sich Goethe in Übereinstimmung. Aber beurteilen könne er die Kommentare eigentlich nicht. Seine Begründung ist ziemlich überraschend:»weil mir die schöne Tonwelt gewissermaßen ganz fremd geworden«. Zum Verstehen dieses Bekenntnisses ist wohl das Datum der Briefbeilage zu berücksichtigen. Goethe schrieb sie bereits am 19. Februar 1815, ließ sie dann aber einige Wochen liegen. In einer vorläufigen Antwort an Schlosser erklärt er die Verzögerung. Ihm sei manches Traurige begegnet, so die schwere Erkrankung seiner Frau Christiane. Goethe war sehr besorgt und bereitete ihre Reise zu einem Genesungsaufenthalt in Karlsbad vor. Die Erwiderung zu den Kommentaren sei seinerzeit entworfen, doch nicht zur Reife gekommen. Womöglich besteht also ein Zusammenhang zwischen privaten bedrückenden Ereignissen dieser Monate und seiner Entfremdung von der Musik, für die er damals keine Muße fand. Im erneuten Einleitungsschreiben (5. Mai 1815) war die Distanz offenbar überwunden. Goethe ermuntert Schlosser, »in diesem holden und bedeutenden Fache« fortzuschreiten, freut sich auf eine bevorstehende Opernaufführung in italienischer Sprache *(Achill von Paer),* und wünschte sich, Schlosser als seinen Gast dabei zu haben.

Goethe verteidigt seine Auffassung von der Polarität der Dur- und Molltöne nicht ohne eine gewisse Schärfe. Schlosser behauptet, der sogenannte Gegensatz zwischen Dur und Moll sei keineswegs ursprünglich, sondern »abgeleitet«. An letzterem Wort, aber auch wohl an Schlossers roten Unterstreichungen bestimmter Ausdrücke – diese Markierungen lassen sich im Text der Weimarer Ausgabe allerdings nicht mehr ausmachen, sie standen aber sehr wahrscheinlich unter bestimmten Wiederholungen – entzündet sich Goethes Widerspruch. »Die roth unterstrichenen Ausdrücke vermeide ich in wissenschaftlichen Aufsätzen. Es klingt gleich so apodiktisch, daß man den Leser unwillig macht.« Das von Schlosser gebrachte Gleichnis aus der Optik (»Es ist dasselbe und nichts als dasselbe als was in dem prismatischen die Verkehrung eines Lichten im schattigen Grunde zu der Verkehrung des Schattigen im lichten Grunde sei.«) findet Goethe unpassend. Es würde gerade dadurch zugegeben, daß die Phänomene Dur und Moll von gleichem Wert seien. Er widerspricht auch Schlossers Vergleich mit dem Regenbogen (»Das ganze Phänomen ist weiter gar nichts, als was bey energischem Eintreten des Farbbildes der doppelte Regenbogen ist.«) Dies sei nur ein Gleichnis, aber kein Parallelphänomen.

Beim nächsten Punkt der Diskussion kommt es zu einem fruchtbaren Zusammengehen. Schlosser inspirierte Goethe zu einer Beschreibung des Gegensatzes von Dur und Moll, die als eine wichtige Ergänzung der entsprechenden Kolumne in der *Tonlehre* gelten mag. Schlosser bemerkt zum Ursprung des Moll: »Will man den Grund des sogenannten Moll suchen, so liegt er, wie schon bey der Verkehrung des Lichten in schattigem Grunde gesagt wurde, innerhalb der Tonmonade selbst. Die große Terz des Grundtones verhält sich nehmlich zu der reinen Quinte desselben, als eine kleine Terz; und kehrt auf diese Weise die Erscheinung in sich selber um.« Schlosser spricht hier die Binnenstruktur eines Durdreiklangs an. Ein Durdreiklang, in der Grundposition c-e-g zum Beispiel, besteht zwar aus Grundton (c), großer Terz (c-e) und reiner Quinte (c-g). Aber die innere Struktur weist, wenn man diesen Dreiklang denkend zerlegt, eine große Terz (c-e), und eine kleine Terz (e-g) auf. Anhand dieser Analyse führt Schlosser den von Leibniz gebrauchten Begriff der Monade (Einheit) in die Molldebatte ein.

Leibniz entwickelte diese Metaphysik in einer kritischen Auseinandersetzung mit Descartes, welcher Naturerscheinungen durch das Begriffspaar »Ausdehnung und Bewegung« zu erklären sucht. Leibniz fand die Cartesianische Vorstellung zu geometrisch und zu wenig physikalisch. So könne wirkliche Materie nicht mit dem Begriff der Ausdehnung gleichgesetzt werden. Leibniz entwickelt aus dieser Kritik jetzt eine eigene Vorstellung. Die Wirklichkeit bestünde nur aus wirklichen Teilen, welche aber selbst, im Sinne der historischen Atomtheorie der alten Griechen, unteilbar seien. Diese Vorstellung führte schließlich zur Entstehung der Monadenlehre, den »fensterlosen« Substanzen mit verschiedenen Eigenschaften. Sie sind als individuelle Punkte des Seienden und gleichzeitig auch als Kraftzentren vorstellbar. Ein Körper ist ein von Leibniz gedachtes Zusammenwirken (Komplex) von punktuellen Kraftzentren. Die Einheiten (Monaden) sind in bestimmten Fällen mit einem »Bewußtsein«, einer Seele zu denken. Während die niedersten Einheiten gewissermaßen in einem dämmernden Zustand verbleiben, haben die höheren Monaden Bewußtsein wie eine Menschenseele. Die höchste Monade – und hier erbringt Leibniz seinen Beweis von der Existenz Gottes – hat ein unendliches Bewußtsein. Diese höchste Monade aber, die Allwissenheit, ist Gott!

Goethe nahm Schlossers Denkanstoß geradezu begeistert auf: »Dieß ist mir aus der Seele gesprochen.« Durch den hier in die Diskussion eingeführten Begriff der »Tonmonade« schien seine etliche Jahre andauernde Suche nach dem Ursprung des Moll endlich erfolgreich zu sein. In Ergänzung zur Tabelle der *Tonlehre* erläutert Goethe die – mathematisch nicht erklärbare – Herkunft der kleinen Terz jetzt gewissermaßen ganzheitlich. In der Kolumne »Mathematisch (Objektiv)« hatte er die Polarität von Dur und Moll anhand der unterschiedlichen Skalen zu fassen gesucht: »Der Durton entspringt durch Steigen, durch eine Beschleunigung nach oben, durch eine Erweiterung aller Intervalle hinaufwärts. Gemeint sind insbesondere die große Terz und die große Septime, der Leitton. Der Mollton entspringt durchs Fallen, Beschleunigung hinabwärts, Erweiterung der Intervalle nach unten.« Gemeint ist die beim dorischen oder sogenannten melodischen Moll abwärts, mit sozusagen nach unten erweiterten Intervallen verlaufende Skala. Dieser elementare Gegensatz (»Ausführung jenes Gegensatzes als des Grundes der ganzen Musik«) vermag Goethe jetzt anhand des Denkmodells »Tonmonade« darzustellen. Das Prinzip der Polarität zeigt sich allgemein, etwa wie beim Atmen, durch Ausdehnung und Zusammenziehen. Entsprechend dehnt sich die Tonmonade bei der Entstehung von Dur oder Moll aus beziehungsweise zieht sich zusammen.

Goethe hält weiterhin an der besagten Veranschaulichung des Gegensatzes von Dur und Moll anhand der beiden, in ihren Intervallen unterschiedlich strukturierten Skalen fest. Er findet auch hier zu einer ganzheitlichen und somit didaktisch möglichen Darstellung der beiden Formeln. Die Vorstellung von Ausdehnung und Zusammenziehen der Tonmonade erfordert konsequenterweise die Annahme zweier Bezugspunkte, nämlich des Zentrums, von dem die Ausdehnung ausgeht, und der Peripherie, an der die Ausdehnung endet beziehungsweise das Zusammenziehen den Anfang nimmt. Goethe wählt als Zentrum den tiefsten, nicht wahrnehmbaren Grundton und als Peripherie den höchsten, ebenfalls nicht wahrnehmbaren, zwei Oktaven höher versetzten Grundton. Offensichtlich an die Eigenschaft des »Kraftzentrums« in der Monadentheorie anknüpfend, erwidert Goethe auf Schlossers Ausführungen: »hier treffen wir nun völlig zusammen, der Grund des sogenannten Moll liegt innerhalb der Tonmonade selbst … Zur nähern Entwicklung dieses Urgegensatzes bahnte vielleicht Folgendes den nähern Weg. Dehnt sich die Tonmonade aus, so entspringt das Dur, zieht sie sich zusammen, so entsteht das Moll. Diese Entstehung habe ich in der Tabelle, wo die Töne als eine Reihe betrachtet sind, durch Steigen und Fallen ausgedrückt; beyde Formeln lassen sich dadurch vereinigen, daß man den unvernehmlichsten tiefsten Ton als innigstes Centrum der Monade, den unvernehmbaren höchsten als Peripherie derselben ansieht.«

Goethe anerkennt auch Schlossers folgende Beweisführung von der inneren Verbindung von Melodie und Harmonie: »Im weitesten Sinne ist alles harmonisch, weil jeder Klang Dreyklang ist. Melodisch ist dagegen wo, bey aufeinander folgenden Dreyklängen, wir nur ein Glied dieser Dreyklänge würklich anschlagen, und deutlich hörbar machen. Dadurch wird gleich das große Gesetz begreiflich, daß nichts melodisch richtig seyn könne, was nicht auch harmonisch richtig sey.«

Goethe protestiert jedoch gegen Schlossers Randnotiz »Nur der Durton liegt in der Natur«. In Übereinstimmung findet er sich wieder mit Schlossers Bemerkungen über die Grenzen arithmetischer Darstellung. »Alle Art das Urphänomen der Klangwelt atomistisch und numerisch darzustellen, ist so vergeblich als in irgend einer anderen Sphähre des vorhandenen. Das Zahlenverhältnis schafft nie. Mit dem Unfaßbaren des Zahlenverhältnisses tritt auch das Unfaßbare des Tonverhältnisses ein. Vielleicht sind beyde unfaßbar aus demselben höheren Grunde; für die Tonlehre aber entspringt die Unfaßlichkeit nicht aus dem Zahlenverhältnisse, sondern das Zahlenverhältniß trifft nur mit ihr zusammen.«

Goethe fügt dem hinzu: »Die Zahlen sind wie unsere armen Worte nur Versuche die Erscheinungen zu fassen und auszudrücken, ewig unerreichende Annäherungen.«

Nach diesem Disput nähert sich die Moll-Debatte ihrem Höhepunkt. Schlosser akzeptiert Goethes Satz aus der rechten Kolumne »Mathematisch gemischt«, der Mollton sei, trotz weniger faßlicher Maß- und Zahlverhältnisse, der menschlichen

Natur gemäß, ja gemäßer als der Durton. Er kritisiert aber die Einordnung des Molltons als Phänomen.

Diese Anmerkung hat Goethe offensichtlich zum Überdenken der Dur-Moll-Polarität angeregt. Beide Gesprächspartner sind sich einig, daß der im Grunde nicht auf Zahl-und Maßverhältnisse reduzierbare Molldreiklang der menschlichen Natur eigentlich gemäßer als der »faßliche« Durdreiklang sei. Nur eine Begründung dieser Gewichtung hatte bislang weder Schlosser noch Goethe selber gegeben. In seiner Entgegnung auf Schlossers Einwand befaßt sich Goethe jetzt mit der Wirkung von Dur und Moll auf die menschliche Natur. Wir erinnern uns der bereits zitierten (späteren) rhetorischen Frage an Zelter »Was ist denn eine Saite und alle mechanische Teilung derselben gegen das Ohr des Musikers«, welche auf die menschliche Natur als eine der Mathematik übergeordnete Instanz deutet. Ausgehend von der Theorie der Ausdehnung und des Zusammenziehens in der Tonmonade, »humanisiert« Goethe die unterschiedliche Wirkung von Dur und Moll. »Meine Überzeugung ist diese: wie der Durton aus der Ausdehnung der Monade entsteht, so übt er eine gleiche Wirkung auf die menschliche Natur, er treibt sie in's Object, zu Thätigkeit, in die Weite, nach der Peripherie. Ebenso verhält es sich mit dem Mollton; da dieser aus der Zusammenziehung der Monade entspringt, so zieht er auch zusammen, concentrirt, treibt in's Subject und weiß dort die letzten Schlupfwinkel aufzufinden, in welchen sich die allerliebste Wehmuth zu verstecken beliebt.«

Eine Variante über die Wirkung des Molltones findet sich in den *Maximen und Reflexionen*. Auch die »nach außen strebende Sehnsucht«, gewissermaßen das »Fernweh«, erzeuge das im speziellen Rahmen seiner Skala verbleibende Moll: »Die Sehnsucht, die nach außen, in die Ferne strebt, sich aber melodisch in sich selbst beschränkt, erzeugt den Minor.«

Nach diesen Kommentaren zur Dur-Moll-Polarität erscheint eine Begründung der besonderen Gewichtung des Molltones

(»der menschlichen Natur gemäßer als die faßliche Durtonart«)
möglich. Der durch Zahl- und Maßverhältnisse erklärbare, den
Menschen zur Aktivität anregende Durton führt zur Extrover-
sion (»strebt in die Weite«); der Mollton aber führt nach innen,
zur Konzentration (»concentrirt, treibt in's Subject«). Unter letzterem Blickwinkel gehört der Mollton eher der Organisch/sub-
jektiven Kolumne, also dem Bereich der *musica humana* an, wo
sich die Tonwelt am Menschen in einem bestimmten Kreislauf
offenbart und eine Begeisterung und eine Ausbildung der Sinne
bewirkt.

Goethe bringt auch eine inhaltsästhetische Betrachtung der
Wirkungen von Dur und Moll. Hier schwingen wohl seine beim
eigenen Musikhören und Musizieren gewonnenen Erfahrungen
mit. Goethe räumt zunächst das Klischee aus dem Wege, der
Mollton erklinge allein bei Schmerz und Trauer. – Komponisten
haben in der Tat auch traurige Gesänge in Dur gesetzt, etwa
Christoph Willibald Gluck, die Klage des Orpheus in seiner
gleichnamigen Oper. – In einem gesellschaftsbezogenen Denk-
ansatz verweist Goethe in seiner Betrachtung des Dur-Moll-
Gegensatzes auf die Polonaisen, deren traditioneller Mollton die
eigentümliche Konzentration der Tänzer und Tänzerinnen her-
vorruft. Den gelegentlichen Wechsel zwischen Dur und Moll
bringt er mit Formeln seiner »Weltanschauung« im Sinne der
Polarität in Verbindung, so mit dem Gegensatzpaar Systole/Dia-
stole: »Nach diesem Gegensatz werden kriegerische Märsche, ja
alles Auf= und Ausfordernde sich im Durton bilden müssen. Der
Mollton hingegen ist nicht allein dem Schmerz oder der Trauer
gewidmet, sondern er bewirkt jede Art von Concentration. Die
Polonaisen sollen in diesem Tone geschrieben seyn, nicht blos
weil diese Tänze ursprünglich nach sarmartischer osteuropäi-
scher Art darin verfaßt sind, sondern weil die Gesellschaft die
hier das Subject vorstellt, sich concentriren, sich gern in einander verschlingen, bey und durcheinander verweilen soll. Diese
Ansicht allein läßt begreifen, wie solche Tänze, wenn sie einmal

eingeführt, sich bis zu unendlicher Wiederholung einschmeicheln können. Lebhaftere Tänze, wechseln sehr klüglich mit *major* und *minor* ab. Hier bringt Diastole und Systole im Menschen das angenehme Gefühl des Atemholens hervor, dagegen ich nie was Schrecklicheres gekannt habe als einen kriegerischen Marsch aus dem Mollton. Hier wirken die beyden Pole innerlich gegen einander, und quetschen das Herz anstatt es zu indifferenzieren. Das eminenteste Beyspiel giebt uns der Marseiller=Marsch.«

Goethe kommt gegen Ende seiner Erwiderung auf die Differenzen in den Auffassungen zu sprechen. Schlosser hatte in den Kommentaren individuelles Empfinden offenherzig zu erkennen gegeben. Dadurch kam die unterschiedliche Denkweise um so deutlicher zum Vorschein. Schlosser sprach von einer negativen Wirkung der Musik auf das Gemüt des Menschen: »So wie die Lichtwelt zu dem Sinne des Verstandes, dem Auge, spricht, und ein heiteres Verhältnis nach außen gründet; so spricht die Tonwelt zu dem Sinne des Gemüths (um dies düstere Wort zu brauchen) dem Ohre, und zerstört das Verhältniß nach außen«.

Goethe war irritiert. Hier ging es um die Wirkung der Musik, die beim Menschen vermeintlich etwas »zerstöre«. Goethe schätzte die Musik außerordentlich. (Nur die Sprache stand ihm noch höher.) Was ihn am stärksten befremdete, war Schlossers Einstufung des Wortes »Gemüth« als düster. Einen größeren Irrtum konnte sich Goethe wohl kaum vorstellen. »Wie Sie sich nun aber recht zutraulich vorgenommen Ihr Innerstes bey dem gegenwärtigen Anlasse gegen mich aufzuschließen, so konnte es nicht fehlen, daß die Differenz zwischen unsern beyden Denkweisen auf das schärffste zur Sprache käme. Es geschieht dieß da Sie das Wort Gemüth ein düsteres Wort nennen, da ich es nur als das heiterste kenne, und es nur auszusprechen brauche, um an alles Frohe und Leuchtende erinnert zu werden.« Insbesondere als einstiger Wahlrömer verstand Goethe unter »Gemüth« die Heiterkeit des Herzens, jenen Allegro-Charakter, den er in seinen vielleicht schönsten Jahren als Bewohner der Weltstadt der Kunst erfahren hatte. Bei seinem Protest ist auch an die Betrachtungen in der *Farbenlehre* über die »sinnlich-sittliche Wirkung der Farbe« zu denken. Farbe als ein Element der Kunst verstanden, übt für Goethe immer eine »humanisierende« Wirkung aus. Sie ist auf das Gemüt gerichtet. Neben dem Sinn des Auges hat Goethe die Bedeutung des Gemüts als Medium für die »sinnlich-sittliche Wirkung der Farbe« hervorgehoben. Denn diese werde erst durch das »Gemüth« ermöglicht. (*Zur Farbenlehre.* Didaktischer Theil. Sechste Abtheilung, § 758)

Schlossers Kommentare, insbesondere die anregenden Stichworte zur Dur-Moll-Polarität hatten Goethe zuvor beglückt, gegen die negative Einschätzung musikalischer Wirkung auf das menschliche Gemüt mußte er sich mit aller Entschiedenheit verwahren. Scharfsinnig kritisiert er Schlossers »gleichsam wollüstiges Versenken in die düsteren Regionen des Subjects«. Aber auch hier ist Goethe seinem Briefpartner letztlich dankbar, »denn wie wollte ich sonst, auf eine so liebevolle und geistreiche Weise, in die Labyrinthe der Menschennatur zurückgezogen werden«.

Weil er sich aber mit dem geistreichen Manne nicht zerstreiten möchte, beschließt Goethe, an dieser Stelle der Molldebatte die Differenzen mit Schlosser aufzuklären und dabei sein »allgemeines Glaubensbekenntnis« abzulegen. Indem er seine eigene Denkweise über das verzahnte Verhältnis von Subjekt und Natur in knappe Formeln bringt, führt Goethe – ähnlich wie Leibniz in der Metaphysik der Monadenlehre – einen Gottesbeweis.

Doch was meinte Goethe mit seiner Bemerkung, Schlosser habe sich wollüstig in die düsteren Regionen des Subjects versenkt, und weshalb dankt er ihm gleichzeitig, ihn dadurch sozusagen wieder in die Wirklichkeit der Menschennatur zurückgeführt zu haben? Schlosser knüpft an Goethes Auffassung an, der (in der Natur durch Saitenteilung nicht nachweisbare) Mollton sei der menschlichen Natur eigentlich gemäßer als der Durton. Schlosser schließt daraus, daß das menschliche Verhältnis zur Natur ganz allgemein gewaltsam und gezwungen sei (»so will das eigentlich sagen, die Befestigung des Menschen in der Natur ist eine gewaltsame, gezwungene«). Auch die Musik mit jenem der Natur fernstem Element, eben dem Mollton, kehre das menschliche Gemüt gegen die Natur, ließe in uns »die Wemuth anklingen, gegen die wir alle zu kämpfen haben, die wir uns, wir mögen es gestehen oder nicht, alle verbergen möchten, und nicht los werden können«. Schlossers Rede gegen den Mollton gipfelte ja in seiner Behauptung, daß diese Musik letztlich für den Menschen schädlich sei.

Goethe kritisiert zunächst Schlossers Bekenntnis über die »Wehmut«, die jedermann verbergen wolle und von der aber niemand loskäme. Die noch größere Herausforderung zum Widerspruch war Schlossers Sicht vom gestörten allgemeinen Verhältnis des Menschen zur Natur (was im besonderen durch die Musik in Moll bewirkt werde). Für diese Äußerung war Goethe Schlosser gleichzeitig auch dankbar, denn sie regte ihn zu einer denkwürdigen Erwiderung an. In rhetorisch sich überkreuzender (chiastischer) Darstellung entwickelte Goethe seine eigene Vorstellung von dem Verhältnis von »Subject und Natur« einschließlich dessen, was »drüber« ist, nämlich jener fünften Essenz (quinta essentia), die über den von Aristoteles definierten vier Elementen (Feuer, Wasser, Erde, Luft) steht:
» a. In der Natur ist alles was im Subject ist.

y. und etwas drüber.

b. Im Subject ist alles was in der Natur ist.

z. und etwas drüber.

b kann a erkennen, aber y nur durch z geahndet werden. Hieraus entsteht das Gleichgewicht der Welt und unser Lebenskreis in den wir gewiesen sind. Das Wesen, das in höchster Klarheit alle viere zusammenfaßte, haben alle Völker von jeher Gott genannt.«

204

Aber wie sind die chiastischen Formeln denn wohl in Worte zu fassen? Goethe weist auf einen bestimmten Unterschied zwischen dem Subjekt und der Natur hin. Das Subjekt vermag zu erkennen, daß es selbst der Natur angehört. (»In der Natur ist alles was im Subject ist.«) Doch die Erkenntnis, daß darüber noch eine Quintessenz existiert (»und etwas drüber«), vermag sich nur das Subjekt vorzustellen, nicht aber die Natur selbst (»y kann nur durch z geahndet werden«.) Aus diesen unterschiedlich verteilten Möglichkeiten des Erkennens entstünde zum einen das Gleichgewicht der Welt, zum anderen die Welt unserer eigenen Vorstellung (»Unser Lebenskreis in den wir gewiesen sind.«) Die sich in den Formeln zeigende Ungleichheit des Erkennens wird in »höchster Klarheit« durch ein von allen Völkern erkanntes Wesen ausgeglichen, durch Gott.

Goethe wollte die teils Übereinstimmung erzeugende, teils auch zu produktivem Widerspruch herausfordernde, in jedem Falle aber anregende Unterhaltung mit Schlosser fortsetzen. Er spricht von seiner bereits vorliegenden tabellarischen Behandlung der Physik. Dies verweist auf eine fächerübergreifende Nachbarschaft und zugleich auch auf die Bedeutung der *Tonlehre*: »Möge diese treue und schnelle Erwiderung Sie zu neuen Mittheilungen veranlassen. Die sämmtliche Physik liegt bey mir tabellarisch vorbereitet, mehr oder minder ausführlich wie jene Blätter, die Sie schon in Händen haben.« (An Schlosser. Weimar den 19. Februar 1815)

23.
»Gast in einer fremden Wohnung«
Status eines Forschers im Nebenberuf

Im didaktischen Teil der *Farbenlehre* hält Goethe in den Kapiteln »Zugabe« und »Schlußwort« Rückschau auf die Mühen seiner wissenschaftlichen Arbeit. Anlaß seien die nach dem theoretischen Fundament ihrer Ausübung fragenden zeitgenössischen Kunstmaler gewesen. Die Begründung hat aber auch autobiographischen Charakter, wie wir sahen.

Beim Abschluß des ersten Bandes *Zur Farbenlehre* war sich Goethe seiner zeitlich bedingten Grenzen bewußt geworden. Wissenschaft erfordere den Einsatz des ganzen Menschen, und dies sozusagen lebenslang. Als ein erst relativ spät zur Wissenschaft gelangter Autor konnte er die zeitliche Bedingung allerdings nicht mehr erfüllen. Gleichwohl fühlte sich Goethe als wissenschaftlicher Spätentwickler kaum benachteiligt. Er vergleicht seine Situation symbolisch mit der eines Gastes in einer fremden Wohnung, welcher überlegt, was er denn zum Wohle seiner Gastgeber tun könne. Gleich einem rücksichtsvollen Fremden sucht Goethe die Aufgaben eines Forschers im Nebenberuf zu ergründen: »Was kann derjenige, der nicht im Fall ist, sein ganzes Leben den Wissenschaften zu widmen, doch für die Wissenschaften leisten und wirken? was kann er als Gast in einer fremden Wohnung zum Vortheile der Besitzer ausrichten?«

In seiner Antwort zeichnet Goethe ein Bild von den Wissenschaften, das im wesentlichen auf zusammengetragenen Erfahrungen von einzelnen fußt. Wie in der Kunst auch Dilettanten zu ehren seien – hier greift er offensichtlich auf die Erkenntnisse aus seiner gemeinsam mit Schiller geführten Diskussion über den Dilettantismus zurück –, so hätten im wissenschaftlichen Bereich Liebhaber noch viel Nützlicheres geleistet. Die Wissenschaften beruhten denn auch weit mehr auf der Erfahrung als die Kunst. Einzelne vermöchten Beiträge zu leisten, auf welche die Wissenschaften nicht verzichten könnten. Goethes Skizzierung dieser kumulativen Wissenschaft gipfelt in der Vorstellung, daß auch der Irrtum ein Gewinn sein könne. »Denn jedes neue Verhältniß, das an den Tag kommt, jede neue Behandlungsart, selbst das Unzulängliche, selbst der Irrthum ist brauchbar, oder aufregend und für die Folge nicht verloren.«

Dieses Credo allgemeiner Nützlichkeit wissenschaftlichen Wirkens fußt wohl auf der Philosophie Francis Bacons. Goethes Leitstern Francis Bacon, Lord Verulam (1561–1626), englischer Kronanwalt, Lordkanzler, Essayist und Philosoph, hat getreu seiner persönlichen Devise »Mehr Wissen« in historischer Pionierarbeit Esprit in die wissenschaftliche Literatur gebracht. In seiner Erkundung der Wege zur Wissenschaft betont er die Bedeutung der Erfahrung. Wissenschaften, insbesondere die Physik, müßten sich vor der Metaphysik hüten. Die Grundlage sei Beobachtung und Durchführung von Experimenten, die »empirische Methode«. In seinem Gesamtwerk *Instauratia magna* (Die große Erneuerung) will Bacon das ganze Gebiet menschlichen Wissens methodisch erfassen. Der erste Teil von *De dignitate et augmentis scientiarum* (Über die Würde und die Vermehrung des Wissens, London 1605) erschien in deutscher Übersetzung um 1783. Das Werk wurde seinerzeit viel gelesen und diskutiert. Gottfried Herder und Christoph Friedrich Nicolai, Buchhändler und Schriftsteller in Berlin, welcher Goethes *Werther* kritisierte, führten darüber einen Disput. In seiner geradezu überschwenglichen Begeisterung für die Naturwissenschaft erkannte der dreiunddreißigjährige Goethe seine wahlverwandtschaftliche Beziehung zu Bacons klugem Denken: »Die Cosmogonie und die neusten Entdeckungen darüber, die Mineralogie und neustens der Beruf mich der Oekonomie zu nähern, die ganze Naturgeschichte, umgiebt mich wie Bacons großes Salomonisches Haus, worüber sich Herder und Nikolai streiten.« (An Christian v. Knebel. Weimar d. 21. Nov. 82) In einer außergewöhnlich guten Gemütsverfassung (»Seit einiger Zeit lebe ich sehr glücklich.«), fand Goethe genügend Zeit für die Arbeit in seinem Metier, da er das beruflich gesellschaftliche von seinem künstlerischen Leben zu trennen vermochte: »Und so fange ich an mir selber wieder zu leben und mich wieder zu erkennen.« (An Christian v. Knebel. Weimar d. 21. Nov. 82) Das in dieser ausgeglichenen Verfassung entstandene Verhältnis zu Bacons Denken hat sich später verändert. Das hängt offenbar mit Goethes auch die zeitgenössische Kritik mit einbeziehendem Studium der Philosophie Bacons zusammen. Gegenüber Friedrich Schiller spricht Goethe vorerst noch von einem erneuten großen Zutrauen, das er zu dem Philosophen gewonnen habe. Auf Anregung Schillers befaßte sich Goethe mit dem Begriff der »rationalen Empirie«. Schiller bestärkte Goethes Einstellung zur Bedeutung der Erfahrung in der Wissenschaft. Dies brächte einen mehrfachen Gewinn, darunter die Kenntnis des geistigen Rüstzeugs und der Methode und somit eine generelle intellektuelle Überlegenheit. Schiller versucht Goethe geradezu pädagogisch dazu zu bewegen, dieses Allgemeine, unabhängig von seinem Bezug zur *Farbenlehre*, an die Spitze des historischen Teiles zu stellen, um auf der Grundlage der Philosophie Bacons den an Naturgegenständen interessierten Lesern eine allgemeingültige Orientierungshilfe zu geben. »Bei der Art, wie Sie jetzt Ihre Arbeiten treiben, haben Sie immer den schönen doppelten Gewinn, *erstlich* die Einsicht in den Gegenstand und dann *zweitens* die Einsicht in die Operation des Geistes, gleichsam eine Philosophie des Geschäfts, und das letzte ist fast der größere Gewinn, weil eine Kenntnis der Geisteswerkzeuge und eine deutliche Erkenntnis der Methode den Menschen schon einigermaßen zum Herrn über alle Gegenstände macht. Ich freue mich sehr darauf, wenn Sie hieher kommen, gerade über dieses Allgemeine in Behandlung der Empirie recht viel zu lernen und nachzudenken. Vielleicht entschließen Sie sich, dieses Allgemeine an der Spitze Ihres Werks, recht ausführlich abzuhandeln und dadurch dem Werke, sogar unabhängig von seinem besonderen Inhalt, einen absoluten Wert für alle diejenigen, welche über Naturgegenstände nachdenken, zu verschaffen. Baco sollte Sie dazu veranlassen.« (An Goethe. Jena, 23. Februar 1798)

Bis zur Fertigstellung des historischen Teils der *Farbenlehre* vergingen aber noch zehn Jahre. Schiller war 1805 verstorben. Goethe hat seinen Ratschlag nur modifiziert befolgt, etwa in der Einleitung des dritten Bandes *Zur Farbenlehre* und in dem besagten Schlußwort des ersten Bandes. In der Einleitung zum dritten Band, den »Materialien zur Geschichte der Farbenlehre« bekennt Goethe: »Um sich von der Farbenlehre zu unterrichten, mußte man die ganze Geschichte der Naturlehre wenigstens durchkreuzen, und die Geschichte der Philosophie nicht außer Acht lassen.« Dies erklärt, daß er dem philosophischen Wirken Bacons ein eigenes Kapitel gewidmet hat. Er kritisiert Bacons Geringschätzung der Verdienste historischer Vorgänger, lobt aber seine zur wissenschaftlichen Erneuerung anspornende Haltung. »Was Baco von Verulam uns hinterlassen, kann man in zwei Theile sondern. Der erste ist der historische, meistens mißbilligende, die bisherigen Mängel aufdeckende, die Lücken anzeigende, das Verfahren der Vorgänger scheltende Theil. Den zweiten würden wir den belehrenden nennen, den didaktisch dogmatischen, zu neuen Tagewerken aufrufenden, aufregenden, verheißenden Theil. Beide Theile haben für uns etwas Erfreuliches und etwas Unerfreuliches, das wir folgendermaßen bezeichnen. Erfreulich das Erkennen von Vorurteilen, welche die Menschen im Einzelnen und im Ganzen abhalten vorwärts zu schreiten. Höchst unerfreulich dagegen die Unempfindlichkeit gegen die Verdienste der Vorgänger, gegen die Würde des Alterthums. Höchst erfreulich hingegen ist sein Aufregen, Aufmuntern und Verheißen.« (*Zur Farbenlehre*. 3. Band. Historischer Theil. Vierte Abtheilung)

Goethe hat sich Bacons Aufforderung zur Erneuerung der Wissenschaft zu eigen gemacht. Er plädiert in seinem Schlußwort zum didaktischen Teil der *Farbenlehre* ähnlich wie Bacon (insbesondere in der Schrift *Advancement of learning*) für tatkräftiges Sammeln und Zusammentragen von Erkenntnissen durch professionelle Forscher wie auch Liebhaber, damit menschliches Wissen und Einsicht zunähmen. Ein ähnlicher Gedanke klang ja auch bereits im Brief an Reichardt an, als Goethe ihn zur Zusammenarbeit in der Akustik aufforderte: »Diese großen Gegenstände müssen von mehreren aber zur gleichen Zeit bearbeitet werden wenn die Wissenschaft fortrücken soll.«

Für den Schluß des didaktischen Teils der *Farbenlehre* übernimmt Goethe von Bacon die lateinische Zeile »Multi pertransibunt et augebitur scientia.« (Wörtlich: Viele gehen vorüber und das Wissen wird vermehrt.) Das Zitat enstammt ursprünglich dem Buch des Propheten Daniel (12,4). Daniel wird aufgefordert das Buch von der Weissagung über die Endzeit (»Errettung all' derjenigen, die im Buch stehen, und Auferstehung vieler, so unter der Erde schlafen«) zu versiegeln. Das Versiegeln bezeichnet die Dunkelheit der Weissagung, die wohl der Prophet auch selbst empfand (»Und ich hört es; aber ich verstund's nicht«). Zum Trost wird ihm verheißen: »Viele werden es« – so in einer wörtlichen Übersetzung aus dem Hebräischen – »durchlaufen, und so wird die Erkenntnis durch eifriges Forschen viel werden.«

Goethe hat seine wahlverwandtschaftliche Beziehung zum naturwissenschaftlichen Denken Bacons auch in einem Aufsatz über den Botaniker Jungius, einen Zeitgenossen Bacons bekannt. Goethe war auf das Wirken dieses Universalgelehrten durch den schweizerischen Botaniker Augustin Pyrame De Candolle aufmerksam geworden, der in seiner *Organographie végétale* (1827) Goethe als modernen Kollegen würdigte und ihn andererseits in einen Zusammenhang mit Joachim Jungius (1587–1657) brachte. Goethe fühlte sich durch den Bezug zu »einem so edlen Vorgänger« geehrt, bestellte sich wiederholt dessen Schriften aus der Bibliothek in Jena und kommentierte sie im März 1831 innerhalb einer biographischen Skizze sowie in dem Aufsatz »Leben und Verdienste des Doctor Joachim Jungius, Rectors zu Hamburg«. (*Zur Morphologie.* Zweiter Theil) In dem mannigfaltigen Wirken des Naturforschers, Arztes und Philosophen Jungius aus Lübeck erkannte Goethe den Einfluß der Maxime Bacons: »man müsse das Vorhandene kennen lernen, ›den sämmtlichen Bedingungen seines Daseins gemäß‹, das Unterscheiden und das genaue Darstellen des Unterschiedenen sei die wahre Naturlehre«. Goethe dürfte beim Studium seines Vorgängers aber auch an sein eigenes Wirken als Naturforscher erinnert worden sein: Jungius hat neben geometrischen und philosophischen Abhandlungen auch über Botanik, Mineralien und Insekten geschrieben und, im Anschluß an die »Erfahrungsphysik«, eine kurze »Tonlehre« verfaßt, deren Methodik Goethe beeindruckte.

Unser Erkenntnisgewinn durch Goethes *Farbenlehre* – wenn er auch mit seiner Korrektur Newtons einem Irrtum unterlag – wird wohl von keinem aufmerksamen Leser bestritten. Aber brächte uns, bei gebührender Beachtung, auch die fragmentarische *Tonlehre* einen Zuwachs an wissenschaftlicher Erkenntnis? Im Weimarer Freundeskreis ist die Parallelität zwischen der *Farbenlehre* und der *Tonlehre* wiederholt diskutiert worden. Wenn sich Goethe selbst im Rückblick auf seine didaktischen Arbeiten *Zur Farbenlehre* als ein nützlicher Wissenschaftler im Nebenberuf verstand – symbolisch als jener aufmerksame Gast in einer fremden Wohnung, der zum Wohle der Besitzer etwas ausrichten möchte –, so müßten gleichermaßen auch seine Forschungen über die Gesetze des Klangs unser Wissen um die Tonwelt vermehren.

24.
»Die Offenbarung der Tonwelt
aus und an dem Menschen«
Goethes Vermächtnis
von der Erfahrung des Klangs

Goethe entwickelt in seiner tabellarischen *Tonlehre* (s. Anhang) die Gesetze des musikalisch Hörbaren. Alternativ und in Vorwegnahme heutiger wissenschaftlicher Terminologie spricht er dabei auch von der Beschäftigung mit dem »Klang«. Nach der Erörterung der sich auf einem Grundton aufbauenden Gesetze diskutiert er die Möglichkeiten des musikalischen Kunstschaffens: »Eingreifen des Genies, Talents und Gebrauch alles Vorhergesagten als Stoffs und Werkzeuge.« Diese die Tabelle abschließende »Kunstbehandlung« fußt gedanklich auf den vorangegangenen Erörterungen des musikalisch Hörbaren.

Wir erinnern uns seines Hinweises an Christian Heinrich Schlosser: »Erst finden Sie das Allgemeine, sodann das Besondere in 3 Abtheilungen. Hier steht das Subjectiv=Organische wieder voraus, das Objectiv=Physische, Mathematische ihm entgegen. Aus beyden bildet sich durch Mechanik eine technische Mitte, und durch das Gegeneinanderarbeiten dieser drey Thätigkeiten entspringt die Möglichkeit einer Kunstbehandlung, welche Sie unten im rothen Rahmen finden werden.«

Geschichtlich gesehen, hat Goethe mit dieser Selbstinterpretation seiner *Tonlehre* eine Neuordnung der mittelalterlichen Musikanschauung (vgl. Tafel VII) geleistet, indem er die ursprüngliche Folge »musica mundana«, »musica humana«, »musica instrumentalis« änderte. Die »musica humana« – das ist im Grunde der Bereich des »Subjektiv=Organischen« – steht jetzt in Goethes *Tonlehre* an erster Stelle. Dem gegenüber (das bedeutet auf der rechten Seite der Tabelle) steht nun das »Objektiv=Physische«, welches auf Grund seiner Reduzierbarkeit auf das Maß- und Zahlenverhältnis der nach der Arithmetik der Planeten ausgerichteten »musica mundana« entspricht. Die »musica instrumentalis« schließlich – sie entspricht dem Komplex »Mechanisch/Gemischt«, der »technischen Mitte« – steht nicht mehr an dritter Stelle, sondern bildet eben die Mitte. Goethe hat durch ein methodisch dialektisches »Gegeneinanderwirken« der drei Abteilungen die historischen Gegensätze der spekulativen mittelalterlichen Musikanschauung aufgehoben und in der praktischen »Kunstbehandlung« zu einer Einheit zusammengebracht.

Im ersten Block, »das Allgemeine«, klammert Goethe methodisch zunächst das »Geräusch« und den »Schall« aus den Darstellungen aus. Beide Phänomene basieren akustisch auf unregelmäßigen physikalischen Schwingungen. Ihre Hörbarkeit ist von kürzerer Dauer als die des Klangs mit periodischen, dem gleichmäßigen Pendelschlag einer Uhr vergleichbaren Schwingungen. Das Hörbare letzterer Art ist für Goethe – offenbar wie in gewissem Sinne das Licht – »im weiten Sinne unendlich«.

Außer den Phänomenen Geräusch und Schall spart Goethe vorläufig auch die Sprache aus den Überlegungen aus. Jetzt kann er seine Gedanken auf den »Klang« konzentrieren. Zunächst geht es um »Verhältnisse« des Grundtones. »Akkorde« sind »Hauptverhältnisse«, und »stehn von einander entfernt«. »Skalen« sind »Zwischenverhältnisse«. Sie füllen den Raum zwischen den Hauptverhältnissen »bis zu einer Art Stetigkeit aus«. Auf den Stufen der Skalen schreitet der Grundton zur Höhe und zur Tiefe fort, »bis er sich selbst wiederfindet«. Dieses Verhältnis zweier gleicher Töne ist die »Oktave«.

Goethe gründet die *Tonlehre* induktiv auf »die ganze Erfahrung«. Er gliedert sie in die schon genannten Abteilungen: Organisch (Subjektiv), Mechanisch (Gemischt) und Mathematisch (Objektiv). Sämtliche angesprochenen Phänomene (einschließlich der zunächst ausgesparten) werden nach ihrer quasi dialektischen Diskussion (»das Gegeneinanderarbeiten dieser drey Thätigkeiten«) in der letzten Abteilung »Kunstbehandlung« wieder zusammengefaßt. Aus theoretischer Sicht geschieht dies mühelos durch das Können des Tonsetzers, nicht leicht indes durch das System des Forschers: »Alles Dreies fällt zuletzt wieder zusammen, bequem durch die Kraft des Künstlers, schwerer durch wissenschaftliche Darstellung.«

In diesem Schlußteil der Tabelle, »unten im rothen Rahmen«, befaßt sich Goethe mit Angewandtem, dem Vorgehen des Akustikers, der Methode des Pädagogen und dem Handeln des Komponisten. So schließt die *Tonlehre* mit einem Ausblick auf das praktische Verfahren in der Kunstmusik.

Während die mittlere Kolumne »Mechanisch (Gemischt)« über die Instrumente und ihr Verhältnis zum Menschen am wenigsten ausgeführt ist, hat Goethe die dialektisch aufeinander bezogenen Kolumnen »Organisch (Subjektiv)« und »Mathematisch (Objektiv)« eingehend erläutert. Die Dur-Moll-Polarität in der mathematisch/objektiven Kolumne ist durch einen späteren, in die Tabelle allerdings nicht aufgenommenen Nachtrag ergänzt worden. (siehe Anhang Seite 232)

Am weitesten hat Goethe die organisch/subjektive Abteilung ausgearbeitet. Sie ist wie die gesamte Darstellung in sich dreifach gegliedert: »Gesangslehre«, »Akustik«, »Rhythmik«. Die erste Kolumne »Organisch (Subjektiv)« enthält Sentenzen, die sich unschwer den *Maximen und Reflexionen* zuordnen ließen. So erläutert Goethe das Zusammenwirken von Gesangslehre, Akustik, Rhythmik in einer zentrierten Überschrift. Sie ist wohl eine seiner stärksten Aussagen über Musik. Sie entspringt seinem Forscherwillen, durch Nachdenken ein Phänomen in einem höheren Sinne zu erfassen, zu verstehen, sich anzueignen und schließlich zu einem Mosaik seines Weltbildes zu machen:

»Organisch (Subjektiv)
Indem sich aus und an dem Menschen selbst die Tonwelt offenbart,
hervortritt   zurückkehrt   aufregend zur Begleitung
in der   durchs   den
Stimme   Ohr   ganzen Körper
eine sinnlich-sittliche Begeisterung und eine Ausbildung des inneren
und äußeren Sinnes bewirkt.«

Wie Goethe im didaktischen Teil der *Farbenlehre* die Farbe als
Element der Kunst sieht und ihre sittliche Wirkung auf den Men-
schen hervorhebt, versteht er jetzt in der *Tonlehre* den Klang als
Element der Musik und erläutert seine »sinnlich sittlichen« Wirkung. Goethes Aussage über die Wirkung der Tonwelt atmet
hellenischen Geist. Musik, von griechisch Musiké *(μουσική)*, als
Summe aller musischen Tätigkeiten (darunter Gesang, Gebärde,
Tanz, Dichtkunst, Gedächtnis, Abstraktion), wirkt nach der
Ethoslehre auf die Sinne und die Gesinnung des Menschen.
Nach Goethes Vorstellung kommt die »Tonwelt« aus dem Menschen selbst, tritt durch die Stimme hervor, kehrt durchs Ohr in
ihn zurück, erfaßt den ganzen Körper und bewirkt »eine sinnlich-sittliche Begeisterung und die Ausbildung des inneren und
äußeren Sinnes«. Dies ist in der Tat eine »Musik des Menschen«, eine *musica humana* also. Sie beschreibt gemäß ihrer
Herkunft und Wirkung gewissermaßen einen fruchtbaren Kreislauf, eine Vorstellung, die sich, auf Gott und die Menschen bezogen, schon im Gedankengut der *Kabbala* findet. Bezugnehmend
auf den »Gesang der Gesänge« im *Hohelied* (1, 1) und auf eine
Psalmstelle (42, 9) erläutert Rabi Eleasar, daß bei der Erschaffung der Welt auch Engel berufen wurden, um Loblieder zu singen. Die einen stimmen am Tage himmlische Gesänge an, die
anderen intonieren des Nachts die Loblieder der Erde. Die Engel
singen aber nicht nur, sondern lauschen einander, die einen dem
Gesang des Tages, die anderen dem Gesang der Nacht. Auch die

Gesänge der auf Erden Lebenden, der Kinder Israels, kommen zu ihrem Schöpfer zurück und vermögen, wie Rabi Eleasar weiß, etwas Fruchtbares zu bewirken: »Auch das haben wir gelernt: Die in der Nacht die Gesänge erheben, walten über allen Singenden. Und wenn die [auf Erden] Lebenden zu singen beginnen, gewinnen die Oberen an Kraft, da sie erkennen und ergreifen können, was sie vorher nicht vermocht – Himmel und Erde gewinnen an Kraft in ihrem Gesange.« (Sefer ha-Sofar, II, fol. 18b, Die oberen und unteren Gesänge.)

Siebzehn Jahre nach der Niederschrift der Tabelle der *Tonlehre* entstand die bereits zitierte »Bachhuldigung« in einem Brief an Zelter. Auch sie enthält das Bild eines Kreislaufs zwischen der Musik im Zusammenhang der Weltschöpfung: »Ich sprach mir's aus: als wenn die ewige Harmonie sich mit sich selbst unterhielte, wie sich's etwa in Gottes Busen kurz vor der Weltschöpfung möchte zugetragen haben«. Hans-Georg Gadamer hat diese »kreisende« Reflexion Goethes mit Friedrich Hegels Formulierung »das ewige Leben Gottes in sich selbst, gleichsam vor der Erschaffung der Welt«, in Beziehung gesetzt. (*Bach und Weimar,* Weimar 1946)

Im Zusammenhang des besagten produktiven Kreislaufs noch einmal zu Goethe selbst. Im *Faust* (Teil I, Vorspiel auf dem Theater), veröffentlicht 1808, variiert Goethe jenen Kerngedanken aus der zur gleichen Zeit mit Zelter diskutierten und zwei Jahre später niedergeschriebenen *Tonlehre.* Der durch die provozierenden Äußerungen des Directors (»Sucht nur die Menschen zu verwirren«) irritierte Dichter kämpft um seine wahre Mission, das Charisma übereinstimmenden Zusammenklangs. In musikalischer Terminologie verweist er auf sein poetisches »Werkzeug«, den aus seinem Busen kommenden und gewissermaßen kreisend in sein Herz zurückkehrenden »Einklang« (den *Unisonus* als die vollkommene Übereinstimmung zweier Töne in der Tonhöhe):

Der Dichter sollte wohl das höchste Recht,
Das Menschenrecht, das ihm Natur vergönnt,
Um deinetwillen freventlich verscherzen!
Wodurch bewegt er alle Herzen?
Wodurch besiegt er jedes Element?
Ist es der Einklang nicht, der aus dem Busen dringt,
Und in sein Herz die Welt zurücke schlingt?

Faust (I, 135–141)

Zurück zur Tabelle der *Tonlehre*. In der ersten Unterabteilung »Gesangslehre« behandelt Goethe die vier gleichmäßig auf die Geschlechter verteilten Vokalstimmen. Auch hier steht zu Beginn eine lapidare Reflexion: »Der Gesang ist völlig produktiv an sich.« Die Schule des Gesangs bewirke die besagte Ausbildung des inneren und äußeren Sinnes. Durch Singen werde das »Naturell« des äußeren und das »Genie« des inneren Sinnes gefordert. Die besagte, die Kolumnen übergreifende Darstellung zeigt sich zunächst in Goethes Erläuterungen zu den Registern »Bruststimme« und »Kopfstimme«. Bei letzterem findet der Übergang ins »Mechanische« statt. Dies bedeutet die Umwandlung des ursprünglich organisch subjektiven Tones in einen instrumentalen, auf Zahlen- und Maßverhältnissen beruhenden »gesetzlichen Ton«.

Die Reihe der vier Vokalstimmen ordnet Goethe in professioneller Manier »von unten hinauf«, ohne sie jedoch auch so aufzuschreiben. Deshalb kommt hier eine richtige Aufzählung, im Sinne der räumlichen Anordnung einer Partitur jedoch verkehrte Reihe zustande (ob dabei vielleicht die besondere Situation des Violoncellisten mit im Spiel war, welcher je »höher« er im Diskant spielt, gewissermaßen um so »tiefer« greifen muß?):

>>Baß
Tenor
Alt
Diskant«

Eine zeitbedingte wie auch historische Kenntnisse widerspiegelnde Bemerkung ist im Zusammenhang mit der Bedeutung der Pubertät dem Kastratentum gewidmet. Goethe erwähnt sachkundig den in Italien bereits in der Spätantike zur Verhinderung des Mutierens bei Knaben praktizierten, die biologische Identität des Mannes verstümmelnden Eingriff.

Bemerkenswert ist die Einbeziehung von Stimmen der Tiere (»Zugabe von Stimmen der Thiere«), insbesondere der Vögel (jenen »ganz späten Erzeugnissen der Natur«), in die Gesangslehre der Menschen. »Thiere« hatten in Goethes Weltbild einen eigenen Platz und sein besonderes Mitgefühl, wenn ihnen ein Leid geschah. (So erinnert er sich in seiner autobiographischen *Campagne in Frankreich* einer ihn – an seinem dreiundvierzigsten Geburtstag – zutiefst erschütternden »Ermordung« einer Schafsherde. »Am 28. August 1792«.)

Zurück zur organisch subjektiven Kolumne, jetzt zu der mittleren Unterabteilung »Akustik«. Hier kommt dem Ohr jene besondere Bedeutung zu, welche in der *Farbenlehre* das Auge erhalten hatte. In einer Sentenz, die als eine weitere »Reflexion« gelten kann, vergleicht Goethe den akustischen Sinn mit dem optischen: »Gegen das Auge betrachtet ist das Hören ein stummer Sinn.« Das Ohr sei scheinbar passiv, sogar durch eine bestimmte Gleichgültigkeit (»Adiaphorie«) gekennzeichnet und somit nur ein Teil eines Sinnes. Doch »als einem hohen organischen Wesen« käme dem Hören eine doppelte Reaktion auf die akustischen Reize zu, nämlich »Gegenwirkung und Forderung«. Hierdurch werde das Ohr zum Aufnehmen und Erfassen äußerer Eindrücke eingestellt. Ebenso wichtig sei die durch das Hören bewirkte Anregung nach innen, welche Stimme und Körper erfasse: »Doch ist bei dem Ohr die Leitung nach innen besonders zu betrachten, welche durchaus erregend und produktiv wirkt. Die Produktivität der Stimme wird dadurch geweckt, angeregt, erhöht und vermannigfaltigt. Der ganze Körper wird angeregt.«

Der letzte Satz leitet unmittelbar zu der dritten Unterabteilung »Rhythmik« über. In seiner dortigen wortwörtlichen Wiederholung verweist er auf die elementaren Formen körperlich musikalischer Bewegungen, den Schritt und den Sprung. Aus dem »Schritt« entwickelt sich der Marsch, aus dem »Sprung« wird der Tanz. Diesen beiden metrisch wechselnden Tanzsätzen entspricht musikhistorisch das Gegensatzpaar Pavane/Galliarde (Schreit- und Springtanz), die Urzelle der Tanzsuite. Goethe sieht den Ursprung dieses rhythmischen Gegensatzes im Menschen in der durch das Ohr nach innen geleiteten Anregung. Er erläutert dieses Prinzip seiner gleichsam humanisierten Akustik mit Hilfe der »Polarität«, seinem wichtigsten Lebensprinzip: »Alle organischen Bewegungen manifestiren sich durch Diastolen [Ausdehnung] und Systolen [Zusammenziehen]«. Diese Rhythmik ist gewissermaßen auch durch Gewicht und Gegengewicht bestimmt. Zur Veranschaulichung gebraucht Goethe dieses Bild: »Ein anderes ist den Fuß aufzuheben, ein anderes ihn niederzusetzen.« Folgerichtig geht er jetzt zum Heben und Senken in Sprache und Musik über: »Arsis, Aufschlag; Thesis Niederschlag«, womit er wohl auch den musikalischen Auf- und Abtakt meinte. Entsprechend den verschiedenen körperlichen Bewegungen, den geschrittenen und den gesprungenen, weist Goethe auf die geraden Taktarten und die Takte im ungeraden Metrum (»Taktarten. Gleiche. Ungleiche«) hin. Die aufgeführten verschiedenen rhythmischen Bewegungen – Schreiten, Springen, Heben, Senken – können einzeln betrachtet werden. Doch möchte sie Goethe auch im Zusammenhang der »Modulation« begreifen. (Hiermit meint er eine regelmäßige Abwechslung der Bewegung, etwa im Sinne der Polarität von Systole und Diastole.)

Zwischen den Abhandlungen über das »Organisch-Subjektive« und das »Mathematisch-Objektive« steht die aus dem »Gegeneinanderwirken« dieser Kolumnen entstandene Abteilung »Mechanisch (Gemischt)«. Goethe erforscht hier den Klang der

Instrumente: »Gesetzlicher Ton, durch verschiedene Mittel hervorgebracht.« Zunächst geht es um das Timbre (Klangfarbe) der Instrumente, ihre natürliche, organische oder künstliche Materie, und die Art der Tonerzeugung (Blasen, Streichen, Anschlagen). Diese Kolumne ist »gemischt«, weil in der Mechanik der instrumentalen Tonerzeugung beide Klanggesetze wirksam werden, das »Mathematisch-Objektive« durch die zugrundeliegenden akustischen »Maß- und Zahlenverhältnisse« und das »Organisch-Subjektive« auf Grund seiner Beziehung zur Stimme des Menschen. Diese Beziehung erläutert Goethe anhand einer Sentenz: »Verhältnis zur Menschenstimme. Sie [die Instrumente] sind ein Surrogat [Ersatz] derselben.«

Als philosophischer Musiktheoretiker steigert Goethe hier gewissermaßen das Anliegen der »Cantabilität« fordernden Komponisten und Lehrer seiner Epoche. Johann Sebastian Bach schrieb die didaktischen *Inventionen* für Klavier mit dem Hauptzweck, den Lernenden zu einem singenden Vortrag zu verhelfen (»am allermeisten aber eine cantable Art im Spielen«). Der cantable Vortrag ist ebenso eine Forderung der Instrumentalschulen von Johann Joachim Quantz, dem Flötenlehrer Friedrichs II., von Leopold Mozart, dem violinspielenden Vater von Wolfgang Amadeus Mozart, und von Carl Philipp Emanuel Bach, dem zweiten Sohn und Schüler des Leipziger Thomaskantors.

Goethe verweist nicht nur auf den stellvertretenden (»Surrogat«-) Charakter der Instrumente, er erläutert auch ihren ursprünglichen Stellenwert im Verhältnis zur Stimme des Menschen: »Sie stehen unter derselben.« Er berücksichtigt aber auch ihre historische Entwicklung und Emanzipation. Sie befinden sich auf Grund ihrer technischen und ausdrucksmäßigen Möglichkeiten schließlich auf derselben Höhenlage wie die Singstimme: »Werden aber ihr gleich gehoben durch gefühlte und geistreiche Behandlung.«

Wie innerhalb der Kolumne »Organisch-Subjektiv« die Darstellungen von einer Unterabteilung auf die andere übergreifen, besteht auch eine Verknüpfung zwischen den Kolumnen »Mechanisch-Gemischt« und »Mathematisch-Objektiv«. Die Feststellung, die Instrumente entsprängen der Einsicht in die Maß- und Zahlen-Verhältnisse, wie auch die Bemerkung: »Entdeckung anderer Naturverhältnisse der Töne als durchs Monochord«, greifen in die mathematische Kolumne über. Dort geht Goethe bei der Entwicklung der objektiven Gesetze des Hörbaren vom Monochord, dem klassischen Instrument pythagoräischer Musikanschauung, aus. Die »Entdeckung anderer Naturverhältnisse« meint wahrscheinlich die sogenannten Kombinationstöne, die beim Erklingen von zwei bestimmten Tönen (Intervallen) mitschwingen. Bei dieser von dem Geiger Giuseppe Tartini (1692–1770) zuerst beobachteten Erscheinung handelt es sich nicht um Obertöne wie beim Einzelton des Monochords, sondern es sind aus der Summe (oder der Differenz) der Intervalle resultierende Töne. So wird etwa beim Zusammenklingen eines Grundtons und seiner Quinte die nächsttiefere Oktave des Grundtons hörbar, ein Phänomen, das schon früh die Orgelbauer zu nutzen wußten und im zwanzigsten Jahrhundert der Komponist und Theoretiker Paul Hindemith als »Familienzusammengehörigkeit« deutete und als »klingenden Werkstoff« in seiner sogenannten »Reihe I« nutzte.

In der mathematisch-objektiven Kolumne geht es Goethe um die Darstellung der »ersten Elemente des Tons« und um deren Reduzierung auf Zahlen- und Maßverhältnisse. Die Abteilung ist, wie schon erwähnt, in etwa vollständig ausgeführt. Dies zeigt sich neben dem Umfang der Erörterungen auch im theoretischen Ansatz. Goethe begnügt sich nicht, die Phänomene zu beschreiben und auf das paradigmatische Zahlen- und Maßverhältnis festzulegen. In der griechischen Bedeutung des Wortes »Theoria« *(ϑεωρία),* von »betrachten« *(ϑεωρεῖν)* in dem doppelten Sinne »Sehen, was ist« und – dem abermals doppelten – »Dabei-Sein« (Hans-Georg Gadamer), sucht er auf die nicht meßbaren Zusammenhänge aufmerksam zu machen, die es aber in der Erfahrung gibt und die es zu verstehen gilt.

Schon bei der Gründung einfachster Tonverhältnisse, etwa der diatonischen Tonleiter, entsteht eine methodisch anscheinend ausweglose Situation: »Diatonische Tonleiter. Forderung in der Natur, auf diesem Wege nicht zu ergründen.« (Gemeint ist die theoretische Erstellung aller diatonischen Skalen mit Hilfe der natürlichen Stimmung durch die Saitenteilung beim Monochord). Auch bei Goethes musiktheoretischem Hauptthema, der Herkunft des Molltons, gibt es das Problem der mathematisch-objektiv nicht überprüfbaren Erfahrung: »Gegebenes in der Erfahrung auf diesem Wege nicht zu ergründen und darzustellen. Hindeutung auf den Mollton. Er entspringt nicht durch das erste Mitklingen« [des Grundtones].

Goethe sucht jetzt nach einem »objektiven Beweis« zur Erklärung des Molltones. Er bedient sich des schon von Zarlino gebrauchten Denkmodells der Spiegelbildlichkeit zwischen dem Dur- und dem Molldreiklang (Istitutioni armoniche, Kapitel 30, 1558). Sei dies auf Intuition, dem sogenannten »historischen Gedächtnis«, oder auf Diskussionen mit sachkundigen Gesprächspartnern zurückzuführen, Goethe beschreibt diese Spiegelbildlichkeit am Ton C, als gedachter Achse zwischen C-Dur (als Grundton) und f-Moll (als Quinte): »Objektiver Beweis rückwärts durch Mitklingen in diesem aus der Erfahrung genommenen Ton gestimmter Saiten. (So gibt der Grundton C hinaufwärts die Harmonie von Cdur, herabwärts die Harmonie von fmoll.)«

Es war schon die Rede von der Polarität von Dur und Moll und von der »Ausführung jenes Gegensatzes als des Grundes der ganzen Musik«. Goethe hat die »Polarität der Tonlehre« in der mathematischen Kolumne in zwei Punkten abgehandelt. Er weist auf die Verbindung beider Modi durch die Dominante und die Tonica hin. Damit ist das sogenannte harmonische Moll oder Durmoll gemeint, jene vom äolischen Moll sich unterscheidende

Mischform mit der großen Septime, dem Leitton oder Subsemitonium Modi. Im Zusammenhang dieser Verbindung von Dominante und Tonica gibt es für Goethe einen Punkt zu klären: »Die erste muß immer Dur sein. Frage, ob die zweite immer Moll sein sollte?« Wir können dies getrost mit einem klaren Nein beantworten, und das »Skelett« der *Tonlehre*, Goethes ausdrücklichem Wunsche gemäß, hier ergänzen: Zahlreiche Werke im Mollton, darunter auch klassische Sinfonien (von Beethoven, Schumann, Brahms, Dvořák), schließen in Dur, mit der sogenannten Picardischen Terz (tierce de Picardie, genannt nach einer angeblichen Gepflogenheit von Organisten der nordfranzösischen Picardie, wie Jean-Jacques Rousseau wohl nicht ganz ohne Ironie überliefert). Die tongeschlechtliche Aufhellung hat ästhetische, in der a-cappella-Vokalmusik aber auch praktische Gründe: Es ist intonationsmäßig leichter im Durton als im Mollton zu schließen.

Der Gegensatz der Modi ist für Goethe auch der Ursprung der Arsis und Thesis sowie aller Bewegung, einschließlich »der körperlichen Mitwirkung und der Rhythmik«. Hier schließt sich der Kreislauf in Goethes wissenschaftlicher Diskussion. Die Darstellungen in der mechanisch-gemischten Kolumne führen über die Behandlung der Instrumente in die mathematisch-objektive und von dort aus hinüber in die organisch-subjektive Kolumne. Wir erinnern uns des Hinweises, durch die Anlage der *Tonlehre* ergebe sich »seine ganz eigene Art von Forschung«. Jetzt sollten wir uns die Bedeutung der Vokabel »Methode« auch als »Umweg« vergegenwärtigen. Um den Geheimnissen der Musik denkend näherzukommen, geht Goethe eben solche – didaktisch verschlungenen – Umwege.

Aus der besonderen Anlage der Tabelle ergibt sich als Folge des »Gegeneinanderwirkens« besagter drei Kolumnen die Abteilung »Kunstbehandlung«. In diesem Schlußteil verläßt Goethe die systematische Darstellung des musikalisch Hörbaren. Er reiht die produktiven Möglichkeiten aneinander, um das zuvor denkend zerlegte musikalisch Hörbare wieder zu einem Ganzen zusammenzusetzen. Zunächst behandelt er drei Aspekte der Temperierten Stimmung: »Beschränkung der Oktave. Identisches Aneinanderreihen derselben. Bestimmung der Tonverhältnisse. Mit der Natur und gegen dieselbe.« Wir erinnern uns der »Überaus glücklichen Vergleichung der Botanik mit der Musik«, bei der Goethe die Idee der Metamorphose »mit den natürlich immer fortschreitenden Tönen und der in die Oktaven eingeengten gleichschwebenden Temperatur« verglich, »Wodurch eine entschieden durchgreifende höhere Musik, zum Trutz der Natur, eigentlich erst möglich wird«. *(Zur Morphologie)* In der Abteilung »Kunstbehandlung« der *Tonlehre* präzisiert Goethe das gewissermaßen gegen die Natur gerichtete Verfahren zur Bestimmung musikalisch brauchbarer Tonverhältnisse. Die anhand der Saitenteilung des Monochords errechneten Intervalle müssen manipuliert werden, damit alle denkbaren Tonarten zur Verfügung stehen. Der systematisch praxisorientierte Musiktheoretiker muß also sozusagen »Hand« an sie legen. Diese Möglichkeit der Kunstbehandlung formuliert Goethe als »Abrunden und Nebulisieren der Töne, um mehrere Tonarten nebeneinander zu haben und eine wie die andere zu behandeln«. Das sprachschöpferisch gebrauchte »Nebulisieren«, abgeleitet von Nebulismus (von lateinisch Nebula, deutsch Nebel) meint etwa (wie bei der Photographie) das »Weichzeichnen« der ursprünglich mathematisch klaren Intervallstrukturen. Erst durch solches Manipulieren der Abstände zwischen zwei Tönen, den gezielten Eingriff also, werden auf Unkosten der mathematisch exakten »Zahl-Maßverhältnisse« schließlich alle Tonarten in der musikalischen Praxis verfügbar.

Nach diesen Aspekten zur Aufbereitung des Tonvorrats befaßt sich Goethe noch einmal mit der menschlichen Stimme. War es in der ersten Kolumne die Erörterung der Gesangslehre, so hebt er jetzt die Bedeutung der Singschule hervor. Der produktive »Gesang« soll systematisch, in Kenntnis der Schwierigkeitsgrade und der Beschaffenheit des zu vermittelnden Stoffs, trainiert werden: »Singschule. Übung nach Einsicht des Leichtern und Schwerern, des Fundamentalen und Abgeleiteten«.

Die Möglichkeit der »Kunstbehandlung« gipfelt im »Eingreifen des Genies«, das die Fähigkeit besitzt, sich alle Gesetze des Hörbaren dienstbar zu machen und sie bei der Hervorbringung neuer Werke als Material und Handwerkszeug zu benutzen.

Die Tabelle endet mit einer Art Coda. Die anfänglich zunächst ausgeklammerten Phänomene »Geräusch Schall und Sprache« werden jetzt in die Möglichkeit einer Kunstbehandlung miteinbezogen. Zuerst geht es um die Sprache. Sie verbindet sich mit Musik generell im Gesang, insbesondere in der Gregorianik (»Canto fermo«), im Rezitativ und im Sprechgesang. Zugleich weist Goethe aber auch auf die Trennung von Musik und Sprache hin. Durch eine »Art Register« scheide sich die Musik von der Sprache, gehe andererseits aber auch in die Sprache über. Diese Wandlung ist von besonderer Bedeutung. Der Sitz der Sprache ist (beim Rechtshänder) in der linken Hemisphähre des Gehirns, dem Ort der Leistungen des Verstandes und der Vernunft. Wenn die Musik durch ein bestimmtes Register zur Sprache übergeht, wird sie zu einem (integrierten) Bestandteil des Verstandes und der Vernunft: »Scheidung von der Sprache durch eine Art Register und Übergang zu derselben und also zu

$$\left.\begin{array}{l}\text{Verstand}\\\text{Vernunft}\end{array}\right\}.\text{«}$$

Geht die Musik aber in Schall und Geräusch über, so gerät sie ins »Formlose, Zufällige«.

Mit dieser Analyse schließt Goethes fragmentarische *Tonlehre*. Die nach jahrelanger gedanklicher Vorarbeit und einer Änderung des ersten Schemas entstandene Tabelle hatte er eigentlich zu Ende bringen wollen. Es muß wohl jene Ehrfurcht vor dem »ungeheuren Reich« der Musik gewesen sein, die ihn hemmte, sein Vorhaben durchzuführen.

Zu einer vollständig ausgeführten *Tonlehre* hätte Goethe wahrscheinlich auch eine Einleitung geschrieben. In der Introduktion zur *Farbenlehre* beschwört er alte jonische Weisheit: »nur von Gleichem werde Gleiches erkannt«. Und auf die Worte eines alten Mystikers reimte er sein Bekenntnis zur Natur- und Gottähnlichkeit des Menschen:

> Wär' nicht das Auge sonnenhaft,
> Wie könnten wir das Licht erblicken
> Lebt' nicht in uns des Gottes eigne Kraft,
> Wie könnt' uns Göttliches entzücken?

In den verschiedenen Kommentaren zur Tabelle der Tonlehre verweist Goethe auf die spezifische, aus einer gewissermaßen verknüpfenden Darstellung resultierende Methode seiner wissenschaftlichen Forschung. Die *Tonlehre* befaßt sich nicht nur mit der Darstellung von Gesetzen des Klangs und den Möglichkeiten des Kunstschaffens. Sie ist auch Forschung, die »erfinden, entdecken und erkennen« will.

In einem Aphorismus »über Naturwissenschaft im Allgemeinen« hat Goethe die glückbringende Tätigkeit des Forschers erläutert:

»Alles was wir Erfinden, Entdecken im höheren Sinne nennen, ist die bedeutende Ausübung, Bethätigung eines originellen Wahrheitsgefühls, das, im Stillen längst ausgebildet, unversehens mit Blitzesschnelle zu einer fruchtbaren Erkenntniß führt. Es ist eine aus dem Innern am Aeußern sich entwickelnde Offenbarung, die den Menschen seine Gottähnlichkeit vorahnen läßt. Es ist eine Synthese von Welt und Geist, welche von der ewigen Harmonie des Daseins die seligste Versicherung gibt.«

Anhang

Die Tabelle der Tonlehre

Goethe erstellte im
August 1810 die zweite Fassung
der Tabelle der Tonlehre

Goethes im August 1810 erstellte zweite Fassung der Tabelle der Tonlehre. Goethe, *Die Schriften zur Naturwissenschaft*. Vollständige, mit Erläuterungen versehene Ausgabe, herausgegeben im Auftrage der Deutschen Akademie der Naturforscher Leopoldina. Band 11, Weimar 1970

TONLEHRE

entwickelt die Gesetze der Hörbaren; dieses entspringt durch Erschütterung der Körper, für uns vorzüglich durch Erschütterung der Luft.

Das Hörbare ist im weiten Sinne unendlich.

Davon werden aber beseitigt

Bleibt zu unserer nächsten Beschäftigung	Geräusch Schall und Sprache	das musikalisch Hörbare (der Klang).

Dieses entspringt aus der materiellen Reinheit und dem Maße des erschütterten oder erschütternden Körpers.

Um zu diesem Maße zu gelangen nehmen wir erst einen klingenden Körper als ein Ganzes an.

Der entschiedene Klang, den dieses Ganze von sich gibt, nennen wir einen Grundton.

Das Ganze verkleint gibt einen höheren, vergrößert, einen tieferen Ton.

Wir können das Ganze auf eine stetige Weise nach und nach verkleinern. Heraus entspringen keine Verhältnisse.

Wir können das Ganze einteilen. Dies gibt Verhältnisse.

Hauptverhältnisse stehn von einander entfernt (Akkorde).

Zwischenverhältnisse füllen den Raum zwischen jenen aus bis zu einer Art von Stetigkeit (Skala).

Auf diesen Stufen schreitet der Ton zur Höhe und Tiefe fort, bis er sich selbst wiederfindet (Oktave).

Mehr ist für den Anfang nicht nötig. Das Übrige muß sich bei der Darstellung entwickeln, modifizieren und erläutern.

Die Lehre wird auf die ganze Erfahrung gegründet und in drei Abteilungen vorgetragen.

Das Musikalisch-Hörbare erscheint uns: organisch (subjektiv), mechanisch (gemischt), mathematisch (objektiv). Alles Dreies fällt zuletzt wieder zusammen, bequem durch die Kraft des Künstlers, schwerer durch wissenschaftliche Darstellung.

Organisch (Subjektiv)

Indem sich aus und an dem Menschen selbst die Tonwelt offenbart,

hervortritt in der *Stimme*	zurückkehrt durchs *Ohr*	aufregend zur Begleitung den ganzen *Körper*

eine *sinnlich-sittliche Begeisterung und eine Ausbildung des innern und äußern Sinnes bewirkt*

Gesangslehre	*Akustik*	*Rhythmik*
Der Gesang ist völlig produktiv an sich.	Empfänglichkeit des Ohrs.	Der ganze Körper wird angeregt.
Naturell des äußern und genie des innern Sinnes werden durchaus gefordert.	Scheinbare Passivität und Adiaphorie desselben.	Zum Schritt (Marsch)
Bruststimme	Indifferenz.	Zum Sprung (Tanz und Gebärdung)
Die an Höhe und Tiefe verschiedenen Stimmen sind von unten hinauf	Gegen das Auge betrachtet ist das Hören ein stummer Sinn.	Alle organischen Bewegungen manifestieren sich durch Diastolen und Systolen.
Baß,	Nur der Teil eines Sinnes.	Ein anderes ist den Fuß aufheben, ein anderes ihn niedersetzen.
Tenor,	Dem Ohr müssen wir jedoch, als einem hohen organischen Wesen,	Hier erscheint Gewicht und
Alt,	*Gegenwirkung*	
Diskant,	*und Forderung*	

Mechanisch (Gemischt)

Gesetzlicher Ton durch verschiedene Mittel hervorgebracht.

Instrumente

Timbre derselben. Reinheit, Elastizität

Materie. Natürliche Organische. Künstliche. Metall, Holz, Glas

Form, Röhren, Längen.

Flächen. Erschütterungsart

Einhauchen,

Streichen,

In die Quere, in die Länge.

Anschlagen.

Verhältnis zum Mathematischen.

Mathematisch (Objektiv)

Indem an den einfachsten Körpern außer uns die ersten Elemente des Tons dargestellt und auf Zahl-Maßverhältnisse reduziert werden.

Monochord

Mitklingen der harmonischen Töne.

Verschiedene Vorstellungsarten, wie es zugehe

Sympathetisches Mitschwingen, Mechanisches Mitschwingen.

Organische Forderung und subjektives Erregen des Mitklingens.

Objektiver Beweis rückwärts durch Mitklingen in jenen Verhältnissen gestimmter Saiten.

Gründung der einfachsten

Tonverhältnisse

Diatonische Tonleiter.

Forderung in der Natur, auf diesem Wege nicht zu befriedigen,

Gegebenes in der Erfahrung, auf diesem Wege nicht zu gründen und darzustellen.

Jede Stimme ist als ein Ganzes anzusehen.
Jede enthält eine *Oktave* und etwas drüber.
Sie greifen übereinander.
Machen zusammen circa drei *Oktaven.*
Sie sind unter die beiden Geschlechter verteilt.
Daher die Bedeutsamkeit der *Pubertät,*
der daher entspringenden *Mutation*
welche durch *Kastration*
verhindert werden kann
Das heißt Grenze der Bruststimme.

Kopfstimme
Übergang ins Mechanische
Verarbeitung beider in Eins;
Detail der Organisation von Brust und Kehle.
Zugabe von den Stimmen der Tiere, besonders der Vögel.

Beschränkung der Oktave.
Identisches Aneinanderreihen derselben,

---

zuschreiben, wodurch der Sinn ganz allein fähig wird, das ihm von außen Gebrachte aufzunehmen und zu fassen. Doch ist bei dem Ohr die Leitung nach innen besonders zu betrachten, welche durchaus erregend und produktiv wirkt.
Die Produktivität der Stimme wird dadurch geweckt, angeregt, erhöht und vermannigfaltigt. Der ganze Körper wird angeregt.

Bestimmung der Tonverhältnisse.
Mit der Natur und gegen dieselbe.

Gegengewicht der Rhythmik.
Arsis, Aufschlag;
Thesis, Niederschlag
Taktarten.
Gleiche.
Ungleiche.
Diese Bewegungen können für sich betrachtet werden; doch verbinden sie sich notwendig und schnell mit der *Modulation.*

Abrunden und Nebulisieren der Töne, um mehrere Tonarten nebeneinander zu haben und eine wie die andere zu behandeln.

Die Instrumente entspringen durch die Einsicht in die Maß- und Zahl-Verhältnisse, und vermehren diese Einsicht durch Vermannigfaltigung.
Entdeckung anderer Naturverhältnisse der Töne, als durchs Monochord.
Verhältnis zur Menschenstimme.
Sie sind ein Surrogat derselben.
Sie stehen unter derselben.
Werden aber für gleich gehoben durch gefühlte und geistreiche Behandlung.

KUNSTBEHANDLUNG

Singschule. Übung nach Einsicht des Leichtern und Schwerern, des Fundamentalen und Abgeleiteten.

Hindeutung auf den Mollton.
Er entspringt nicht durch das erste Mitklingen
Er manifestiert sich in weniger faßlichen Zahl- und Maßverhältnissen, und ist doch ganz der menschlichen Natur gemäß, als jene erste faßliche Tonart.
Objektiver Beweis rückwärts, durch Mitklingen in diesem aus der Erfahrung genommenen Ton gestimmter Saiten. (So gibt der Grundton C hinaufwärts die Harmonie von Cdur, herabwärts die Harmonie von fmoll.)

Dur- und Mollton als die Polarität der Tonlehre.
Erstes Prinzip der beiden. Der Durton entspringt durch Steigen, durch eine Beschleunigung nach oben, durch eine Erweiterung aller Intervalle hinaufwärts.
Der Mollton entspringt durchs Fallen, Beschleunigung hinabwärts, Erweiterung der Intervalle nach unten.
(Die Moll-Skala hinaufwärts muß sich zu Dur machen.)
Ausführung jenes Gegensatzes als des Grundes der ganzen Musik.
(Ursprung und Notwendigkeit des Subsemitonium Modi beim Steigen, und der kleinen Terz beim Fallen)
Verbindung beider Modi durch die Dominante und Tonica.
(Die erste muß immer Dur sein. Frage, ob die zweite immer Moll sein sollte?)
Ursprung der Arsis and Thesis und der ganzen Bewegung auf diesem Wege; also auch der körperlichen Mitwirkung und der *Rhythmik.*

Eingreifen des Genies, Talents und Gebrauch alles Vorhergesagten als Stoffs und Werkzeuge.

Verbindung mit der Sprache beim Gesang überhaupt, besonders beim Canto fermo, *Recitativ* und Quasi *parlando*
Scheidung von der Sprache durch eine Art Register und Übergang zu derselben und also zu Verstand }
Vernunft }

{ Schall
{ Geräusch   Übergang ins Formlose, Zufällige

»Der erste Theil einer Melodie aus dem Dur=Tone schließt in
der Quinte in seinem reinen Verhältniß.
Der zweite Theil schließt wieder im Grundtone.
Beide Theile machen ein Ganzes.
Diesem Ganzen etwas entgegen zu setzen als
Minor kann man wählen:

1. Das Mollverhältniß eines eignen Tons.
2. Die Quarte.
3. Die Sexte.

Wenn man nach einem Dur=Major oder Vordersatz einen Nach-
satz aus der Quinte bringt, so ist er excitirend.«

FRAGMENTARISCHE
AUFZEICHNUNGEN ZUR TONLEHRE
(Paralipomena)

Gewahrwerden
    des Innern
    des Äußern
Bezeichnen desselben.
Sprache, Gesetzmäßiges, Zufälliges.
Erste rohe Versuche.
Zufälligkeiten
Cultur.
Erhöhung.
Roher Grund.
Ansetzen des [unleserliches Wort].

Manche Unbequemlichkeit die nicht zu verbessern ist.
Sehr große Unbequemlichkeit.
Andre Bezeichnung.
Töne.
Verhältnisse derselben.
Gefunden.
Angegeben.
Bezeichnet.
Tonreihe.
Tonverhältnisse.
Erste Reihe von c an.
Zweite Reihe von d an.
Einschieben der sogenannten halben Töne.
Jede Reihe in anderer Folge.

Bezeichnen.
Fünf Linien.
Vier Zwischenräume.
Über und unter der letzeren.
Vorzeichnungen ...

Zurückgehen in die ersten Ursprünge.
Bezeichnung nach gegenwärtiger Übersicht.

Drei in der Gesamtausgabe nicht berücksichtigte frühe Lieder*

Drittes Lied.

Die Nacht.

Gern verlaß ich diese Hütte,
Meiner Liebsten Aufenthalt,
Wandle mit verhülltem Tritte
Durch den ausgestorbnen Wald.
Luna bricht die Nacht der Eichen,
Zephirs melden ihren Lauf,
Und die Birken streun mit Neigen
Ihr den süßten Weihrauch auf.

Schauer, der das Herze fühlen,
Der die Seele schmelzen macht,
Flüstert durchs Gebüsch im Kühlen.
Welche schöne, süße Nacht!
Freude! Wollust! Kaum zu faßen!
Und doch wollt' ich, Himmel, dir
Tausend solcher Nächte laßen,
Gab' mein Mägden Eine mir.

---

*Drei in der Gesamtausgabe nicht berücksichtigte frühe Lieder. *Neue Lieder in Melodien gesetzt von Bernhard Theodor Breitkopf.* Leipzig 1770. Faksimile Neudruck 1906. (Universitätsbibliothek Heidelberg)

ZEHENTES LIED.

Die Freuden.

Da flattert um die Quelle
Die wechselnde Libelle,
Der Wasserpavillon,
Bald dunkel und bald helle,
Wie ein Cameleon;
Bald roth und blau, bald blau und grün.
O daß ich in der Nähe
Doch seine Farben sähe!

Da fliegt der Kleine vor mir hin
Und setzt sich auf die stillen Weiden,
Da hab ich ihn!
Und nun betracht ich ihn genau,
Und seh ein traurig dunkles blau.
So geht es dir Zergliedrer deiner Freuden!

Unbeständigkeit.

Im spielenden Bache da lieg ich wie helle!
Verbreite die Arme der kommenden Welle,
Und buhlerisch drückt sie die sehnende Brust.
Dann trägt sie ihr Leichtsinn im Strome darnieder,
Schon naht sich die zweyte und streichelt mich wieder,
Da fühl ich die Freuden der wechselnden Luft.

O Jüngling sey weise, verwein' nicht vergebens
Die fröhlichen Stunden des traurigen Lebens
Wenn flatterhaft je dich ein Mägden vergißt.
Geh, ruf sie zurücke die vorigen Zeiten,
Es küßt sich so süße der Busen der Zweyten,
Als kaum sich der Busen der Ersten geküßt.

Widmungsgedicht

für den Organisten Schütz in einem Band
»Bachischer« Choräle.

Laß mich hören, laß mich fühlen,
Was der Klang zum Herzen spricht;
In des Lebens nun so kühlen
Tagen spende Wärme, Licht.

Immer ist der Sinn empfänglich,
Wenn sich Neues, Großes beut,
Des ureigen unvergänglich,
Keines Krittlers Tadel scheut.

Das aus Tiefen sich lebendig
Zu dem Geisterchor gesellt
Und uns zwanglos und selbständig
Auferbauet eine Welt.

Tritt der Jünger vor den Meister,
Sey's zu löblichem Gewinn,
Denn die Nähe reiner Geister
Geistigt aufgeschlossenen Sinn.

Weimar, Weihnachten 1818

Briefe

3. Julius [1808]. gestern ist Ihr lieber Brief vom 22. Junius angekommen, der soviel Schönes enthält. Es ist ein Unglück, daß ich
von meinem letzten langen Brief an Sie keine Abschrift habe.
Aber mein Kopist ist gestorben, und nun werde ich wohl keinen
wieder heuraten. Ich selber weiß nicht mehr, wie ich Ihnen alles
geschrieben habe, doch will ich suchen, Ihre Fragen zu beantworten.

Die Reperkussion Ihrer Bemerkungen gegen die musikalische
Theorie habe ich elektrisch gefühlt, da so manche dieser Ein-
sprüche schon längst auch in mir sich regen. Doch kann ich nur
sagen, was wir wissen. Zum Untersuchen fehlt es mir an mathematischer Geduld, und was ich aufs Klare zu bringen suche, ist
etwa soviel, als ich für mein eigenes Haus brauche, da mir bei
meinen Kompositionen ein gewisses Streben nach klassischer
Tendenz natürlich ist.

Unsere Theorie ist ein System geworden, das man soll lernen
und lehren können. Daß und inwiefern dabei der Natur Gewalt
geschehen ist, kann nicht bezweifelt werden. Doch ist es ein
sinnreiches Gewebe von Modifikationen, das man kaum ohne
Bewundrung betrachten kann, daher denn die Musiker glauben,
was sich mit diesem System nicht ausrichten lasse, sei nicht auszurichten. Soviel ist gewiß: rückt man einzelne Pfeiler dieser
Theorie von ihrem fundo weg, so läuft man Gefahr, das Gebäude
zu lädieren. Doch – zu Ihren Fragen!

ad 1) Die Molltonart unterscheidet sich von der Durtonart *allein*
durch die Terz. Die Quinte und Oktave bleiben in beiden
Tonarten *unveränderlich,* daher diese letztern auch vollkommene Konsonanzen, die Terz hingegen ihrer *Verän-
derlichkeit* wegen eine unvollkommene Konsonanz ge-

nennet wird, weil sie groß oder klein (Dur oder Moll) sein kann.

ad 2) Das Experiment der *Teilung der Saite,* welcher die Intervalle unserer Tonleiter abstammen, trägt noch eine physikalische neben sich, diese ist: die Erscheinung der *mitklingenden Töne.* Wenn man nämlich eine tiefe Saite in Vibration setzt, so hört man nicht allein den Ton der Saite, sondern mehrere von *selber mitklingende* Töne darüber. Sucht man diese mitklingenden Töne auf, so finden sich die Zahlen 2. 3. 4. 5. 6. 7 und so weiter, welche das menschliche Ohr noch unterscheiden kann. Auch die Äolsharfe gibt das nämliche Experiment, und da, besonders bei starker und anhaltender Luftbewegung, auch die höhern Zahlen 8. 9. 10. 11. 12. 13 und so weiter hörbar werden und dissonierend mittönen, so entsteht der wundervolle Eindruck der Äolsharfe, indem diese Töne zugleich notwendig und willkürlich erscheinen. Alle diese mitklingenden Töne nun haben einen gemeinschaftlichen Grundton (in welchen die Harfe gestimmt ist), und auf diesem Grundtone erscheint die Terz niemals anders als groß (Dur), niemals also klein (Moll). Ich habe aber die kleine Terz deswegen ein Werk der Kunst, eine erniedrigte große Terz genannt, weil sie übrigens von den Musikern als konsonierend (wie die große) behandelt wird.

ad 3) Daß unsere diatonische Tonleiter *allein* natürlich sei, habe ich wenigstens nicht behaupten wollen, weil es sich nicht behaupten läßt. Ja wir besitzen sogar heut diese Stunde zweierlei verschiedenen Temperaturen der Tonleiter, von denen die eine die *gleichschwebende* und die andere die *ungleichschwebende* Temperatur heißt, von denen aber keine vollkommen natürlich ist, und ob die Griechen eine natürliche gehabt haben, wissen wir nicht, weil wir überhaupt nichts wissen.

ad 4) *Sollte es nicht auf andere Weise möglich sein? –* Allerdings!

Die kleine Terz ist das, aber nicht als Produkt des *Grundtones,* daher sie auch nicht klingend (mitklingend) erscheinen kann. Die kleine Terz entsteht vielmehr aus dem Verhältnis $6/6 : 5/6 = 1 : 5/6 = 6 : 5$, sonst könnte man sie gar nicht stimmen. Auch die reine Quarte entsteht auf diese Art $4/4 : 3/4$ oder $1 : 3/4 = 4 : 3$ und daher ist sie auch nicht mitklingend und doch konsonierend.

ad 5) und 6) wenn ein Experiment alles leistet, um Ein Ganzes zu haben, so kann man fragen: was soll noch geleistet werden? Unter den mitklingenden Tönen ist einmal die kleine Terz nicht; ein *zusammengesetztes* Verhältnis gibt sie, und ich zweifele, daß durch irgendeine äußere Veranlassung, auf natürliche Art dieses Intervall von selbst erscheinen werde. Wäre es jedoch möglich, so verändern sich zugleich mit ihr alle übrigen Intervalle, und wir haben dann allerdings für die Molltonarten ein ganz neues, ganz verschiedenes System, welches höchst wahrscheinlich *keine* Durtonart neben sich leidet, dahingegen unser heutiges System beides zu einem unendlichem Reichtum von Modifikationen verbindet.

Die Elektrizität könnte bei der Äolsharfe sehr gut angewendet werden: außerdem könnte auch die Reibung, doch immer an klingenden Körpern, geschehen, und das Resultat müßte sich, denk' ich, nur immer für die *große* Terz entscheiden. Denn das Ohr kann alle Dissonanzen nebeneinander vertragen: Die Prime neben der Sekunde, die Sekunde neben der Terz, die Terz neben der Quarte, die 4. neben der 5. und so weiter; doch die *kleine* Terz neben der *großen* Terz ist unausstehlich, weil es unauflöslich ist. Daher nun hatte ich die kleine Terz ein *nicht unmittelbares donum* genannt

––––––

Die 3 folgenden Punkte ergeben sich wohl aus dem Vorigen. Denn *möglich* sind alle Intervalle, die zwischen den gebräuchlichen liegen; doch wenn wir sie gebrauchen sollen nach einer Ordnung, kunstmäßig gebrauchen, lehren sollen, so müssen wir ein neues System haben. – Was aber unserer angenommenen, obgleich unvollkommenern Theorie das Wort redet, ist eben das, was Sie selbst hinzufügen. Denn die obigen Erscheinungen sind nicht allein getrennt vom Menschen und seinem leiblichen und geistigen Apparat, sie vermählen ihn vielmehr mit den auch außer ihm belegenen Elementen der Natur. Seine Nerven, die geheimsten Kräfte seines Gemüts klingen wider bei den verwandten Tönen und ziehn ihn an, ja sie reißen ihn fort; doch sie würden ihn quälen, drücken, zerstören, wenn sie nicht wären, was sie sind und so lange geblieben sind.

Unter den Instrumenten, die nicht von Natur alle Töne unserer Skala frei angeben, gehören das Waldhorn und die Trompete. Aus dem Waldhorn wie aus der Trompete geht die große Terz frei hervor, doch die kleine Terz kann nur durch Zustopfen mit der Hand erlangt werden, und da sie also nicht frei erscheint, so ist sie auch niemals *ganz* rein; das Ohr vermißt etwas. Ich erinnere mich endlich einer *Glocke,* die hier in der Stadt befindlich ist. Diese Glocke, welche ungleichartige Teile bei sich führen muß, läßt deutlich eine Terz hören, die kleiner ist als die große und sich daher der Molltonart mehr nähert als der Durtonart. Doch jedesmal nach dem Anschlage des Klopfens reinigt sich diese Terz nachschwingend so lange, bis sie rein ist. Dieses Experiment habe ich oft viertelstundenlang selber beobachtet. Da nun dieser mitklingende Ton der kleinen Terz näher ist als der großen, warum ging der Nachklang nicht in die *kleine* Terz über?

Goethe an Zelter

Beiliegenden Entwurf sende im Conzept. Er ist zwar sehr eilig, ja übereilt, allein zu Anbiß und Anregung genug. Setze deine Gedanken und Forderungen gleich daneben und sende die Blätter zurück, so daß wird sich alles geschwind gestalten …

[Beilage.]

Um die freundliche und aufregende Unterhaltung nicht stocken zu lassen, sag ich ein Wort zu jenem Vorsatz, dem Reformations=Jubiläum eine Cantate zu widmen; im Sinne des Händelschen Messias, in welchem du so wohl eingedrungen bist, würde sich es wohl am besten schicken.

Da der Hauptbegriff des Lutherthums sehr würdig begründet ist, so giebt er schönen Anlaß sowohl zu dichterischer als musikalischer Behandlung. Dieser Grund nun beruht auf dem entschiedenen Gegensatz von *Gesetz* und *Evangelium,* sodann der Vermittlung solcher Extreme. Setzt man nun, um auf einen höheren Standpunkt zu gelangen, anstatt jener zwei Worte: *Notwendigkeit* und *Freiheit,* mit ihren Synonymen, mit ihrer Entfernung und Annäherung; so siehst Du deutlich, daß in diesem Kreise alles enthalten ist, was den Menschen interessiren kann.

Und so erblickt denn Luther in dem Alten und Neuen Testament das Symbol des großen sich immer wiederholenden Weltwesens. Dort das Gesetz, das nach Liebe strebt, hier die Liebe, die gegen das Gesetz zurückstrebt und es erfüllt, aber nicht aus eigner Macht und Gewalt, sondern durch den Glauben; und zwar durch den ausschließlichen Glauben, an den allverkündigten und alles bewirkenden Messias.

Aus diesem Wenigen überzeugt man sich, wie das Lutherthum mit dem Papstum nie vereinigt werden kann, der reinen Vernunft aber nicht widerstrebt, sobald sie sich entschließt, die Bibel als Weltspiegel zu betrachten; welches ihr eigentlich nicht schwer fallen sollte.

Diese Conceptionen in einem singbaren Gedichte auszusprechen, würde ich mit dem Donner auf Sinai, mit dem: *Du sollst!* beginnen; mit Christi Auferstehung aber, und dem *Du wirst!* schließen.

Zu mehrerer Erläuterung meines Planes setze die Folgenreihe des Ganzen hieher.

Erster Theil

1) Die Gesetzgebung auf Sinai.
2) Das kriegerische Hirtenleben, wie es uns das Buch der Richter, Ruth, u. s. w. darstellt.
3) Die Einweihung des Tempels Salomonis.

———

4) Das Zersplittern des Gottesdienstes, der sich auf Berge und Höhen wirft.
5) Die Zerstörung Jerusalems, und in Gefolg derselben die Gefangenschaft in Babel.
6) Propheten und Sibyllen, den Messias ankündigend.

Zweyter Theil

1) Johannes in der Wüsten, die Verkündigung aufnehmend.
2) Die Anerkennung durch die drey Könige.
3) Christus erscheint als Lehrer und zieht die Menge an sich. Einzug in Jerusalem.
4) Bei drohender Gefahr verliert sich die Menge; die Freunde schlafen ein; Leiden am Ölberg.
5) Auferstehung.

———

Hält man die beiden Teile gegeneinander, so erscheint der erste absichtlich länger und hat eine entschiedene Mitte, woran es jedoch dem zweyten auch nicht fehlt.

Im ersten Theile parallelisiren No. 1 und 5: Sinai und die Zerstörung, die Zeit der Richter und der Baalsdienst; No. 2 und 4: idyllisch-enthusiastisch, die Einweihung des Tempels als höchster Gipfel, u. s. w.

Im zweyten Theile würde sich das morgendliche, der Sonnenaufgang in No 1 und No 5 steigernd ausdrücken. No 2 und 4 sind ein Gegensatz. No. 3 Einzug in Jerusalem, möchte die freye, fromme Volksfreude, wie die Einweihung des Tempels die fürstlich-priesterliche Begränzung des Gottesdienstes ausdrücken.

———

Tausend andere Verhältnisse werden Dir beim ersten Anblicke einfallen. Diese Dinge dürfen nicht historisch, sondern lyrisch verknüpft werden; jedermann kennt das Ganze und wird sich auf Flügeln der Dichtkunst gern aus einer Region in die andere versetzen lassen.

Der Text bestünde aus biblischen Sprüchen, bekannten evangelischen Liedern, dazwischen Neugedichtetes, und was sich sonst noch finden würde. Eigene Worte Luthers möchten kaum anzuwenden seyn, da der treffliche Mann durchaus dogmatisch= pragmatisch ist; so auch sein Enthusiasmus. Doch das ist deine Sache, dich in den Schriften selbst umzusehen. Vor allen Dingen lies die ganz unschätzbare Vorrede zu dem Psalter. Ferner die Vorreden und Einleitungen in die übrigen biblischen Bücher. Wahrscheinlich triffst Du hier auf anwendbare Stellen, zugleich durchdringst du dich vom Sinn der ganzen Lehre, deren Geschenk wir feyern wollen. (Weimar, den 14. November 1816)

Bibliographie

ZITIERTE LITERATUR

Beyer, Rudolf v., *Meine Begegnung mit Goethe und anderen großen Zeitgenossen.* Tagebuchblätter, bearbeitet von seinem 2. Enkel Rudolf Schade, Berlin 1930

Breitkopf, Bernhard Theodor, *Neue Lieder in Melodien gesetzt von Bernhard Theodor Breitkopf,* Leipzig 1770, Faksimile Neudruck 1906, Leipzig, Nachwort von Albert Köster

Der Briefwechsel zwischen Schiller und Goethe, herausgegeben von Paul Stepf, München o. J.

Gadamer, Hans-Georg, *Gesammelte Werke,* Band 9: Ästhetik und Poetik, II, Hermeneutik im Vollzug, Tübingen 1993

Gadamer, Hans-Georg, *Weimar und Bach,* Weimar 1946

Goethe an Cornelia. Die Dreizehn Briefe an seine Schwester, herausgegeben von André Banuls, Hamburg 1986

Goethe. Die Schriften zur Naturwissenschaft. Vollständige, mit Erläuterungen versehene Ausgabe, herausgegeben im Auftrage der Deutschen Akademie der Naturforscher Leopoldina. Band 11, Weimar 1970

Goethes Werke, herausgegeben im Auftrage der Großherzogin Sophie von Sachsen, Weimar 1887–1919 (Fotomechanischer Nachdruck Oktober 1987, Deutscher Taschenbuch Verlag GmbH & Co. KG, München.)

Hindemith, Paul, *Unterweisung im Tonsatz I,* Theoretischer Teil, Mainz 1940

Pindar, übersetzt und erläutert von Franz Dornseiff, Leipzig 1921

Snell, Bruno (Hrsg.), *Pindari Carmina,* Leipzig 1955

Der Sohar. Das Heilige Buch der Kabbala. Nach dem Urtext ausgewählt, übertragen und herausgegeben von Ernst Müller, München 1982

Volkslieder von Goethe im Elsaß gesammelt, mit Melodien und Varianten aus Lothringen und dem Faksimiliedruck der Straßburger Goethe-Handschrift von Dr. phil. h. c. Louis Pinck, Metz 1932

Karl Friedrich Zelter/Johann Wolfgang Goethe, *Briefwechsel,* herausgegeben von Hans-Günter Ottenberg, Leipzig 1987

Gedenkausgabe der Werke, Briefe und Gespräche von Johann Wolfgang Goethe in 24 Bänden, herausgegeben von Ernst Beutler, Zürich 1948–1960

Arnold, Günter, *Johann Gottfried Herder,* Leipzig 1988

Blume, Friedrich, *Goethe und die Musik,* Kassel 1949

Bode, Wilhem, *Die Tonkunst in Goethes Leben,* 2 Bd., Berlin 1912

Boyle, Nicholas, *Goethe, der Dichter in seiner Zeit,* Band 1, 1749–1790, München 1995

Goethes Leipziger Liederbuch in Melodien gesetzt von Bernhard Theodor Breitkopf 1769, neu bearbeitet von Günter Raphael. Reprint zum 275jährigen Verlagsjubiläum 1994 mit einem Kommentar von Werner Schubert, Wiesbaden 1994

Conrady, Karl Otto, *Goethe. Leben und Werk,* Frankfurt 1987

Dreyer, Ernst-Jürgen, *Goethes Ton-Wissenschaft,* Frankfurt 1985

Hildebrandt, Fritz Leo, *Die zwei Schiller-Schädel zu Weimar,* Berlin 1950

Hildesheimer, Wolfgang, *Der ferne Bach.* Eine Rede, Frankfurt am Main 1985

Hiller, Ferdinand, *Goethes musikalisches Leben,* Köln 1883

Keller, Hermann, *Das Wohltemperierte Klavier von Johann Sebastian Bach,* Werk und Wiedergabe, München 1983

Küchler, Ferdinand, *Goethes Musikverständnis,* Zürich 1935

Mommsen, Katharina, *Ein Gedicht Goethes zu Ehren von Johann Sebastian Bach? Plädoyer für seine Echtheit.* Goethe-Jahrbuch. Im Auftrag des Vorstandes der Goethe-Gesellschaft herausgegeben von Werner Keller, 113. Band der Gesamtfolge, Weimar 1996, Seite 161

Moser, Hans Joachim, *Goethe und die Musik,* Leipzig 1949

Müller-Blattau, Joseph, *Goethe und die Meister der Musik. Bach, Händel, Mozart, Beethoven, Schubert,* Stuttgart 1969

Moreau, Pierre-François, *Spinoza,* Frankfurt 1994

Petz, Antje, *Goethe und die Kunst,* Begleitheft zur Ausstellung, Frankfurt 1994

Platon, *Sämtliche Werke,* II, herausgegeben von Erich Loewenthal, Heidelberg 1982

Runge, Philipp Otto, *Die Begier nach der Möglichkeit neuer Bilder,* Briefwechsel und Schriften zur bildenden Kunst, herausgegeben, mit einer Einleitung und Anmerkungen von Hannelore Gärtner, Leipzig 1982

Schöne, Albrecht, *Das Kollektivwerk Faust. Mediziner und Naturwissenschaftler als Mitarbeiter an Goethes Weltspiel.* Mannheimer Forum 96/97, München 1997

Der Talmud. Ausgewählt, übersetzt und erklärt von Reinhold Mayer, München 1980

Unseld, Siegfried, *Goethe und seine Verleger,* Frankfurt 1991

Virchow, Rudolf, *Göthe als Naturforscher und in besonderer Beziehung auf Schiller,* Berlin 1861

Walwei-Wiegelmann, Hedwig (Hrsg.), *Goethes Gedanken über Musik. Eine Sammlung aus seinen Werken, Briefen, Gesprächen und Tagebüchern. Mit achtundvierzig Abbildungen,* erläutert von Hartmut Schmidt, Frankfurt am Main 1985

Bildnachweis

Abb. 1   Seite 28 aus dem Faksimiledruck der Straßburger Goethe-Handschrift von Dr. phil h. c. Louis Pinck, Metz 1932

Abb. 2   Titelkupfer *Neue Lieder in Melodien gesetzt von Bernhard Theodor Breitkopf.* Leipzig 1770. Faksimile Neudruck 1906. (Universitätsbibliothek Heidelberg)

Abb. 3   Inhaltsverzeichnis von »Neue Lieder in Melodien gesetzt von Bernhard Theodor Breitkopf«. Leipzig 1770. Faksimile Neudruck 1906. (Universitätsbibliothek Heidelberg)

Abb. 4   »Vergleichungs=Kreis der italiänischen und deutschen Uhr.« Graphik in der *Italiänischen Reise*, Teil I, Goethes Werke, Weimarer Ausgabe, 30. Bd., Seite 72

Abb. 5   Goethes handschriftliche Graphik der »Epochen der Wisssenschaften« und gedruckte Polaritätstabelle »Drey Epochen der Wissenschaften«. Goethes Werke, Weimarer Ausgabe, II. Abt. Band 13, Seite 446

Abb. 6   Chladnische Klangfiguren. Meyers Konversations-Lexikon, Bd. XV, Leipzig 1897. Foto: Bayerische Staatsbibliothek, München

Abb. 7   Goethes Tabelle über die Ähnlichkeiten der durch Schwingungen erzeugten Klangfiguren Chladnis mit den von Seebeck entdeckten Farbfiguren. Naturwissenschaftliche Schriften. »Chromatik«, Entoptische Farben. Goethes Werke, Weimarer Ausgabe, II. Abt. Band 5, Seite 295

Abb. 8   Goethes Tabelle über chromatische und Sonore Wirkungen. *Zur Naturwissenschaft. Allgemeine Naturlehre. I. Theil. Physikalische Wirkungen.* Goethes Werke, Weimarer Ausgabe, II. Abt. Band 11, Anhang zu Seite 170–174

Zu den Tafeln:

Goethe-Portrait von Johann Daniel Bager, ca. 1773. Wien, Österr.
Nationalbiblothek. Foto: Archiv für Kunst und Geschichte, Berlin

Tafel I   Cornelias »Giraffen-Klavier« (Pyramidenklavier). Exemplar
im Frankfurter Goethe-Museum aus der Werkstatt des Klavierbauers
Christian Ernst Friederici. Freies Deutsches Hochstift – Frankfurter
Goethe-Museum. Foto: U. Edelmann

Tafel II   Goethes eigenhändiger Entwurf eines Bühnenbildes zu
Mozarts *Zauberflöte* (ca. 1810). Stiftung Weimarer Klassik/Museen

Tafel III   Portrait von Johann Heinrich Friedrich Schütz (1779–1829),
Organist und Badeinspektor in Berka an der Ilm. Ölgemälde von
Johann Joseph Schmeller, 1819. Stadtarchiv Bad Berka. Privatfoto des
Stadtarchivars Ludwig Häfner

Tafel IV   Portrait Karl Friedrich Zelter (1758–1732), Goethes Berliner
musikwissenschaftlicher Gesprächspartner und Duzfreund. Ölgemälde
von Karl Begas, 1827. Stiftung Weimarer Klassik/Museen. Foto: Sigrid
Geske

Tafel V   Goethe beim Diktat mit seinem Schreiber John. Ölgemälde
von Johann Joseph Schmeller, 129/31. Stiftung Weimarer Klassik/
Museen

Tafel VI   Die Tabelle der Tonlehre, seit 1827 in seinem Schlafzimmer
über dem Waschtisch angebracht. Stiftung Weimarer Klassik/Museen.
Foto: Sigrid Geske

Tafel VII   Symbolische Darstellung mittelalterlicher Musikanschauung
musica mundana, musica humana, musica instrumentalis. Notredame-
Handschrift, 13. Jahrhundert. Florenz, Bibliotheca Laurenziana

Personenregister

Sachregister

Werktitel sind kursiv erfaßt

Joachim Kaiser
WHO'S WHO
in Mozarts Meisteropern

312 Seiten mit 32 Abbildungen. Klappenbroschur

Mozarts sieben große Opern – Idomeneo, Die Entführung aus dem Serail, Le nozze di Figaro, Don Giovanni, Così fan tutte, Die Zauberflöte und La clemenza di Tito – sind ein ganzer Kosmos voller liebender, leidender, handelnder Geschöpfe. Und dazu hat Mozart aufregende Musik geschrieben. Und eben hier setzt Joachim Kaiser mit seinem schon berühmten Mozart-Buch an. Ihn beschäftigen Mozarts Gestalten, er versteht und behandelt sie als reale Menschen. Und dabei verbindet er die Genauigkeit des Wissenschaftlers mit der sprachlichen Leichtigkeit des Kritikers und Musikschriftstellers.

In seiner FAZ-Besprechung pries Joachim Fest den »gelockerten, unpedantischen Tonfall des Buches, das Lesevergnügen, das es, über allen thematischen Reiz hinaus, weckt«.

»Das Buch verpackt seine profunde Information in einen fließenden, wohlgelaunten und eleganten Stil.«
Neue Zürcher Zeitung

PIPER

Yehudi Menuhin
Unterwegs

Erinnerungen 1976 - 1995. Aus dem Englischen von Inge Leipold.
160 Seiten Leinen

Sein neues Buch zeigt, daß sein Leben unverändert rastlos geblieben, daß er noch immer »auf Reisen« ist. Er erzählt von seiner
intensiven Konzerttätigkeit, die ihn in Atem hält, von großen Künstlern und Orchestern, von spannenden Reiseerlebnissen, von aufregenden Erfahrungen in China. Er beschreibt und begründet seine
vielen pädagogischen und humanitären Aktivitäten. Außerdem
erzählt Menuhin von seiner Familie, von sich und seinen Gewohnheiten, denkt über Fragen der Gesundheit, die Vorteile von Homöo-
pathie und Yoga, den Umgang mit der Jugend, das Alter und den
Sinn des Lebens nach und äußert im abschließenden Kapitel poin-
tierte Meinungen zu aktuellen politischen Fragen, zu Toleranz,
Frieden und Menschlichkeit. Ein kluges, menschliches und liebens-
wertes Buch von einem, der ein Vorbild für die Menschen ist.

PIPER

Michael Stegemann
»Ich bin zu Ende mit allen Träumen«
Franz Schubert

487 Seiten. Geb.

Keine Biographie im üblichen Sinn: Das große Schubert-Buch des Glenn-Gould-Biographen läßt Schubert aus der Ich-Perspektive sprechen, wobei die Grenzen zwischen Dokument und Fiktion verschwimmen. Dieses imaginäre Tagebuch Schuberts – eine Chronik in 365 Tages-Kapiteln – schöpft aus mannigfaltigen Quellen: Seine Werke und Briefe, die Texte seiner Lieder, die Aufzeichnungen seiner Freunde, die entsprechenden Jahrgänge der »Wiener Zeitung« und anderer Journale, Annoncen und »Vermischtes«. Das Bild Schuberts und seiner Musik, das hier entsteht, ist ein ganz anderes als das, welches uns Klischees und Legenden überliefert haben. Es ist das Porträt eines Künstlers, der sich mit der ganzen Kraft seines Genies gegen seine Welt und seine Zeit auflehnt, bis er ihnen schließlich – nur 31 Jahre alt – am 19. November 1828 unterliegt. »Ich bin zu Ende mit allen Träumen – was will ich unter den Schläfern säumen?«

PIPER

Hans Heinrich Eggebrecht
Die Musik und das Schöne

183 Seiten mit zahlreichen Notenbeispielen. Klappenbroschur

Das Nachdenken über Musik bringt immer Gewinn – und besonders
dann, wenn man es mit Hans Heinrich Eggebrecht tun kann, dem
großen alten Mann der deutschen Musikwissenschaft.
Was ist Musik? Wie wirkt sie und wie ist sie zu verstehen? Worin
gründet ihre Macht, und wo liegen ihre Grenzen? Warum ist Musik
immer schön, auch wenn sie Trauer, Tod, Leid und Klage, das Häß-
liche und Schreckliche zum Ausdruck bringt? Und was ist dieses
Schöne?
In 20 Kapiteln, die thematisch ausgespannt sind vom Nachdenken
über Spiel und Zeit, Beifall-Klatschen und schlechte Musik, Weinen
und Tod bis hin zur Musik über Auschwitz, versucht Eggebrecht
Antworten zu geben. Das Schöne ist nicht nur etwa eine schöne
Melodie oder Klangfolge. Musik wird gespielt, das Schöne ist, daß
sie selbst ein Spiel ist, ein Spiel mit Sinnesreizen in Form eines
Spiels mit der Zeit. Und wir sind Mitspieler und können dabei die
Wirklichkeit vergessen. Das ist die Macht der Musik in unserem
Leben.

PIPER

Glenn Gould
Briefe

Herausgegeben von John P. L. Roberts und Ghysaine Guertin.
Aus dem Englischen von Harald Stadler. 366 Seiten. Leinen

Das kanadische Universalgenie Glenn Gould, der geniale Interpret
der Klavierwerke Bachs, bereits zu Lebzeiten eine Kultfigur, diesmal als Autor scharfsinniger, liebenswürdiger, wütender, humor-
voller Briefe.

Mit diesem Briefband wird eine weitere Facette Goulds, dieses
höchst widersprüchlichen Künstlers, beleuchtet. Ein breites Spek-
trum seiner künstlerischen Aktivitäten ist Thema dieser Briefe.
Gedanken über das Klavierrepertoire, verschiedene Klavierfabriken,
seine Absage an das Konzertpodium zugunsten des Tonstudios, seine Begeisterung für Rundfunk und Fernsehen. Ob er an berühmte
Musiker wie Bernstein, Menuhin und Stokowski schreibt, an Komponisten wie Britten, Cage, und Křenek, an Kollegen und Freunde,
oder ob er die Frage seiner Fans beantwortet: Gould berührt alle
Aspekte seines Zugangs zur Musik. Und: Die Briefe zeigen den
Menschen Gould und lassen ahnen, warum er sich mit solcher
Ausschließlichkeit der Musik verschrieb.

»Sein Briefstil ist überschwenglich, höchst lebendig und profitiert
von Goulds genialer Begabung, sich auf Distanz mitzuteilen.«
BBC Music